四訂版

もうひとりで悩まないで！
教師・親のための

子ども相談機関
利用ガイド

小林 正幸・嶋﨑 政男 編

ぎょうせい

　本書は、子どもの心理的な問題で困った教師や保護者に向けて、どの相談機関を利用したらよいのかを案内するガイドブックである。これは、2000年に発刊した同名の書の3回目の改訂版に当たる。この本の特徴は、読者の使い勝手を徹底的に追求したことにある。子どもの示す問題について、その症状や特徴から、相談専門機関を調べることができる。また、地域を選び、近所の相談機関を調べることができる。さらに、相談機関の種別から調べることもできる。

　改訂は、全国で市町村の合併が進み、2005年には行政区分の大変動があり、それに応えたものが最初であった。その後、2020年までの20年間で3回の改訂を行い、今回は四訂版となる。相談機関の変化を盛り込み、情報を最新のものにした。併せて、臨床心理学や医学の進歩に伴い、問題解決のための治療方法・対応、そして診断も進歩した。そこで、本書では、問題や症状についての専門家の解説も、最新の知見に基づいて大幅に書き直し、時代の変化に伴って変化した子どもの問題や特徴を、新しく付け加えた。

　心理的な問題で苦しんでいるのは、子ども自身である。本書が願うのは、その子どもを助けるために、教師などの学校と医師や心理職、福祉職などの専門家と保護者とが手を携えて、問題解決に当たることである。「手を携える」とは、任せきることや委ねきることではない。互いが互いを知り、力を合わせることである。そのためには、守備範囲外の関係者が、何ができるのかを知らなければならない。その上で、関係者同士が互いの役割と守備範囲を明確にし、子どもの幸せのために、総合的に力を合わせる。それが連携である。

　専門家とはプロである。プロとは、素人が逆立ちをしてもできないことを、なしとげる者のことだという。あるいは、素人が必死でしないとできないことを、苦もなくできる者のことである。教師には、教師にしかなしえない専

門性がある、医師や臨床心理などの専門家も、その道のプロである。そして、保護者は、子どもにとっては余人には代えがたい。専門家が関わるのは、問題が解消するまでの期間であり、教師は、子どもが教育を受ける期間の中で関わる。そして、保護者は、一生を通じて関わり、影響を与える。その意味で、その子どもにとっては、保護者も特別な存在であり、その意味での専門家なのである。

　子どもの幸せのために、子どもの心の問題に関わる様々な専門家、教師、そして保護者のそれぞれの専門性を、最大限に発揮してほしいのである。そのために本書が役立ってほしいと思う。本書が家庭、学校、専門機関のそれぞれの場で、的確に活用してもらえれば、本当にありがたい。

　最後に、本書の企画・編集を引き受け、情報に遺漏がないように最善を尽くしてデータを整理した株式会社ぎょうせいの関係スタッフに深謝したい。

2020年7月

編者　小林正幸

嶋﨑政男

　本書は、第Ⅰ部「どこに相談する？」、第Ⅱ部「相談機関に行ってみよう！」、第Ⅲ部「全国相談機関一覧」から構成されています。

　第Ⅰ部「どこに相談する？」では、①「こころ」編、②「からだ」編、③「学校不適応」編、④「非行」編、⑤「障害」編、⑥「学校・家庭の問題」編に分類し、それぞれ子どもの症状別に項目をまとめて探しやすいようにしました。また、各項目右上に記してある病名などのキーワードからも探せるようになっています。項目の下には、その症状に適した相談機関名を挙げ、参照ページによって、第Ⅱ部・第Ⅲ部の関連ページへ行けるようにしました。本文説明は、「どんなことが考えられる？」「こう対応しよう！」「どこに相談する？」の3つにわけて詳述してあります。さらに、家庭の役割が重要だと思われる項目には、**「家庭用コラム」**として保護者の方へのアドバイスを加えています。

　第Ⅱ部「相談機関に行ってみよう！」では、相談機関別に原則として見開きページの中に収め、機関名から探すことができるようにしました。機関名の下の参照ページは、第Ⅲ部の該当ページへ行けるようになっています。また、各機関の特色や他の機関との違いがわかるように、本文説明は原則として、「どんな相談を受けつけているの？」「誰が相談にのってくれるの？」「実際の相談現場はどうなっているの？」「学校・園との連絡や連携は？」「家庭との連絡や連携は？」の5つにわけて詳述してあります。**「USER'S　GUIDE」**には、読者の参考となるように、機関の種類に応じて1つの機関を取り上げ、その情報を詳しく収載しました。この情報は、あくまでも1つの機関の参考例です。同じ種類の機関でも異なったサービスをしていることがありますので、ご了承ください。

　第Ⅲ部「全国相談機関一覧」では、お住まいの近くの相談機関を探すことができます。都道府県別に、名称・電話番号・所在地などを収載しましたので、あわせてご活用ください。各機関については移転や組織変更、受付時間変更等が行われることがあります。ご利用に際しましては、直接機関にお問い合わせください。

第Ⅰ部　どこに相談する？

1「こころ」編

2「からだ」編

3 「学校不適応」編

6 「学校・家庭の問題」編

第Ⅱ部　相談機関に行ってみよう！

第Ⅲ部　全国相談機関一覧

どこに相談する？

1

「こころ」編

過去に負ったこころの傷（トラウマ）がある
──災害・知人の死・いじめられ体験など──

■病院（精神科・心療内科）
■都道府県の教育相談所（室）〔➡p.212〕
■区市町村の教育相談所（室）〔➡p.214〕

❶どんなことが考えられる？

　こころの傷（トラウマ・心的外傷体験）とは、耐えがたいようなつらい体験をしたときの「記憶の問題」です。「記憶」というこころの働きをつかさどっているのは「脳」ですから、こころの傷によって起こってくる様々な症状は、脳の働きによるものなのです。通常の体験は、認知（ことばにより認識されている領域）・情動・身体感覚がセットになって記憶されると考えられています。しかし、耐えがたいほどのつらい記憶（外傷記憶）は、認知と情動と身体感覚をばらばらにしてしまうのです。これは、自らのこころの適応を守ろうとする防衛反応です。このようなこころの働きを「解離」といいます。一時的に解離して置き去りにされた情動や身体感覚は、外傷体験を思い起こさせるような何らかの刺激によって、瞬時によみがえることがあります。これが「フラッシュバック」といわれる症状です。例えば、サリン事件に巻き込まれた人が地下鉄に乗ろうとすると恐怖におそわれてしまったり、震災にあった人がゆれに恐怖を感じて電車に乗れなくなったり、ということが起こります。このように、こころの傷を受けたことによって、その後、強い不安におそわれたり恐怖を感じたりして適応が困難になる状態を、PTSD（心的外傷後ストレス障害；post traumatic stress disorder）といいます。

　災害や事故、犯罪などに巻き込まれた場合だけでなく、肉親や友人の死、病気なども子どものこころに大きな傷を残すことがあります。病気の治療の中で、身体的・精神的な苦痛を感じる侵襲的な検査や手術などが外傷体験となり、後の成長発達を妨げている場合もあります。また、いじめられ〔➡p.78〕や虐待〔➡p.160〕のような長期にわたる人権侵害は、子どもたちのこ

ころに深い傷を残します。

　客観的に見て、十分につらい体験をした子どもだけが「こころの傷」をもつのではありません。子どもの感受性や育ってきた環境などにより、大人から見れば耐えられる体験であっても、子どもにとっては耐えがたい体験として経験され、こころの傷となっている（つまり「解離」を引き起こしている）場合が多いことにも目を向けておく必要があります。

❷こう対応しよう！

　まず、こころに傷を受けているということは、脳の記憶のメカニズムであり、根性や気の持ちようで治るものではないということを、まわりの大人がしっかりと理解しておく必要があります。外傷体験が理不尽なことでありながら、子どもが強い罪責感におそわれているとき、こころの傷は深くなります。「解離」の防衛が働いているときには、子どもは情動を切り離しているので、けろっとしています。

　外傷体験は、その体験（認知）とそれに伴う情動や身体感覚が正当なものであると、まわりの大人から承認されることで癒されるきっかけを得ます。つまり解離がとけて、つらかったことをつらかったと感じられるようになっていくのです。そのためには、自分の情動や身体感覚を否定されないという意味での安全感、安心感を大人が保障していくことが必要です。

❸どこに相談する？

　PTSDの症状としてどんな症状が出ているかによって、相談する場所は異なります。パニック発作など、身体症状や恐怖症状が強い場合は、子どものこころの問題を専門としている**病院の精神科**や**心療内科**に相談し、医療面でのサポートを得ながら心理療法を受けるのがよいでしょう。また、強い身体症状を伴わない場合には、臨床心理士のいる**都道府県・区市町村の教育相談所(室)**などでも対応できます。目立った症状がない場合には、保護者や教師が子どもの思いを尊重しつつ、感情や身体感覚を承認していくような対応をする中で、外傷体験を言語化することに寄り添っていくとよいでしょう。　（大河原美以）

何もやる気が起こらない、関心がない

■学校の中にある相談機関〔➡p.234〕　■精神保健福祉センター〔➡p.206〕
■都道府県の教育相談所（室）〔➡p.212〕　■医療機関
■区市町村の教育相談所（室）〔➡p.214〕
■児童相談所〔➡p.194〕

❶どんなことが考えられる？

　最初から無気力な子どもはいないのですから、無気力はつくられるものだといえます。

　1つには、親や教師の思いを押しつけられ、子どもが息切れをしてしまうことです。特に模範的な子どもは、親から過剰な期待をかけられ、こころが疲れてしまいます。2つには、それと関連しますが、学習塾、習いごと、部活動といった過密なスケジュールをこなすことで、子どもの体力が消耗してしまう場合です。体力の低下は、意欲の低下にもつながります。3つには、過度に相手に気を遣い、疲れきってしまうことです。「こんな言い方をしたら、相手を傷つけてしまうのではないか」とか「相手は自分のことをどう思っているだろうか」とか「声をかけたら、ちゃんと応えてくれるだろうか」などと常に不安を感じとり、神経をすり減らして心的エネルギーを消耗させてしまうのです。4つには、愛する対象や目標を失うことです。これは「閉じこもり」〔➡p.20〕の項目とも関係しますが、一生懸命打ちこんできた部活動が受験勉強のために中断されたり、激しい受験勉強で希望校に合格したとたん、脱力感におそわれたりします。また、親友と別れたために生きがいを失う場合もあります。

　以上のように、無気力は、こころとからだの疲れや対象の喪失から生まれるのです。

❷こう対応しよう！

　無気力や意欲の喪失がこころとからだの疲れからくるものとすれば、ここ

ろとからだを十分休息させ、エネルギーを充電させることが回復の早道だといえます。なぜなら、人間には「ホメオスタシス」といって、「生体が危機にさらされたとき、相反する行動をとることで心身のバランスを保つ」というしかけがあるからです。したがって、無気力の場合でいえば、神経の働きがオーバーワークになると、センサーが機能して休息の指令を出すのです。

　そこで、親の過度な期待や干渉からくるものについては、親に養育態度を見直してもらい、子どもの主体性を取り戻します。また、自分を否定しがちな思春期では、自分のよさを見つけ、それを自分の生き方につなげるようにします。「自分は何をしたいのか」に答えられない子どもがほとんどだからです。さらに、大切なもの・人を失って気分が沈んでいる場合は、その気持ちに共感しながら「時」を待つことで、激励は禁物です。

❸どこに相談する？

　「親に養育態度を見直してもらい、子どもの主体性を取り戻す」ために、まず**学校の中の相談関係者**（相談係、「心の教室相談員」、養護教諭、スクールカウンセラーなど）による対応が考えられます。特に、からだとこころの疲れに対しては、保健室を経営する**養護教諭**の役割が大きいと思います。からだの面から無気力の問題に触れていけば、自然に家族問題や生き方の問題などにつきあたるからです。ただ、「無気力」は学校教育と関連しがちなテーマなので、**都道府県・区市町村の教育相談所**（室）、**児童相談所**の利用が効果的な場合もあります。

　また、無気力を青年期の危機として、精神医学的な見地から助言を得たい場合、**精神保健福祉センター**（「こころの健康センター」など、地域によって施設の名称は異なります）や**医療機関**が適当でしょう。ちなみに「教育」とか「学校」という看板の文字にさえ嫌悪感を抱く子どもがいますので、相談機関の選択に際しては、留意する必要があります。　　　　　　（徳田健一）

学校でしゃべらない

■都道府県の教育相談所（室）〔➡p. 212〕
■区市町村の教育相談所（室）〔➡p. 214〕
■児童相談所〔➡p. 194〕
■病院

❶どんなことが考えられる？

　緘黙とは「まったく話さない」という意味です。この場合、大きく2つの状態があります。「どの場面でもまったく話さない場合」と「特定の場面に限って話さない」場合です。前者を「全緘黙」と呼びます。また、後者を「場面緘黙」とか「選択性緘黙」と呼びます。

(1)　どの場面でもまったく話さない場合（全緘黙）

　全緘黙はいろいろな場合が考えられます。幼児期からこの問題を引きずっているようでしたら、聴覚の問題やことばの遅れ〔➡p. 132〕、あるいは知的能力の問題〔➡p. 128〕があるかもしれません。また能力に問題がない場合でも、ある時期から、貝が口を閉ざすように家でも学校でもパッタリと話をしなくなることがあります。この場合は、1つにはヒステリーと呼ばれる症状が考えられます。また、精神病や、脳に器質的な問題が起きたときに、このような症状が起きることもまれにありますので注意が必要です。

(2)　特定の場面に限って話さない場合（場面緘黙）

　家庭などの安心できる場面では、特に問題なく話すことができるのが、場面緘黙の特徴です。これは純粋に心理的な問題と考えていいようです。極端な「内弁慶」といってもいいでしょう。場面緘黙の特徴は、話さなくなる場面での緊張感が強いことです。授業で指されたときなど、何も答えずに緊張して立ちすくんでいる感じを受けると思います。

❷こう対応しよう！

　「学校でしゃべらない」子どもがいたら、全緘黙か場面緘黙かを区別する

ために、保護者と連絡をとって、家庭での会話の様子について確認してください。ここでは「場面緘黙」を中心に取り上げますが、全緘黙でも場面緘黙でも、無理に話をさせないことが原則です。場面緘黙の場合は、特に大勢の人がいる場面で緊張することが多いようです。ですから、授業中に発言を促そうとするときなどには、配慮が必要になるかもしれません。子どもによっては身ぶりや書くことで意思疎通ができます。これは、他の人とかかわりたいという意欲の表れですから、その意欲を大切にしてください。子ども一人ひとりにあった方法でコミュニケーションすることを、大切にしたほうがいいでしょう。

❸どこに相談する？

(1)　全緘黙の場合

　能力的な問題が疑われるようでしたら、個別に知能検査を実施できる機関で、知能検査や行動観察などにより、発達の具合を査定してもらう必要があります。心理の専門職員がいる機関であれば、**都道府県・区市町村の教育相談所（室）や児童相談所**はもちろん、**病院**でも知能検査を受けることができます。

　また、病気による場合や、ヒステリー反応のために「話ができない」場合は、医療面からのアプローチが必要なので**病院等**へ相談してみましょう。

(2)　場面緘黙の場合

　場面緘黙の場合には、**都道府県・区市町村の教育相談所（室）や児童相談所**の力を借りるといいでしょう。特に、人とかかわる場面での緊張感を減らすためには、子ども自身へのプレイセラピー（遊戯療法）などの心理療法が有効です。ただし、相談場面で話せるようになっても、学校場面では変化が急に見られない場合もあります。また、場面緘黙は学校で症状が起きるものですから、学校での様子を教師が保護者に伝え、相談機関とも連絡をとりあいながら、子どもを温かく見守っていく方法について、三者で協力しあうことが必要でしょう。

（小林正幸）

目をパチパチさせたり、顔をしかめたりする

■病院(小児科・神経科など)
■都道府県の教育相談所(室)〔➡p.212〕
■区市町村の教育相談所(室)〔➡p.214〕
■児童相談所〔➡p.194〕

❶どんなことが考えられる?

　目をパチパチしたり、顔をしかめたり、肩をピクピクと上げ下げしたりする癖があります。自分では意識していないのに、あるいはそれを止めたいと考えているのに、自然にからだが動いてしまう癖です。中には、からだ全体が飛び上がるように動いたりする場合や、声が出てしまったり、ことばが飛び出す場合もあります。飛び出すことばが「汚言」と呼ばれる汚いことばや卑猥なことばであることもあります。

　これらの症状をチックと呼びます。このことばは、もともとドイツ語で「ピクピクする」という意味からきています。児童期に一番多く発生するといわれ、また女子よりも男子に多いといわれています。

　この発生メカニズムについては、次のように考えられています。何らかの緊張や不安を感じる状態でからだを動かすと、安心感が起きる現象があります。不安を感じるとそわそわするのも、不安を抑えるためなのです。からだを動かした結果、不安や緊張が下がると、からだを動かすことを心地よく感じるようになります。これが繰り返されるうちに、不安や緊張を感じると自然にからだが動くようになってしまうのです。

　このような癖がつきやすい体質であったり、神経質や過敏性であるなど生来の性格が問題の背景にある場合、また環境的に緊張や不安などのストレスがある場合も多く見られます。

❷こう対応しよう!

　基本的には、チックの症状そのものに注目をしないほうがいいでしょう。

症状に注目されること自体が、子どもにとってストレスとなる場合が少なくないからです。仲間が症状をからかうような場合には、からかったりしないよう、それとなく注意を促す必要があるでしょう。

　症状そのものよりも、環境要因のほうに子どもにとってストレスとなることが存在していないかどうか注目してください。忙しすぎる生活や家庭でのしつけの厳しさ、仲間との人間関係の不調、学業上の不適応など、子どもをめぐる生活状況に広く目配りをしたいものです。また、これらの子どもたちは、他人の気持ちを必要以上に気にして相手にあわせる傾向があります。一見明るくふるまっていても、ストレスが必要以上にかかっていることがありますので、そういう観点から子どもの気持ちを支えてください。

❸どこに相談する？

　意外に思われるかもしれませんが、全身性のチック（からだ全体を使ったチック）や言語性チック（ことばが出てしまうチック）、あるいはボイスチック（声が出てしまうチック）の場合は、薬物療法が効くことがあります。**病院（小児科・神経科など）**で相談するといいでしょう。

　それほど強い症状でなければ、日常生活に支障は生じません。子ども自身も保護者の方もその症状を治したいと考えていない場合は、無理に専門機関につなぐ必要はないかもしれません。ただ、先生の目から見て、しつけが家庭で厳しすぎる場合や、生活スタイルが子どもにとってハードであるような場合には、保護者にチックの症状をきっかけとして、**都道府県・区市町村の教育相談所（室）**や**児童相談所**へ行くように勧めることもできるでしょう。

　環境要因や心理的な要因に働きかける場合は、**都道府県・区市町村の教育相談所（室）**や**児童相談所**など、子どもと保護者双方の相談を同時並行で受けつけてくれるような相談機関を勧めるのがいいでしょう。このような相談機関では、遊戯療法や不安を下げるための心理技法、催眠誘導法、負の練習法などが行われます。

（小林正幸）

〔神経性習癖〕

爪を噛む、指をしゃぶる、髪を抜く

- ■児童相談所〔➡p.194〕
- ■都道府県の教育相談所（室）〔➡p.212〕
- ■区市町村の教育相談所（室）〔➡p.214〕

❶どんなことが考えられる？

「爪を噛む」「指しゃぶり」「髪を抜く」などは、神経性習癖の1つと考えられています。これらの行動は、自分自身に刺激を与えることが快適なために起きます。それが癖になるのは、その背景に何らかの心理的なストレスが関連していることが多いようです。また、この症状は、環境がつまらなかったり、不安や緊張を強いられたり、そこで起きる不安や緊張を周囲に的確に訴えることができないことから、自分自身のからだに刺激を与えて自分を慰めたり、自分自身を保とうとするものと考えられています。

❷こう対応しよう！　❸どこに相談する？

神経性習癖では症状に注目をしないのが原則です。指しゃぶりや軽度の爪噛みは、専門の相談機関に相談をするまでのことはないかもしれません。大切なのは、この症状を、本人の生活環境にストレスがあるという訴えとして受け取ることです。また、自分の感情表現が苦手な子どもにこの症状が起きやすいので、自分の感情を抑えこむことがないよう、また感情表現が豊かになるようにしていきたいものです。

けれども、痛みを伴うような爪噛みや、抜毛などは、内側に強い怒りがある場合も少なくありません。程度にもよりますが、このような場合には、子どもの個人療法と保護者の並行面接ができる機関、例えば**児童相談所**や**都道府県・区市町村の教育相談所（室）**などの心理を扱う相談機関に来談を勧めるほうがいいでしょう。

(小林正幸)

こころ
6

嘘をつく

■都道府県の教育相談所（室）〔➡p.212〕　■病院（児童精神科・思春期外来）
■区市町村の教育相談所（室）〔➡p.214〕
■児童相談所〔➡p.194〕
■精神保健福祉センター〔➡p.206〕

❶どんなことが考えられる？

　虚言癖とは、虚言（嘘をつくこと）が日常化したものです。虚言は無意識の虚言、意識的な虚言、病的な虚言に大別されます。このうち「無意識の虚言」は、幼児に見られる現実と空想の混同や、成人にも見られる思い違いなどのように問題視する必要のないものですが、「意識的な虚言」は背景も複雑なうえ、常習化する（虚言癖）ことがあります。「病的な虚言」は、ヒステリー性虚言や病的虚言症（pathological pseudology）等、こころの疾患や障害が原因であることが多く、子どもにもその萌芽が現れることがあります。

❷こう対応しよう！　❸どこに相談する？

　虚言癖には、愛情や承認の欲求が満たされていない、親の過期待にストレスを感じている、友人関係で劣等感を感じているなど、様々な背景があります。したがって、指導にあたってはその態様・背景を見据え、保護者と連携をとりあいながら、欲求の充足や不安感の解消等を図ることが大切です。問題の背景が複雑であったり、態様・症状が深刻である場合には、**都道府県・区市町村の教育相談所（室）**や**児童相談所**などで、教育的見地からの指導とともに、カウンセリングや箱庭療法、遊戯療法等の心理学的アプローチによる援助を受けるとよいでしょう。

　その過程で、さらに医療機関での治療的対応が求められる場合には、**精神保健福祉センター**や**病院（児童精神科・思春期外来）**の紹介を受けるようにします。

（嶋﨑政男）

〔不安症群／不安障害群：パニック障害・全般性不安障害〕

不安でたまらない、
発作が起こるのを心配する

■病院（内科・神経科・精神科・心療内科）

❶どんなことが考えられる？

　「神経症」といわれる症状があります。最近の分類では「不安症群／不安障害群」という名称が使われるようになりました。これは、不安や恐怖などの不快な感覚を中心として生じる心理的な問題のことです。不安と恐怖は生理的には同じものだと考えられています。症状としては、呼吸が速くなり、心臓がドキドキして、冷や汗をかきます。また、お腹にひんやりと冷たいものが走り、体内では交感神経が興奮してアドレナリンというホルモン分泌が活発になります。

　不安障害の中の一つに「パニック症／パニック障害」があります。これは、突然不安におそわれ、「自分が死んでしまうのではないか」と思われるほどの「不安発作」と、「不安発作がまた起きるのではないか」という「予期不安」を持つことに特徴があります。不安発作は、心拍数が上昇し、呼吸が荒くなって、時には意識を失うこともあります。それはあたかも「心臓発作」のように感じられることから、「自分の心臓が悪いのでは」という心気症的な不安として残ることもあります。この場合をかつては、「不安神経症」や「心臓神経症」と呼んでいました。今は、これを「パニック障害」と呼ぶようになりました。

　一方、それほど不安発作が起きなくても、「パニック障害が起きるのでは」との不安が強い場合があります。その予期不安のために、社会生活に制限が生じてしまう場合もあります。また、特殊な状況に限定されない、理由の定まらない不安が長期間続き、ついには日常生活にも支障をきたすように

なる場合もあります。これを「全般不安症／全般性不安障害」と呼びます。主に思春期以降に起こる症状だといわれています。

❷こう対応しよう！

　不安に限らず、心理的な問題は「気持ちの問題」と考えられがちです。ですが、「気の持ちようである」と説得するのは大きな間違いです。自分でも「なぜそのような不快な気持ちにおそわれるのか見当がつかない」、それが神経症なのです。意志の力ではどうにもコントロールできません。

　パニック障害の場合では、からだに強い不安を感じ、それがあたかも何らかの病気であるように思われます。ですから、「からだがつらいのは大変だよね」とか「突然、心配になるなんて嫌だよね」などの温かい言葉かけが大切です。自分でも苦しんで何とかしたいと考えていますから、その気持ちを大切にするように支えてください。

❸どこに相談する？

　「自分のからだに異常があるのでは」と心配を感じている場合には、**内科**などで検診を受けることが先決でしょう。不安発作に似て、ほかの病気である可能性もあるからです。身体的に問題のないことを確認してから、医療面で治療を続けるならば、**神経科**や**精神科**などに転科し、軽い精神安定剤を処方してもらうことになります。精神安定剤は主として不安や緊張を下げるために開発されてきました。最近は「パニック障害」専用の薬も開発されています。**心療内科**などの科目もあり、そこであれば心身両面から診察と薬物治療が受けられるでしょう。

　もちろん、カウンセラーが心理療法を行うことも、問題の解決に役立ちます。ただし、お医者さんが薬物治療をしている場合には、お医者さんに心理療法を並行して行ってよいかどうかを確かめる必要があります。不安障害は、思春期や青年期に入ってから症状が起きる場合が多いので、対面の面接（カウンセリング）で相談を行う場合が多いはずです。不安を直接下げる自律訓練法や筋弛緩法などの行動療法も効果的です。

（小林正幸）

何度も手を洗う、戸締まりや火の元を何度も確かめる

■病院(精神科・神経科など)　　　　■区市町村の教育相談所(室)〔➡p.214〕

■クリニック　　　　　　　　　　　■心理専門相談員がいる機関

■児童相談所〔➡p.194〕

■都道府県の教育相談所(室)〔➡p.212〕

❶どんなことが考えられる？

　自分でも「ばかばかしい」と感じながらも、それをしないと気がすまないような行動が癖のようになっている場合や、「そんなことはない」と理屈ではわかっていても、馬鹿げたことを繰り返し考えてしまう場合には、「強迫性障害」の可能性があります。強迫性障害は、不安障害の一つだとされています。

　「何度も手を洗う」とか「手の皮膚が擦りむけるほど丹念に洗う」などの洗浄強迫（不潔恐怖ともいう）や、戸締りや落とし物を確認する確認恐怖など、行動上の癖のような症状を「強迫行動」と呼びます。また、「自分が悪いことをしてしまったのではないか」などの何らかの考えにとらわれて、振り払っても振り払ってもその考えが浮かぶ場合を「強迫観念」と呼びます。

　このほか、特定の迷信やゲンかつぎ行動も、それが極端である場合には、これにあたります。とにかく、「そのようにふるまわないと気がすまない」「そのように考えないと気がすまない」というような場合、「強迫性障害」と考えられます。

　強迫性障害に関連するものとして、自分の身体を醜く感じる醜形恐怖症や神経性習癖として分類されていた毛を抜く抜毛症があるとされています。不安やストレスを強く感じて、気持ちが追いつめられると起きてくる症状と考えられています。児童期以降の幅広い年齢層で見られる症状です。

❷こう対応しよう！

　症状そのものを自分でも「ばかばかしい」と考えていることが普通ですので、説得によってその症状を止めようとしても難しいはずですし、これは勧められません。症状が起きてからの期間がそれほど長くないようでしたら、ストレスや不安が最近生じたものと考えられます。ですから、本人にかかっているストレスや不安を与えている要因を軽減する必要があります。

　症状で苦しんでいるのは本人ですので、症状を無理に取り去るよりも、本人をリラックスさせることが大切です。生活そのものに余裕をもたせ、ゆっくりとした時間を保障したいものです。

　この症状は、がんばり屋やまじめなお子さんに多いようですから、そのようなお子さんでは特に、「無理はしなくていいからね」とか「気持ちの上でがんばっているのだよね」などと現状でのあり方を認めるようにします。

❸どこに相談する？

　子どもの強迫性障害は、多くの場合、安心感を与えることで症状が消えていくものですが、統合失調症に伴って、この症状が現れるときがあります。

　また、症状が起きてからの時間経過が長かったり、日常生活に支障が生じるほどの症状である場合には、不安障害（神経症）であっても入院して、生活そのものを変化させる必要がある場合もあります。日常生活に支障が生じているような場合や強迫観念がある場合は、症状としては重いので、**病院（精神科・神経科など）やクリニック**を受診することを勧めます。

　それほど強い症状ではなくても、本人は苦痛を感じているはずです。年齢が低い場合には、**児童相談所や都道府県・区市町村の教育相談所（室）**などで、カウンセリングや遊戯療法などの治療が必要でしょう。また、思春期年齢以降でしたら、公認心理師や臨床心理士など**心理の専門相談員のいる機関**であれば、どのような機関でもいいと思います。

（小林正幸）

〔不安障害：社交不安症／社交不安障害・対人恐怖症など〕

人と触れ合うのがこわい、緊張する

■病院（精神科・神経科など）

❶どんなことが考えられる？

　不安障害の一つに、「社交不安障害」があります。かつては、「対人恐怖」や「社会恐怖」などと呼ばれていました。思春期年齢以降、特に青年期によく見られる症状です。これは人がこわいのではありません。「社交場面」で否定的な評価を受けたり、他人に辱められることに対する強い不安を主な症状とするものです。「人からどのように思われているのか」が気になる症状です。

　思春期や青年期は自我の発達に伴って、自分をどのような存在か考える時期です。そのプロセスの中で、他人の思惑を気にすることはよくあることです。他人の思惑を気にすることを「対人不安」と呼びます。ただし、この気持ちが強い場合を「対人恐怖症」と呼びます。「対人恐怖症」は、人前で話をするのに過度に緊張する「あがり症」や「赤面恐怖」から、社会生活に支障をきたすような「視線恐怖」「醜形恐怖」まで広い範囲を含みます。

　比較的真面目でおとなしく、周囲の気持ちを考えすぎるタイプの子どもに多く見られる症状です。多く見られるものでは「視線恐怖」があります。視線恐怖には他人から向けられる視線を不快に感じる場合と、自分が他人に向ける視線が気になる場合とがあります。さらに、自分の顔や身体が醜いように感じる「醜形恐怖」、あるいは自分の臭いが他者に不快感を与えているように感じる「自己臭恐怖」などもあります。

　また、社交不安障害や対人恐怖があるために、大勢の人が集まる場所など、特定の場所に行くことができなくなることもあります。これを「空間恐怖」と呼びます。

❷こう対応しよう！

　社交不安障害や対人恐怖症は主として不安障害（神経症状）ですが、統合失調症の前駆症状であったり、統合失調症が回復する過程で生じてくる症状でもあります。視線恐怖は、統合失調症の注察妄想（人からいつも監視されているように感じ、考えてしまうこと）と似ています。また、醜形恐怖や自己臭恐怖でも、その確信の度合いによっては、妄想に近い印象を受けるときもあるはずです。社交不安障害であっても、その程度が強い場合には、思春期妄想症と呼ばれる精神疾患の可能性もあります。

　本人の「人から見られているのでは」「自分の臭いが気になる」「人の評価が気になる」の訴えについては、言下に否定しないようにしましょう。けれども、「自分はそうは思わないし、そう感じない」ことは伝えます。「君はそう感じてしまうのだろうね。そう感じたらつらいし、嫌だよね。けれど、自分にはそうは思えないんだけれども」と伝えることが基本となります。

　また、「自分はダメだ」と考えていますので自己評価が悪くなっています。そこで本人の存在そのものを大切にしていること、「君は君で良い」ということが伝わるようにします。本人が思ってもいない面を見出し、「君にはこんないい点があるね」ということを伝えつづけることを工夫してください。

❸どこに相談する？

　先に触れましたが、症状によっては精神疾患との鑑別診断の必要があります。ですから、医師の診断は不可欠な神経症であるといえます。神経症状であったとしても、投薬の効果は見られます。**精神科、神経科**などの医師の目を通っておく必要はあるでしょう。

　不安障害のレベルによって、医師の許可があれば、心理療法を行うことができます。社交不安症は、思春期や青年期に入ってから症状が起きることが多いので、対面の面接（カウンセリング）で相談を行う場合が多いはずです。不安を直接下げる自律訓練法や筋弛緩法などの行動療法も効果的です。

（小林正幸）

こころ
10

〔閉じこもりなど〕

家から外に出ようとしない

■学校の中にある相談機関〔➡p.234〕　■精神保健福祉センター〔➡p.206〕

■都道府県の教育相談所（室）〔➡p.212〕　■医療機関

■区市町村の教育相談所（室）〔➡p.214〕

■児童相談所〔➡p.194〕

❶どんなことが考えられる？

1つには、不登校〔➡p.74〕の進行過程に見られる状態像で、いわゆる「閉じこもり」といわれます。不登校の進行過程には、心気症期、反抗（暴力）期、無為期といった時期がありますが、この間、子どもは内閉的な生活を送ります。それは「自分は罪悪なことをしている」という罪悪感や、自分の人生に介入した保護者への反抗心からくることが多いようです。

2つには、自分を危機に落とし入れる出来事に遭遇し、心的外傷〔➡p.4〕を受けたことが考えられます。例えば、いじめ〔➡p.78〕にあった子どもが、すっかり人におびえて部屋に閉じこもったり、かわいがっていた動物や愛する人を失った場合でも、衝撃のあまりしばらく外に出なくなる、という現象が見られます。このように一時的な「閉じこもり」も、長期化すれば外界と遮断されたまま孤立化する危険性があります。

3つには、内向的で、引っこみ思案の子どもに多いのではないかと思います。外で友人と遊ぶことや、どこかへ誰かと出かけることより、家の中で読書をしたり、テレビゲームにふけったり、プラモデルをつくったり、イラストを描いたり、といった過ごし方を選択するのです。中には人ごみを嫌う子どももいます。むろん友人から疎外されているわけではなく、家にいると落ち着くのです。最近の居住空間は子どもにとって快適ですから、ひとりを楽しむ生活が定着するのかもしれません〔➡p.82〕。

4つには、精神疾患が考えられます。客観的な理由がないのに被害妄想が強く、窓のカーテンを引いたまま自室に閉じこもる場合です。不登校の内閉的な時期と類似しているため、病気を見逃すことがあります。

❷こう対応しよう！

　引っこみ思案の子どもには、ひとりの世界を楽しむことに加えて、仲間と
つきあう楽しみを体験させます。ひとりで給食をとるより、みんなで食べた
ほうがおいしく感じられるように、複数の友人に誘われてイベントにでも出
かけると、思いのほか楽しいものです。そういう意味では、引っこみ思案の
子どもを、できるだけ外に誘ってみるのも 1 つの方法でしょう。

　不登校の進行過程で生じる閉じこもりに対しては、保護者や教師が無理や
り外に連れ出したり、規則正しい生活を強要しないことです。情緒が安定し、
外界に関心をもち始めるまで、辛抱強く待つことが適切な援助だといえます。
いじめを受けた子どもは、学校に居場所を求めることが難しくなりますので、
しばらく家庭でゆっくりこころを休め、温かく接してあげることです。

　もし、子どもの閉じこもりが強化され、長期化して保護者の不安が強く
なった場合は、安心感を得るために医学的な診断をお勧めします。

❸どこに相談する？

　外へ出たがらない子どもを相談機関に出向かせることは、困難だと思いま
す。むしろ、保護者の方が気にして相談に出向くでしょう。引っこみ思案の
子どもへの対応は、担任を中心とした関係教師の指導で十分できます。学級
には仲間づくりのチャンスが無数にあるからです。

　いじめ、不登校による閉じこもりに対しては専門性が要求されますので、
**学校の中にある相談室（スクールカウンセラーなど）、都道府県・区市町村の
教育相談所（室）、児童相談所**の利用が考えられます。**児童相談所のメンタ
ルフレンド**による訪問相談を受けることもできます。いっそう閉じこもりが
強化されたり長期間続く場合は、**精神保健福祉センター**や**医療機関**を利用し、
精神障害などの可能性がないかどうか、確かめてみることも考慮に入れてお
きましょう。

（徳田健一）

〔自殺・リストカットなど〕

自殺の兆候がある、
自殺未遂を起こした、自分を傷つける

■病院(精神科・心療内科・思春期外来など)

❶どんなことが考えられる？

　子どもが自殺しようとするときには、その子どもが生きているすべての環境（学校、家庭、友人関係など）において絶望感をもっており、こころの傷〔➡p.4〕を受けています。それにもかかわらず、自分を取り巻く厳しい現実を「自分のせいだ」と認識し、自分を責め、徹底的に低い自己評価に苦しんでいます。子どもは大人に比べて、「死」の観念が未熟なため、「死」をアニメの中の「死」のように再生可能な現象として理想化することで、追いつめられた現実からの解放を夢見る傾向があります。特に、非暗示性や衝動性が高い思春期に追いつめられた現実にぶつかると、行動化することがあります。それは無意識のところでは「生きていきたい」という、自己否定の裏返しとしての切実なる「再生」願望でもあります。しかし、統合失調症を発症していたり、深刻な抑うつ状態に陥っていることもあるので、日常生活の状態をよく知り、対応には慎重な判断が必要です。

　リストカットなどの自傷行為を繰り返す子どもも、抱えていることができないほどの押しつぶされそうな不安におそわれています。過去に深いこころの傷を受けている場合もあります。自傷行為は、こころの痛みをからだの痛みに変えて耐えるという意味をもつことがあります。そのような状態にあるとき、子どもたちは、痛みをからだで感じたり血が流れるのを実際に見たりすることで、安心できるといいます。不安が大きいために解離〔➡p.4〕してしまいそうな自分を、現実に引き戻す役割をもっていることもあります。

❷こう対応しよう！

　まず、それほどまでに苦しんでいるのだということに、何よりも深く共感することがとても大事なことです。これは当然のことのようですが、実際は難しいようです。このようなことが起こると、保護者自身もショックを受けますし、それまでの子育てのあり方を問われることになるので、保護者自身が大きな不安におそわれます。その不安は「どうしてそんなことをしたのか」という、子どもに対する怒りとなることもあります。子どもがやっとの思いで語る理由も、大人から見ると些細なことに思われ、子どもの「弱さ」にいらだちを感じることもあります。また、保護者や教師が自分の不安を抑えるために「命は大事にしなければならない」「まわりの人を悲しませてはいけない」ということを説得しようとする傾向もあります。

　しかし、このような対応は結局「あなたが悪い」ということを伝えてしまいますから、子どもの徹底的に低い自己評価はさらに低くなります。このような対応をしていると非常に危険です。また、自傷行為を繰り返している場合、周囲が手厚くかかわることが疾病利得となり、自傷行為を強化してしまう場合もあるので、保護者は専門家の援助を受けて対応する必要があります。

　保護者はまず、子どもの思いに深く共感するということ、そこを出発点として、専門治療機関の援助を受けながら、子どもとともに歩む覚悟をすることです。同時に、子どもを取り巻く環境（学校・友人関係など）における、安全の確保について、教師などと協力して取り組む必要があります。

❸どこに相談する？

　児童・青年期の子どもの治療を専門としている**精神科医や臨床心理士のいる病院（精神科・心療内科・思春期外来など）**を受診します。統合失調症などの精神疾患を発症している場合もありますから、専門医の診断を受ける必要があります。子ども個人の心理治療（心理療法・薬物療法など）を受けるとともに、子どもを支えていく力を得るために、保護者も家族カウンセリングなどの援助を受けることが望ましいでしょう。

（大河原美以）

〔摂食障害など〕

ダイエットのため、食べたものを吐く

■病院（思春期外来・精神科・心療内科）

❶どんなことが考えられる？

　思春期に入り始めた小学校高学年の女子児童から成人女性に至るまで、「痩せたい」という願望は多くの人がもつ願望でもあります。ところが、現代社会において、この「痩せたい＝きれいになりたい」という願望には、とても危険な「わな」がたくさん仕掛けられています。

　その「わな」として代表的なものが「ダイエット」です。最初は軽い気持ちで始めたダイエットであっても、「食べたい」欲求を一生懸命にコントロールして体重の減少に喜び、達成感を感じるということができてしまうと、ますますダイエットの「わな」にはまってしまいます。身体は栄養が補給されないと、細胞の一つ一つが飢餓状態に陥りますから、身体は生き延びようとして、栄養の摂取に必死になります。すると、一定時期のダイエット成功後、逆に体重が増加してしまうという、いわゆる「リバウンド」状態が起こります。「痩せたい＝きれいになりたい」はずだったのに、体重が増加してしまうと、精神的にも落ち込んでしまいます。そんなときに、自分でのどに指を入れて吐くというようなことを覚えてしまうと、食べても、すぐにトイレで吐けば体重は増加しないので、吐くことはダイエットに都合がよいということになってしまいます。初期のころは、食べたい欲求と痩せたい欲求の両方が満足できるので、本人はとてもよい方法だと重大な勘違いをしがちなのです。しかし、そんなことを続けていると、心身ともに大きなダメージを受け、本格的な摂食障害に発展してしまいます。

❷こう対応しよう！

　多くの子どもたちへの予防の観点からは、ダイエットの危険性と自分で吐

くということの身体に与える悪影響などについて、学校でも家庭でも正しく教育する機会をもつことは、今の時代においては必要なことです。

　その上でなぜそんなにも「痩せたい＝きれいになりたい」にこだわるのかということに対して、きちんと支援する必要があります。大人にとっての都合のよい「よい子」であることを求められ、いつでもがんばることをよしとする価値観の中で完璧にそれを実現してきた子どもは、自分を律しコントロールしようとする理性の部分と、身体の生物としての欲求（食べたい、眠い、疲れた）の部分との間での葛藤を常に抱えていることになります。そのようなとき、自分の身体から出てくる欲求は否定されるものと決定づけられているので、ありのままの自分を受け入れることができず、自己肯定感が低くなります。それを埋めるためには、外見が完璧であることが必要で、過度なダイエットに走り、少しでも体重増加があると不安でどうしようもなくなります。そしてその不安を過食で埋めようとする依存傾向が生まれ、再び自己嫌悪に陥るという嗜癖の悪循環にはまります。そうなると「痩せ」が顕著になっても自分は「太っている」と思いこんでしまうような認知の歪みが生じます。

　ですから、本質的な支援としては、その子どもがどんなところに不安や怒りや悲しみを抱えているのか、その思いを誰が受けとめているのかという点から支援に入る必要があります。教師や保護者が子どもの不安や怒りや悲しみを丸ごと受けとめることができるようになると、子どもも自分を丸ごと受けとめることができるようになり、自己肯定感を感じることができます。そうすると、「太っている私」でも十分に魅力的だという自信をもてるようになります。

❸どこに相談する？

　ダイエットとして嘔吐を繰り返すことは心身を壊すことになるということを教えても、やめることができない状態になっている場合には、摂食障害に精通している医者のいる**精神科**や**心療内科**を受診します。　　　　（大河原美以）

25

こころ
13

性的な被害にあったら

■警察署〔➡p.216〕　　　　　　　　■スクールカウンセラー
■児童相談所〔➡p.194〕　　　　　　■都道府県の教育相談所（室）〔➡p.212〕
■教育委員会　　　　　　　　　　　■区市町村の教育相談所（室）〔➡p.214〕
■病院（産婦人科・思春期外来・精神科・心療内科）

❶どんなことが考えられる？

　性的な被害にあったということは、重大なこころの傷〔➡p.4〕を受けたということを意味しています。性には「恥」の感情が伴いますので、罪悪感や自罰感に苦しむことになり、こころの傷は深いものとなります。

　子どもが性的な被害を受けた場合、加害者から「誰かに言ったら恐ろしいことが起こる」という呪縛を受けていることが多いので、そのために誰にも言えずに何年もの時間が経過してしまうということも起こります。そのようなとき、被害にあったときの記憶はトラウマ〔➡p.4〕になり、子どもの場合様々な症状や問題行動として表出します。例えば、不登校や恐怖症、チック〔➡p.10〕、パニックやかんしゃく、身体症状、生理不順・生理痛、強迫性障害、解離性障害など様々で、直接的には無関係に見えるような反応を呈します。時には過度に性に関心をもったり、わざと異性に近づくなどの行為が見られることもあります。人形あそびなどの中で、加害場面を何度も再演していることから、気づかれるという場合もあります。

　子どもが性的な被害を受けたことを自分で訴えることができた場合、あるいは大人が目撃していた場合には、❷に示すような対応を心がけます。ところが、被害の責任を被害者である子ども自身が背負わなくてはならなかったり、叱られたり、保護者自身の不安や混乱にさらされたりすることも多く、それにより、さらに安全感が喪失し、深い人間不信が刻み込まれてしまうこともあります。思春期青年期の人格形成に影響が及ぶこともありますので、周囲の大人が子どもを守るために覚悟をきめる必要があります。

❷こう対応しよう！

　まず、被害を受けた「あなたは100％悪くない」、悪いのは加害者であるということをしっかりと伝え、両親が「あなたを守る」ということをしっかりと宣言します。性的な被害が深刻な場合、保護者や教師も動揺して自身の不安や悲しみに押しつぶされそうになりますが、それは子どもにとっては「安全感の喪失」を意味しますので、自身の不安をそのまま子どもにぶつけないようにします。娘の性被害に対して、父親はどうかかわればよいのか戸惑うものですが、父親は母親の動揺や悲しみをしっかりと受けとめる役割をとり、母親が娘を支えることができるようサポートします。そして、警察への被害届など社会的な手続きの部分は父親がリードして行います。被害届を出すことでさらに傷つくことを恐れ、うやむやにしてしまうと、加害者が悪いということをあいまいにすることになるので、事の善悪を明確にするという意味で必要です。ただし事情聴取などについては、子どもの状態に応じて、「子どもを守る」という観点から慎重に判断します。このように保護者がかかわることにより、子どもは、自分の苦しみを両親がともに背負ってくれていると感じることができます。このことは、初期段階での安全感の回復につながり、PTSD〔➡p.4〕を予防するために重要です。

　少し落ち着くと、悪夢を見たり、恐怖を思い出し、感情が混乱するなどフラッシュバックの反応が起こりますが、フラッシュバックが起こることは、こころが癒しの仕事をしようと動き始めていることなので、両親がしっかりと抱きしめ、それは当然の感情であることを認め、受けとめます。症状が激しいときには専門機関に相談しながら、両親で支えます。

❸どこに相談する？

　各地の**警察署**に犯罪被害者相談電話や性犯罪相談の窓口がありますので、社会的な対処に関しては相談しながら勧めることがよいでしょう。子どもの症状や問題行動が出ている場合には、子どものトラウマに詳しい**精神科**や**心療内科**、あるいは、**都道府県・区市町村の教育相談所**（**室**）など信頼できる臨床心理士のいる相談機関に相談してください。

（大河原美以）

〔性同一性障害、LGBT、性自認など〕

こころと性のギャップ

■病院（精神科）
■当事者団体

❶どんなことが考えられる？

　男・女という選択肢の並んだ性別欄があるように、多くの人は、「性別」というものを一意のものと認識しています。大抵の人は「身体的性別（生まれたときの身体的な性別の特徴）」「性自認（自分の性別に対する自己認識）」など、性別に関するすべての要素が男性あるいは女性のどちらかに一貫しており、あえて区別する必要性が少ないからと考えられます。身体的性別が男／女であれば、性自認も男性／女性、といった具合です。

　精神医学分野では身体的性別と性自認が一致していないことで抱かれる苦悩を「性別違和感」と呼び、「性同一性障害（性別違和・性別不合)」をもつ人の中核的な訴えとして重視されています。性別違和感は、「身体的性別に対する嫌悪感・忌避感」と、それによって生じる「身体的性別とは異なる性自認に沿った性別になりたいという強い願望」からなります。なお、性自認のあり方は多様で、必ずしも男女のどちらかではありません。

　前者の嫌悪感・忌避感は「自分の体を受け入れられない」「男／女の体のままでは生きていけない」などと訴えられます。第二次性徴期には性自認を否定するような体の変化が生じるため、当事者の大多数が自傷行為や希死念慮、自殺企図を経験するといわれています。「体のせいで本当の自分になれない」「体から逃れるには死ぬしかない」などと思い詰めてしまうのです。「（体の変化という現実を受け入れられない）自分の頭がおかしいのでは」「誰にも知られてはいけない」などと、自己嫌悪や孤独に苛まれる傾向にあります。「（性自認に沿わない）体や顔を人に見られたくない」「鏡や窓に映る自分を見たくない」と、不登校やひきこもりに発展する事例も見られます。

❷こう対応しよう！

　性別違和感の大元は自分の身体的性別と性自認の不一致ですが、子どもと
かかわる現場でこれ自体を解消する手段はほとんどありません。しかし、本
人の心のケアや本人を取り扱う性別に関する合理的配慮などにより、本人が
感じる生きづらさを軽減することは十分に可能です。

　私たちの日常には、「性別二元論（人はみな男女のどちらかに振り分けられ
るという考え）」が根深く存在します。たとえば、兄弟姉妹のような人称代
名詞、名前のくん・さん付け、男・女を基準にしたグループ分け（たとえば、
「各班で男女の人数を半々に」「男子と女子とでペア」）です。できるだけ使用
を避け、別のもので代替することが望まれます。「男なんだから」「女の子ら
しく」のように、言動の端々に性役割意識の強さがうかがわれる大人に、本
人は悩みを打ち明けられません。日頃からの意識改革が必要なのです。

　悩みを打ち明けてもらえたら、本人の気持ちを丁寧に共有していきます。
性別違和感の抱き方には個人差が大きいためです。性自認に沿った合理的配
慮（トイレの使用や制服の着用など）は、人目につく変化を伴うことが特徴
です。他者の反応への対応を含めたシミュレーションを行い、本人も周囲の
大人も、しっかりと心構えをつくって臨むことが大切です。

　思春期以前に性別違和感を訴える子どものうち、思春期以後も身体的治療
や性別移行を必要とする割合は低く、1割に満たないという指摘もあります。
本人の希望がはっきりしないうちは、先を急がないことも重要です。

❸どこに相談する？

　悩みを打ち明けられた相手が、安心して話せる個室で対応するのが基本で
す。自傷行為などの精神不調がある場合、身体的な治療を求める場合は、**精
神科**受診を検討します（可能なら、**GID（性同一性障害）学会認定医**）。合理
的配慮には、書籍や**当事者団体**が持つ事例が大いに参考になります。周囲の
子どもや保護者への説明なども必要となるため、組織的な対応が必要です。

（西野明樹）

〔うつ、抑うつ症状、重篤気分調節症〕

何をしても楽しくない、
気分が落ち込んでいる、集中できない

■学級担任、養護教諭など　　　　　　　■病院
■都道府県の教育相談所（室）〔➡p. 212〕　■児童相談所〔➡p. 194〕
■区市町村の教育相談所（室）〔➡p. 214〕　■区市町村子ども家庭支援担当課
■民間のカウンセリングルーム

❶どんなことが考えられる？

　「うつ」は、気分の落ち込み、興味や楽しみの喪失を主症状とし、これに加えて、食欲減退、睡眠障害、疲れやすさ、思考力の減退、過剰な自責感、希死念慮などが 2 週間以上続くことを特徴とします。

　大人の「うつ」は主に気分の落ち込みが症状の中心で、子どもも同様です。ただ、子どもの場合、気分の落ち込みの代わりにイライラが症状の中心となり、些細なことに敏感に反応しやすくなることがあります。自分の気持ちや気分を言葉でうまく表現できず、身体症状（頭が痛い、気持ちが悪いなど）や行動症状（外出したがらない、寝てばかりいるなど）の方が目立ちます。小学生にもうつは見られますが、有病率は中学生になる12歳頃から急激に増加し、高校生頃には大人と同程度となります。小学生頃には ADHD などの発達障害や不安障害、中高生頃には不安障害や摂食障害などと併存する例が多くなります。

　近年、うつの一種として、10歳以前に発症する「重篤気分調節症」という分類がつくられ、にわかに注目が集まっています。些細なストレスをきっかけとする激しいかんしゃく発作が、1 年以上にわたり頻繁に（週 3 回以上）繰り返されることを特徴とします。かんしゃくとかんしゃくの間はほぼ始終怒っており、発達障害とは区別されています。

❷こう対応しよう！

　子どもにとって、自分の気分状態を正確に言葉で言い表すのは簡単ではあ

りません。表情や言動からうつが気になったら、まずは声をかけ、最近の体調や毎日の過ごし方を尋ねてみます。体調や心の調子を聞くときには、「もやもや」「ずーん」「そわそわ」などのオノマトペ（擬音語・擬態語）を使うとお互いに調子を把握しやすくなります。子どもの場合、こうして自分の調子を共有してもらえるだけでも状態が好転する可能性があります。

　ある程度話してくれたら、困っていることや悩んでいることの心当たりを尋ねてみます。心当たりがあってもなくても、それを共有だけして、それ以上は突き詰めません。原因探しは気分の落ち込みや不安を助長するからです。

　次に、どういうときに調子が悪くてどういうときには調子がいいのか、調子の波について話し合います。うつになると、自分に対しても相手に対しても否定的な考え方が固定化されるため、悪いときの話が多いかもしれません。まずは否定せずにそれをよく聴くことが前提ですが、その上で、「私は〜だとも思うよ」「こういうときは〜だったね」のように、柔軟なほかの考え方や肯定的な捉え方を1つ2つ伝えるなどして、肯定的な側面に目を向ける練習を少しずつ重ねていきます。

❸どこに相談する？

　初期相談は、普段から子どもの様子を知っている**学校の中の関係者（学級担任、養護教諭、スクールカウンセラーなど）**による対応が考えられます。うつの背景に学業不振や友人関係がかかわっている場合など、校内の関係者に話したがらなければ、**都道府県・区市町村の教育相談所（室）**や**民間のカウンセリングルーム**が利用できます。

　睡眠障害や食欲の減退が著しい場合、自傷行為・自殺企図がある場合には、児童期・青年期の治療を専門としている**精神科（児童精神科、思春期外来など）**を受診します。子どものうつに対する薬物療法の効果は限定的という報告、副作用で自殺関連行動が出現するという報告もあるため、臨床心理士等によるカウンセリングに対応している病院を選ぶと安心です。子どものうつは家族関係から大きな影響を受けます。虐待的養育環境に置かれている場合には、**児童相談所や区市町村子ども家庭支援担当課**に相談が必要です。　　　（西野明樹）

"新しい生活様式"と子どものこころのケア

　2019年末に生じた新型コロナウイルスによる新型肺炎は世界的な災害です。2020年の前半までに、世界中で拡散し続けています。病気を避けるためには、衛生への正しい知識を持ち、対処方法を身に付ける必要があります。手洗い、手指の消毒、マスクの着用や、三密（密閉、密集、密接）を避けるなどです。これらのコロナ禍予防に有効な対処行動の習慣化した生活を送ることを、「新しい生活様式」と呼びます。対処行動自体は不安を軽くします。

　心理的ストレスの視点で言えば、コロナ禍は2011年の原子力災害事故によく似ています。放射性物質もウイルスも目に見えません。ただ、これは、原子力災害よりも始末に悪いところがあります。他者との接触が伝染の原因になるので、他者が恐くなるからです。衛生管理がズサンな人に怒りを覚えることや、見知らぬ人を不快に感じることは、他人への不安によります。社交的に物理的距離を取ること（ソーシャル・ディスタンシング）は、心理的な距離につながります。加えて、年齢が低い場合ほど、「病気になる＝努力が足りない＝悪いこと」と考えやすくなります。「病気になった人が悪い」と思いがちです。病気の自己責任論は、未熟で幼い思考ですが、大人も陥りやすいのです。排斥や排除、いじめやDV、虐待が生じやすい素地が生まれます。

　そうならないためには、感染しても、自分を責めない、人から責められない社会にならねばなりません。そこで必要になるのは、一言で言えば、すべての人が自他への「思いやり」を持つことです。普通、「思いやり」は、優しさと愛情を他人に向けることです。「思いやり」を自分に向けることを、「セルフ・コンパッション」と言い、今、注目されているこころのケアです。自分の良い面、悪い面を認め、ありのままの自分を大きなこころで包むことです。このこころの構えは、病に打ち勝つ免疫を強めるとも言われます。

　では、子どもに自他への「思いやり」を持たせるには、どうすればよいでしょうか？　そのためには、身近に接する大人たちが、自他への「思いやり」を示すモデルになることが一番です。子どもに接するとき、子どもにも、そして、自分に対しても「思いやり」を向けているでしょうか？

（小林正幸）

2

「からだ」編

頭がいたい

■医療機関（小児科・内科・脳外科・歯科）

❶どんなことが考えられる？

　ズキズキと脈打つような痛みが反復して起こって、同時に視野にパラフィン紙を通して見るような歪みが現れたり、キラキラした光の微粒子が移動したり、視野の一部が見えなくなったりしたら、それは偏頭痛です。大人だけではなく子どもにも見られますが、母親が偏頭痛をもつ子どもは特に起こりやすいといわれています。これは、脳の血管の収縮とそれに次いで起きる拡張によって起こるものです。

　よく「お碗をかぶったような」と表現される、じわっとした頭痛が反復して起こり、肩や首筋が凝る症状があれば、筋緊張性頭痛と考えられます。症状が軽いと、頭がすっきりしない、頭が重いという訴えになります。

　前額部に痛みがある場合は、副鼻腔炎、または近視、乱視などの視力障害〔➡p.56〕によるものかもしれません。

　歯科の領域ですが、顎関節症で頭痛が起こる場合もあります。顎の開閉運動時に雑音がする、十分に口が開かない、関節部が痛い、などが主な症状です。専門家によれば、これは精神緊張の強い子どもに見られる傾向があって、睡眠中にも筋肉の緊張が十分とれていないことが原因と考えられるとのことです。また、虫歯や歯槽膿漏でも頭痛が起こることがあります。

　頭痛は、原因にかかわらず、しばしば吐き気を伴います。

　心因性の頭痛の1つに、登校前の頭痛があります。登校しようとすると頭痛がするものですが、これは、学校の中にいろいろと乗り越えられないマイナスな面があって、その緊張と不安によって起こったと考えられます。

　また、燃えつき症候群〔➡p.42〕の症状としても、頭痛はしばしば見られます。燃えつき症候群には、だるさや睡眠パターンの崩れなどの主症状があ

り、頭痛だけが現れることはあまりありません。原因のわからない、執拗な頭痛に毎日悩まされていた子どもが、血液中にホルモン神経分泌障害が見つかったことで、燃えつき症候群と診断された例があります。一生懸命な"よい子"タイプがこの疾患になりやすいので、教師が気づく可能性は高いといえるでしょう。

❷こう対応しよう!

　頭痛をもたらすいろいろな病気にかかると、保護者のほうが頭痛に敏感になって、しばしば頭痛の様子や有無を子どもに尋ねたり、案じたりしてしまいます。しかし、同時に子どもも敏感になって、症状の訴えが続くことがありますので逆効果です。病気の回復から見てもそんなに頭痛が続くとは考えられないのに、子どもがまだ「痛い、痛い」といって登校しないような場合には、取り合わないようにすると症状が消える場合があります。次第にいわなくなって登校し始めたという例があるからです。

　また、睡眠不足、眼の使いすぎからも頭痛が起こる場合があります。日常生活のチェック、特にテレビゲームの時間については、教師の指導が有効だと思います。子どもが十分な睡眠時間を保てるように考慮することも必要です。塾から帰って宿題、それだけで睡眠不足の毎日などという生活は、頭痛だけでなく心身のエネルギーの低下を招く場合がありますので十分に注意してください。

❸どこに相談する?

　顎関節症による頭痛だと思われる場合には、**歯科医**に相談してください。また、反復する頭痛ではなく、急に起こる頭痛にはいろいろなものがありますが、いずれも、ほかに様々な症状が付随してくることが多いので、親がその症状を見て**医療機関**へ連れていくのがいいでしょう。

　ただ、学校で、頭をぶつけたあとに頭痛が起こってきたら、教師はためらうことなく、保護者に連絡してください。単に打撲の痛みかもしれませんが、<ruby>頭蓋<rt>とうがい</rt></ruby>内の出血〔➡p.44〕の可能性も考えられるからです。　　　　　　　　（三好邦雄）

ドキドキする

■かかりつけの専門医
■病院(小児科)

❶どんなことが考えられる？

　動悸とは、鼓動が感じられる状態のことです。多くの場合、心拍数が増加して心臓の運動が昂進し、ドキドキします。ですから、運動時では、一時的に動悸がします。貧血や甲状腺機能亢進症などでも動悸がします。起立性調節障害〔➡p. 42〕のような自律神経の機能が不安定なときにも動悸がします。燃えつき症候群〔➡p. 42〕でも、しばしば動悸を訴えますし、不安や精神緊張でも動悸がします。

　また、いろいろな心臓疾患の可能性もあります。この場合は、心臓の働きを補おうとして心臓がより活動したり、心拍を支配する機能が亢進したりして起こる動悸です。

　いずれにしても、医学的な問題ですから、診断および治療は医師が行うことになります。

【学校の心臓検診について】

　現在では、小学1年生と中学1年生の全員に心臓検診が行われており、全国で、心臓検診の手順はほぼ統一されています。

　まずアンケートを保護者に書いてもらい、4誘導の省略心電図をとります。そして、1学期の学校検診の聴診で、心雑音の有無をチェックします。こうした1次検診で何らかの所見があった子どもは、2次検診で心電図、負荷心電図、心音図、レントゲンなどの検査を行い、保護者が同席して専門医の診察を受けます。そこでさらに検査や治療が必要な子どもは、しかるべき医療機関に紹介されます。

　心雑音は、循環器の専門医が聴診すると、生徒の50％以上に認められますが、ほとんどが機能性心雑音です。無害性心雑音ともいいます。

　心臓疾患で心雑音があるものは、心室中隔欠損、心房中隔欠損、肺動脈 狭窄、肺動脈管開存などです。心電図では、不完全右脚ブロック、房室ブロック（１度）、心室期外収縮、上室期外収縮、右脚ブロックなどが見つかります。

　この中で、不整脈は、心室期外収縮、房室ブロック（１度）、WPW 症候群、右脚ブロックなどに現れます。動悸という症状では、WPW 症候群は特徴的です。突然発作性頻拍が始まり、突然止みます。

　診断後、必要なら治療あるいは心臓病管理指導表が提出されます。機能性心雑音は病気ではありませんから、管理は不要となります。心電図では所見があっても、不完全右脚ブロックならば管理不要です。

❷こう対応しよう！

　管理が必要な場合、心臓病管理指導表にしたがって学校生活を送ることになりますが、教師が「授業、行事でどの程度の身体活動が適当か」などの具体的な指導方法をつかめないことが少なくないようです。養護教諭までは把握していても、担任は十分に把握していない場合もあります。また、制限しすぎ、あるいは緩みすぎも見られるようです。そうした点で、学校の先生は養護教諭や校医と連絡して、適切な指導をすることが必要なのです。

　また、不幸な突然死が起こることがあるのは、特発性心筋症（拡張型・肥大型）、心筋炎、川崎病後遺症である冠動脈 瘤、QT 延長症候群などの場合です。そうした疾患では、専門家が十分な管理をしていますし、それにしたがって学校でも管理指導をしているのですが、やはり不幸な事態が起こる場合もあります。

❸どこに相談する？

　心臓検診の結果、異常が見つかった子どもは、すでに専門医の管理を受けていますから、学校で症状が現れたら、その**専門医**へ連絡するのがよいでしょう。一般の子どもの場合は**小児科**を受診するのがよいでしょう。　　（三好邦雄）

〔ぜんそく・過換気症候群など〕

息が苦しい

■病院

❶どんなことが考えられる？

　息が苦しい症状の代表的な疾患として、気管支ぜんそくがあります。気管支ぜんそくをもっている子どもは多く、クラスでひとりや二人はいるかもしれません。ちなみに、小児ぜんそくとは、子どもの気管支ぜんそくという意味で、別の疾患ではありません。気管支ぜんそくの発作は、呼吸困難と喘鳴が主な症状です。発作がないときは、普通に運動できます。

　また、ぜんそくには気管支ぜんそくとは別に心臓ぜんそくがあります。これは心臓の疾患で、肺に鬱血が起こると現れる呼吸困難のことをいいます。主に成人に見られます。

　自然気胸という疾患もあります。肺に穴があいて空気が胸腔に漏れ、呼吸が制限されるものです。いきなり呼吸が苦しくなり、聴診器やレントゲン写真で片肺の呼吸が弱くなっていることが確認できると、自然気胸と診断されます。

　じんましん〔➡p.57〕も考えられます。じんましんは、皮膚にみみずばれのような丘疹が出没し、かゆみが強く現れる疾患です。しかし、たまに声門浮腫が現れて息が苦しくなることがあるのです。

　給食を食べたあと、昼休みに運動場で活動していたら息苦しくなったという場合には、食物依存性運動誘発性アナフィラキシーの可能性があります。これは、アレルゲンを含む食事をとっただけでは症状は現れないのですが、そのあとに運動をすると呼吸困難が起きるのが特徴です。

　また、突然に息ができない感じがしてきて、はあはあと過度に呼吸をしたら、過換気症候群かもしれません。胸部不快感、あるいは胸痛、手足のしびれ、めまい、失神、けいれんなどが引き続き起こる場合もあります。手の甲や足の甲がすぼまるテタニー様発作が見られるかもしれません。呼吸ができ

38

ない感じで急激に不安が高まって、発汗も見られます。さらに発作が静まった後には、だるさや疲労感を感じるでしょう。この疾患は、心身の原因により、呼吸をしすぎて過換気の状態になることで起こると考えられています。不安傾向が強い子どもですと、しばしばなることがあります。どうしよう、大変だというような不安で、はあはあと激しく呼吸をすると、炭酸ガスを出しすぎて呼吸性アルカローシスが起こるため、それによる神経症状や筋肉の症状で不安がますます増加してしまうのです。さらに激しく呼吸をすると、症状が増します。過換気症候群が集団発生すると新聞や TV で報道されたりしますが、これは、ひとりが過換気症候群に陥るとその不安が伝わって自分も同じ症状があるように感じてしまい、みんなが不安になって、はあはあと過呼吸を始めるためと考えられています。

　気持ちが悪くても、ハアハアと荒い呼吸をしますが、これは呼吸困難ではないので心配いりません。不安や恐怖でも息が弾むことはあります。

❷こう対応しよう！　❸どこに相談する？

　過換気症候群の治療は、よく起こる機序を説明して不安を少なくすることと、発作時には紙袋を口にあてて、自分の吐いた息をまた吸わせることをします。自分の吐いた息には、炭酸ガスが多く含まれていますから、それを吸えば炭酸ガスを再吸収できるわけです。発作時に、まわりの人がバタバタと慌てないことが必要です。まわりの人が不安になれば、本人も不安が高じてしまうからです。

　また以上のように、学校で呼吸の状態が異常を示した場合でも、呼吸困難であるとは限りませんので注意してください。

　いずれの場合も、すみやかに**医師**のところへ連絡するなり、運ぶなりをすることがよいでしょう。

（三好邦雄）

〔カゼ・扁桃腺炎・心因性発熱・詐病など〕

熱がある

■かかりつけの医師
■病院（小児科）

---

❶どんなことが考えられる？

　急に熱が出たら、当然カゼや扁桃腺炎を考えます。そうした感染症は、何か他の症状（せき、鼻水、のどの痛み、頭痛など）もあることが普通です。発熱があれば、当然親は医者へ連れていきますから、診断と治療はなされるわけで、特に教師が直面する問題にはなりません。

　土曜日になると、いつも熱を出すといって、特別な問題があるのではないかと受診してくる親子がいます。たまたま3回か4回続いたという程度で、たいていの場合、やはりカゼや扁桃腺炎の繰り返しです。1週間の集団生活で疲れて、抵抗力が落ちるのかもしれません。その後も週末の発熱が延々と続くことはないようです。

　医者へ行ったけれど、なかなか診断がつかない症例もあります。

　心因性発熱はその1つです。長い期間の強い精神緊張がもとにあります。燃えつき症候群〔➡p. 42〕の症状として長期間の発熱を見ることがありますが、これも長期間の強い精神緊張のせいです。何か月も何年も発熱が続き、そのうちに瞬間的に40度ほどまでも体温が上昇して、ストンと下がるような変化を示す場合もあります。年齢的には、小学校の高学年あたりから起こりますが、それ以下の年齢の子どもたちには見られません。短期間の精神緊張では起こらないからです。幼稚園の児童の親が、幼稚園に行きたがらないのとカゼなどの熱を結びつけて、心理的な発熱ではないでしょうかと尋ねてきたりしますが、その年齢では考えなくていいのです。

　詐病としての発熱は、体温計をこすったり、熱したりすることで起こります。その疑いがあった場合、見ているところで、わきの下と口の中で同時に

体温の測定をするとわかります。わきの下では操作できても、口の中では操作できないので、口の中の値は平熱となります。子どもは、利益のために詐病するのです。詐病であることを咎めてはいけません。親の気持ちを引くためのものでしたら、親は十分な愛情を子どもに注ぐ必要があります。登校することがつらいのであるならば、そのつらさを取り除いてあげなければいけません。

　インフルエンザの流行時期では、児童生徒が発熱したら、親に医師受診を強く勧めてください。

　以前、今の子どもたちの中には、低体温のものがいるという報告がありました。その意味づけははっきりしません。体温の測定方法による現象だろうという意見もあったようですし、自律神経の機能の低下の現れではないかという意見もあったようです。低体温の子どもがいても問題はありません。そもそも低体温とは何度以下のことなのか、はっきりとした値はないのです。35度に達しないと、印象としてちょっと低いかしらと思うくらいです。

❷こう対応しよう！

　子どもたちは、こだわりの強い世代です。自分のからだの状態にもこだわる傾向があります。学校によっては、毎朝、家庭で体温を計ってくることを求めるところがありますが、こだわりの強い子どもたちには考えものです。こうした場合、親が体温を計っても、その数値を子どもに教えないほうがいいでしょう。明らかに発熱している場合、学校を休ませる、あるいは連絡帳にその旨を記載してもたせることになるのですが、平熱のとき、親はただ、「よし、健康。いってらっしゃい」といえばいいと思います。

❸どこに相談する？

　かかりつけ医あるいは**小児科**を受診しましょう。　　　　　　　（三好邦雄）

からだ

5

〔起立性調節障害、燃えつき症候群など〕

だるい

■医療機関

❶どんなことが考えられる？

　だるさは、子どもが言葉で訴える場合と、元気がなくてだらだらしている状態を端から見て、だるいらしいと推定する場合があります。

　普段元気な子どもにだるさが現れたら、健康に異常があるのではないかと、心配になるでしょう。そうした急性のだるさは、たいてい他の症状を伴っています。例えば、熱がある、嘔吐がある、眠さがある、などです。学校では、「カゼらしい」「胃腸炎らしい」などと思って、養護教諭が家庭に連絡する場合もありますし、ベッドで寝ていて元気になる場合もあります。

　問題なのは、だるさが慢性的に続いている子どもです。

　夜更かし（睡眠不足）や朝食をとってこないなどの行動があり、どうも病気によるだるさではないらしいと見受けられる場合は、まずそうした好ましくない行動をやめさせて、だるさが消えるかどうかを見てください。あるいは、子どもがだるいと返答する場合は、学校が楽しくないという消極的な気持ちによるものかもしれません。また、貧血によってだるさが現れる場合もあります。

　朝の調子の悪さが特徴として見られるときは、起立性調節障害が考えられます。朝起きても青白い顔をしてボーとしている、起きると気持ちが悪い、頭がいたい、動悸がする、眩暈がする、朝礼などで倒れる、車酔いする〔➡p. 45〕、などの症状が見られるものです。朝の練習で走っていたら、突然ストンと倒れて失神してしまう中学生もいました。この疾患は、血管の収縮が不十分なために起こります。朝が特に調子悪く、だるさがひどいのですが、特徴は、昼に向かって次第に調子がよくなっていく傾向があることです。小

学校の上級生くらいから、見られます。

　子どもの、いわゆる燃えつき症候群は、だるさと睡眠パターンの変調が二大症状です。腹痛、頭痛、吐き気、発熱、無気力、強迫行動、根気の喪失などの心身症状が現れ、特有のホルモン神経分泌障害も見られますので、血液検査の結果で判断できます。幼児期から何事にも一生懸命で、精神緊張が強く、自分を抑えてまわりの人の気持ちに合わせる、いわゆる"よい子"に発症しがちです。あるいは、ハードな受験勉強や、学校の課外スポーツ練習のあげくに発症する例もあります。

　この疾患のだるさは非常に強く、身の置きどころがないような様子をしています。そして１日中床から起きあがれないので、トイレへも親に背負われていくという例が少なくありません。そのため、多くの子どもは登校できません。

❷こう対応しよう！

　燃えつき症候群は、がんばり屋の優等生に現れますから、それまでとの落差に教師が理解できず、好ましくない態度をとったからと叱責したり、中には女子中学生に担任がビンタをくらわしたりする例がありました。だるさや、そうした好ましくない態度は、注意して観察していればわかることです。表情が乏しく、疲れている感じがすれば、それはだるさのせいと考えることも必要でしょう。またこの疾患の子どもは、まわりに気を遣って、教師や同級生の前ではつとめて元気そうな態度をとりがちですが、生気のなさは感じられますので、注意して観察するようにしてください。

❸どこに相談する？

　燃えつき症候群はまだポピュラーではありませんから、いろいろ検査をした結果、異常が出ないので何でもないと医者が診断したり、自律神経失調症とか起立性調節障害と診断され、いくら薬を用いてもよくならないなどという経過を示したりすることがあります。がんばり屋で精神緊張が強い子どもでしたら、ホルモン神経内分泌の検査をしている**医療機関**を受診するよう、親に勧めてみてください。

（三好邦雄）

〔熱中症・過呼吸症候群・頭蓋内出血・てんかん〕

けいれんが起こった

■病院（脳外科など）
■主治医

❶どんなことが考えられる？

　子どもが、暑さのなかで運動をして四肢にけいれんを起こした場合、熱中症によるけいれんが考えられます。呼吸が激しくなって手足がしびれ、ついでけいれんを起こした場合には過呼吸症候群が考えられます。また、頭部の打撲のあとにけいれんが起こった場合、頭蓋内出血〔➡p.34〕の可能性があります。

　てんかんによるけいれんは、いくつかのタイプがあります。まず、意識があって、けいれんが部分的な発作は、日常生活での危険はないとされています。また、最初に全身が硬くつっぱり、次いでガクガクと揺れる大発作は、意識障害を伴うものです。朝起きて間もないころに起きる傾向が強いですが、これも日常生活にはあまり支障がないといわれています。

❷こう対応しよう！　❸どこに相談する？

　熱中症によるけいれんの場合は、涼しいところで安静にし、スポーツドリンクなどの補給をしてあげてください。重症の場合、医療機関に運びます。てんかんの場合、今では危険視することが非常に少なくなりました。これは、てんかんの解明および抗けいれん剤の進歩によって、けいれんのコントロールがなされ、子どものけいれんのタイプを決めることができるようになったためです。学校では、ほとんどの場合、何の制限も与えられません。先生は、主治医の指示に則して、子どもに必要な制限、あるいは制限なしの状態を指示するようにしてください。しかし、過労や睡眠不足が発作の誘因になることもありますので、日常生活や修学旅行などでは注意が必要です。

　てんかんの場合には**主治医**がいます。熱中症によるけいれんは、回復が遅ければ**救急病院**などで点滴するとよいと思います。頭部打撲後のけいれんでしたら、すぐに**脳外科**を受診してください。

（三好邦雄）

乗り物に酔う

■病院（小児科）

❶どんなことが考えられる？

　乗り物酔いは、起立性調節障害〔➡p. 42〕の症状の１つです。燃えつき症候群〔➡p. 42〕の子どもにも、しばしば乗り物酔いが起きます。普通の乗り物酔いは、特に病気ではないと考えていいでしょう。人によって、すぐ酔う人となかなか酔わない人がいます。乗り物酔いに関係する器官は、内耳の三半規管だけではなく、眼や中枢神経系などです。

　車酔いの回数を重ねるにつれて、酔い方がひどくなったり、乗る前から青い顔をして胸がムカムカしたりする人がいますが、これは、予期不安が加わったためと考えられています。対照的に、乗る回数が増えていくにしたがって、酔わなくなっていく人もいます。

❷こう対応しよう！　❸どこに相談する？

　学校として困るのは、修学旅行や臨海・林間学校に行くときの乗り物酔いです。しかし対応方法として、「前の晩はよく眠りなさい」とか、「乗っている間は近くを見ないで遠くを見なさい」とか、「酔い止めの薬を飲みなさい」という程度の指導をするほかありません。酔い止めの薬は、抗ヒスタミン剤や鎮吐剤などを用いますが、効果がある場合もない場合もあります。

　それに比べると、催眠療法はかなり有効です。催眠下で酔わない暗示をして、すぐに実際の車に乗せてみます。酔わなかった子どもは、すっかり自信をつけ、それからは酔わなくなるのです。実際に、教室内で集団催眠を行って、車酔いの治療をした報告があります。しかし催眠療法は、ごく限られた専門家が行っているだけなので、容易に受診できません。幸い、現在の子どもたちは幼児期から乗り物に乗りつけていて、あまりひどい乗り物酔いは少ないようです。**小児科**で薬をもらうくらいで十分でしょう。　　　　（三好邦雄）

〔夜尿症・異所性尿管など〕

おもらしをする

■病院(小児科・泌尿器科)
■専門医

❶どんなことが考えられる？

　夜尿症は非常にポピュラーな疾患です。小学校高学年で5％前後はあると考えられます。そのうち、男子のほうが多く、男女比は約3：1です。ある夜尿症の小学生が私に話してくれました。修学旅行中、夜中に起こされてトイレに行ったときのこと。トイレの前でうしろを振り返ったら、多くの友だちがトイレのために行列をしていたのを見て、自分だけではないのだとすっかり嬉しくなったそうです。

　寝ている間に尿が漏れてしまう疾患は、機能的な夜尿症以外には、それほどいろいろありません。

　まず異所性尿管が考えられます。これは女性に限られるものですが、腎うから膣に尿管が開いていて、常に尿の漏出が見られます。同時に、正常の尿管と尿道ももっているので尿意もあり、トイレで排尿する行動もあります。夜尿よりも、昼間たらたらと尿が漏れてきますので、そちらが学校場面では問題になります。昼間に排尿させても15分以内程度で尿が漏れてくるものは、これを疑って**泌尿器科**を受診してください。

　次にティサードコード症候群です。これは脊ずいが癒着しているもので、成長により脊ついが伸びると排尿のコントロールができなくなって、覚醒時も睡眠中も尿が不随意に出てしまいます。今まで、夜尿も昼間遺尿〔➡p.48〕もなかった子どもに突然症状が現れたら、これを疑いましょう。

　機能性の夜尿症は、①睡眠・覚醒に問題があるもの、②膀胱の機能に問題があるもの、にわかれます。①は、非常に深い眠りのために膀胱からの刺激で覚醒できないものや、脳が膀胱の排尿反射を抑えられずに膀胱が排尿反射

を起こしてしまうものをいいます。②は、膀胱が急激に強い収縮を起こしてしまうものです。いずれもからだの疾患で、心理的な問題はありません。

　心理的な原因で起こる夜尿は別にあります。幼児期から続いている夜尿症には、心理的な原因はないと考えていいのですが、幼児期以降になって発症した夜尿症は、心因性のものが多く見られます。これは、もともと尿間隔が短くて、夜中に尿意で自発覚醒してオシッコをしていた子どもに、睡眠を乱す心因が加わったため、自発覚醒が消失してしまうという形です。親子関係の緊張、学校や幼稚園での様々な緊張やストレス、過度の運動による肉体的な疲労など、いろいろな心因がわかっています。また、尿意のないときに起こされたため、尿意で起きられなくなって夜尿が始まる場合や、尿間隔が長く、朝まで尿保持ができていた子どもが発症する場合もあります。心因の種類は同じようなものですが、この場合は心因が膀胱機能に作用して、尿間隔を短くしたと考えられます。心因が見つかったら、ただちに心因の除去を行うことが必要ですが、発症後の経過が長いと、心因の除去だけでは効果がありません。あるいは、心因はすでに消失していて、夜尿だけが残っていることも多いのです。

❷こう対応しよう！

　修学旅行や合宿などでは、夜中に起こして、その晩はドライな状態で過ごさせようとするのが一般的ですが、子どものほうが教師に知られるのが嫌で、欠席することがあります。先生方の正しい認識が子どもの恥じらいを少なくするかもしれません。

❸どこに相談する？

　夜尿症の治療をする**小児科医**や**泌尿器科医**は多くありません。しかし、医学的な治療以外の方法はありません。自然治癒が高率で、１年で約20％程度は治ります。困ったら、**専門医**を探して治療を受けてください。　（三好邦雄）

〔昼間遺尿・膀胱炎など〕

昼間のおもらし

■専門医
■病院(小児科・泌尿器科)

❶どんなことが考えられる？

　昼間遺尿といいます。機能性の夜尿症〔➡p.46〕と合併しているのがほとんどです。夜尿がなくて昼間遺尿だけがあるというものは、非常に珍しいのです。

　夜尿症の項目で述べましたが、これも心理的な疾患ではなくて、身体的な疾患です。尿意が小さくて、漏れるのがわからないうちにタラタラと流れ出るものは、中枢神経系による膀胱へのコントロールが悪いものと考えられます。それに慣れが加わって、下着が濡れても意識にのぼらないことが起こります。高度なものだと、座っている椅子から足のまわりの床まで濡れても、意識にのぼらなくなってしまいます。

　それとは別に、尿意が急激に高まって、我慢しようとしても漏れ出してしまうものもあります。膀胱の機能が悪くて、急激に収縮してしまうのです。授業中にオシッコをしたくなって、もじもじしてばかりいて、お行儀が悪いと教師が叱った。休み時間に急いで廊下を走ってトイレに行こうとしたら、教師が廊下を走ってはいけない、最初から歩いていくのをやり直しなさいと叱って、途中でしゃがみこんでジャーと漏らしてしまった。あるいは、便器の前まで耐えて、しょっちゅう便器の外に尿をひっかけてしまう……。こんな行動の多くは、膀胱に問題があるのです。

　こうした子どもは、親や教師に叱られることが少なくありません。昼間遺尿を起こすその他の疾患については、夜尿の項を参照してください〔➡p.46〕。

　めったにないケースですが、排尿を我慢しているうちに、膀胱麻痺を起こ

して、昼間も夜もまったくの垂れ流しになってしまった例があります。中学生の女子生徒が、朝家を出てから夕方の課外活動が終わるまで、まったく学校のトイレに入らないで懸命に排尿を我慢していたのです。原因は、トイレの前に数人の生徒がたむろしていて、入る生徒にいやな視線を向けるということでした。受けとる生徒側の過敏さなのかもしれません。

　普通はそんなに尿を我慢することはできないはずです。膀胱麻痺は、出産に際して導尿をしないと、尿が溜まりすぎて一時的に起こるという現象なのですが、意志の力でそこまで我慢できるのは驚きでした。

　膀胱炎では、昼間遺尿は起こりませんが、頻尿、尿意促迫などで、授業中にトイレへ行くことが必要になります。

❷こう対応しよう！

　昼間遺尿には、薬物が非常に効きます。漏らしはしないけれど我慢しにくくて、早く休み時間のベルが鳴らないかしらと必死で我慢しているような場合も、薬を飲むのがいいでしょう。効果が出れば、長期間飲む必要はほとんどありません。服用をやめても、そのまま昼間遺尿は消えてしまうことが多いのです。また昼間遺尿は、臭くて、いじめの対象になったり、性格に悪い影響を与えたりする危険がありますので、対応に気をつけてください。

　膀胱炎の子どもに対して、教師は、クラスの生徒たちに病気であることを説明して、患児が必要なときにトイレへ行けるように配慮をする必要があります。授業が終わるまで困難な我慢をしていて、心因性の頻尿になったり、教室に入ると心因性の尿意が起こってきて、不登校〔➡p.74〕に陥る場合があるからです。

❸どこに相談する？

　教師は、親に**専門医**や一般の**小児科医**、**泌尿器科医**への受診を強く勧めるようにしてください。

（三好邦雄）

便通の問題

■病院（胃腸科・心療内科・小児科）

❶どんなことが考えられる？

　今はないでしょうが、以前は、教師が生徒に、朝きちんと排便をしてくるようにといったものでした。医者としては、それは無理な要求であると思っていました。人間の便通は、朝にあるとは限りません。多数派は朝に出るのでしょうが、少数派は朝は出ないのです。これは、習慣が身についていないせいではなく、そうした消化管の働きなのでしょう。

　便秘は、女性のほうに多いようです。これには、腸がダランと弛緩しているタイプと、収縮して動きがスムーズではなくなっているタイプがありますが、便意と腹痛が現れて、やがて便が出ることがあります。これが都合よく、トイレへ行けるタイミングで現れるといいのですが、通学の途中や授業中に現れると、どうしても我慢することになり、そのうちにせっかくの腸のぜん動がやんでしまって便意が消えてしまうことになります。便秘が増すことになりかねません。繊維質の野菜などをとることで、腸のぜん動を促すことが必要です。

　急性の下痢は、カゼや胃腸炎で起こりますが、細菌性腸炎あるいは食中毒の場合もあります。これは、腹痛や嘔吐を伴うことが多いです。

　下痢と腹痛の時期と、普通の便通の時期が繰り返して現れるものに、過敏性腸症候群があります。成人では、便秘の時期も混ざってくることがかなりありますが、子どもでは、便秘はあまり現れません。大人に多く見られるのと同様に、子どもにも少なくないので注意が必要です。子どもでは、特に精神緊張の強い子に現れる傾向があります。また、燃えつき症候群〔➡p.42〕の１つの症状として現れることもあります。同じ時間帯に排便があって、あとはないという便通のパターンではなく、日によって、回数、時間帯、便性

が違います。子どもにとっては大きな悩みです。腹痛と便意が起こると、我慢できません。

　しかし、授業中に勇気を出して教室からトイレへ行くことは、なかなかできないものです。男子にとっては、大便所に入りにくいということもあります。「いじめられる」「変な目で見られる」など、実際まわりは何とも思わないのに、本人が変に思われていると悩むことにもなってしまいます。そのため男子では、登校できなくなるケースが少なくありません。あるいは、完全に大便を出して腸をからっぽにしてから登校しようという考えで、朝に長時間トイレに入ったり、繰り返し繰り返しトイレに入ったり、食事をしなければ便ができないだろうと食事を抜いてしまう子どももいます。女子でも、気にして登校できなくなった例があります。女子はみんな大便所に入るのですが、大便だと時間が長くかかるのでわかってしまうと気にした結果でした。

❷こう対応しよう！

　学校で、自由に大便所に行ける雰囲気をつくることが大切です。排便という行動を、人に隠すべきものという観念は好ましくありません。下品な話題という思い込みも間違っています。TPOによっては避けるべき話題ではありますが、普段はおおっぴらに口にするべきものなのです。

　便が汚いという観念も緩める必要があります。中に寄生虫や病原菌がいれば汚いのですが、普通の便は汚くはないことを子どもたちに教えましょう。

　治療としては、薬を飲んで、精神緊張の低下をはかることがありますが、治るまでに時間がかかりますので、長い目で見ることが大切です。

❸どこに相談する？

　過敏性腸症候群は、**胃腸科**の受診がよいと思います。あるいは**心療内科**やそうした分野を扱う**小児科**の受診もよいでしょう。

（三好邦雄）

〔ヒルシュスプルング病〕

大便が漏れる

■病院(外科)

❶どんなことが考えられる？

小学校へ上がってもまだ大便を漏らす場合、ヒルシュスプルング病を疑う必要があります。普通は、幼児期に医療機関を受診するのですが、まれに親の無理解で、医師に診せていないケースがあります。これは、肛門の上にある、直腸の神経節が欠如しているものです。そのために直腸が広がらず、頑固な便秘や溜まった便が不随意に押し出されてくる症状が起こります。

漏れた便の感じや臭いになれてしまって、意識にのぼらなくなり、まわりの人がなぜわからないのだろうと不審に思っても、本人は気がつかないという行動が見られます。

これは**外科**を受診すると、手術で治ります。

❷こう対応しよう！　❸どこに相談する？

保護者が病気とは気づかずに、子どもを幼児期から叱ったり折檻したりしていて、学校へ入ってきたときには、暗い、おどおどした性格になっているかもしれません。保護者が心理的な問題だとか、子どもの性格的な問題だというような訴えをしても、教師はそれに巻き込まれずに、むしろ、身体的な疾患ではないだろうかという提示をして、保護者に医療機関への受診を促してください。

ヒルシュスプルング病では、保護者の誤解で叩かれたり、無理やり長時間トイレに押し込められたりする場合があります。成育歴から、トイレトレーニングの失敗で便を漏らしていると誤解されがちですが、遺糞があったら、とにかく**外科**を受診させてください。

(三好邦雄)

背が低い

■病院（小児科）

❶どんなことが考えられる？

医学的にいえば、低身長とは、統計学的な表現で平均－2SD以下の身長のことです。これは、標準成長曲線に数値を記入すれば判定できます。約2.3％の子どもがこれに該当しています。

低身長の子どもの約70％は病気ではありません。原因として、体質性、家族性、低出生体重児などが考えられます。

病気としての成長障害は、ホルモンの異常によるもの、奇形や染色体異常によるもの、骨・軟骨の異常によるもの、心臓や腎臓などの臓器の異常によるもの、あるいは愛情遮断症候群などがあります。成長ホルモンを用いて、もっとも効果が期待できるのは、成長ホルモン分泌不全性低身長症です。

❷こう対応しよう！　❸どこに相談する？

低身長の子どもの多くは、低身長のままで大人になっていきます。「人から見下ろされる」「人を見上げる」、こうした状態は、生物としてどうしても身構えてしまい、劣等感をもちやすいのです。おまけに、スポーツや体育では、相手に負けやすいということもあります。劣等感が、なにくそというがんばりの気持ちを生んで、いい方向に動くこともあるでしょう。逆に、子どもにマイナスに働く場合もあるかもしれません。あるいは、自分の身長などにこだわりをもたない子どももいるでしょう。いずれにしても、こうしたそれぞれの心理的な問題に配慮して、子どもに対応することが大切です。

また病気としての成長障害は、内分泌を専門とする**小児科**を受診します。各大学、総合病院などにあります。

（三好邦雄）

太っている

■病院（小児科）

❶どんなことが考えられる？

　肥満が症状の１つである疾患には、甲状腺機能低下症や、副腎皮質機能亢進症であるクッシング症候群がありますが、多くは、病気ではない単純性肥満です。ここではこの単純性肥満について述べます。

　乳児期の肥満は、成人の肥満につながりませんが、学童期の肥満は成人の肥満に移行する傾向があります。成人の肥満は、生活習慣病につながりやすいので、問題です。肥満度の計算は、

$$肥満度（\%）＝\frac{実測体重－標準体重}{標準体重}×100$$

という数式が適切で、肥満度＋20％以上を肥満と判定します。

❷こう対応しよう！　❸どこに相談する？

　肥満の対策を、運動で行うことは困難です。毎日の生活で痩せるほど運動することは、時間的にも、運動の量からもできません。結局、食事のカロリーを落とすことしかないでしょう。肥満の子どもの特徴は、よく噛まないで早食いをする、間食にスナック菓子などのでんぷん質のものをとる、糖分の入ったジュースやコーラを飲む、などがあります。もちろん食事のカロリーも多く、給食のおかわりも肥満の子どものほうがよくする傾向があるようです。それに、肥満になりやすい子どもと、食べてもあまり太らない子どもの差もあります。遺伝子が関係することもわかってきました。

　空腹感というのは、血液中の糖の値の減少で起こりますが、習慣性の部分もあります。これは、ダイエットをする人を見ればわかります。最初は空腹感が強くても、慣れると空腹感がにぶくなってくるのです。また、糖尿病ではありませんから、厳密なカロリー計算は必要ありません。痩せるのに一番

効果があるのは、炭水化物を制限することです。ご飯やパンなどを半分にすると、しばらくしてめきめき痩せ始めます。動物性の脂肪や糖分の入った飲み物、間食も制限してください。その一方で、空腹感を減少させるために、野菜類は増やすといいでしょう。

　問題は実行です。保護者と子どもの意思、実行力の問題なので、教師の出る幕はありません。ただ知識のみを与えても、まず食行動の変化は起こらないのです。親や兄弟がお腹いっぱい食べているのに肥満の子どもだけが制限するのはいけないとの考えで、一家そろって食事の制限をしても続きません。

　ここに 1 つのやり方があります。ご褒美として、土曜日か日曜日の夕食には、何をどれだけ食べてもいいから、他の日は我慢しようというやり方です。これは、実に有効です。最初は毎日、今度の土曜日はあれを食べよう、これを食べようと思い浮かべて、その日になるとお母さんがつくってくれたご馳走をもりもりと食べますが、そのうちにそうは食べられなくなります。同時に食い意地が張らなくなってきます。すると、めきめきと痩せ始めるのです。これは、食べないためのご褒美として食べ物をあげるという一見矛盾したやり方ですが、効果があります。一度、食生活のパターンが変わると、土曜日の満腹デーはいらなくなります。少し注意してやれば、再度の肥満も防げるでしょう。しかし、これを学期の終わりに始めてはいけません。休み中は食生活が乱れるので、実行できないからです。新学期から始めることをお勧めします。

　学校側で肥満対策を行うときは、子どもの心理に注意を払う必要があります。肥満は、恥ずかしさや劣等感の原因になりますから、学校で肥満を指摘するのは好ましくないでしょう。教師に肥満を指摘されて登校しなくなった例や、肥満がいじめのターゲットになった例があります。教師が肥満の子どもに、痩せなさいなどというのは避けるべきことなのです。しかし上記のやり方は有効なので、肥満の子どもの保護者を集めて、校医が説明をするのはいい方法かもしれません。また、内分泌異常による肥満の診断と治療は**小児科**で行います。単純性肥満の場合、保護者は、合理的なカロリーのコントロールを行い、スポーツをさせることが現実的でしょう。

（三好邦雄）

からだ
14

〔視力障害〕

目がよく見えない

■病院（眼科）

❶どんなことが考えられる？

　まず、近視が考えられます。近視とは、遠くがよく見えないで近くだと見えることをいいます。さらに、近いところを見てばかりいると、屈折性近視（角膜または水晶体の屈折力が比較的強いもの）が起こる場合があります。また、軽度の近視といわれるものの多くが偽近視です。これは、近くばかりを見つづけると、しばしば調節の緊張状態あるいは毛様体の緊張によって、近視と同じ見えにくさを起こすもののことです。また、軸性近視というのもあります。これは眼軸が延長している（眼球が大きい）ことで、主に遺伝性で起こりますが、予防や治療は困難です。

　次に遠視です。遠視とは、近くが見えにくくて遠くが見えやすいことです。主に軸性遠視が多く、これは眼球が小さいために起こるので、小児では遠視の傾向が多く認められるわけです。しかし次第に眼球が大きくなると、遠視の傾向はなくなります。また乱視とは、角膜あるいは水晶体の湾曲が正しい球面になっていないものをいい、近くも遠くも視野がよく見えません。最後に心因性視力障害です。この特徴としては、視力低下をきたすような病変や屈折障害がなく、レンズによって矯正が困難であることがあげられます。心因性といわれていますが、具体的な心因が認められないものも多くあります。

❷こう対応しよう！　❸どこに相談する？

　心因性視力障害の場合、眼鏡による視力の矯正はできませんので、教室の前のほうに席を置いて黒板が見えやすいように注意してください。また、視力の異常は学校検診で見つかります。**眼科**を受診しましょう。　　（三好邦雄）

皮膚が赤くてかゆい

■病院（皮膚科）

❶どんなことが考えられる？

　突然皮膚が赤くなってかゆくなったら、外からの原因が考えられます。

　まず多いものとして、6月頃から9月頃にかけて起こる、茶毒蛾による皮膚炎があります。これは、サザンカやツバキなどの葉の裏側にいる、毛虫の針が付着して起こるもので、小さな赤い丘疹がびっしりと出ます。非常にかゆいものです。また、春先の紫外線の強い時期に、胸元、前腕、顔などに紅斑が現れたら、紫外線過敏症の可能性があります。これは、短時間日光にあたっただけで皮膚が真っ赤になるのが特徴で、顔がむくむ症状が見られます。春先だけでなく夏に現れることもあります。

　その他には、じんましんやアトピー性皮膚炎が考えられます。じんましんは、皮膚の赤く盛り上がった箇所が、出たり消えたりする特徴があります。アトピー性皮膚炎は、繰り返し起こる、かゆみのひどい湿疹です。血液中のIgE が増加して起こりますが、原因は十分に解明されていません。学校で検診をすると、アトピーがひどいのに何も治療していない子どもが多く見られます。これは親が怠慢なのではなく、以前は治療していたけれどよくならないため、自然に放って置くようになってしまったものが多いようです。

❷こう対応しよう！　❸どこに相談する？

　夏、汗をかいて、汗の刺激で悪化するようでしたら、体育の授業などで汗だくだくの状態にならないように加減をしてあげましょう。プールに入って悪化するようでしたら、それは塩素による刺激が考えられますので、プールに入れないようにしてください。また動物小屋の当番で悪化するようでしたら、させないようにしましょう。病院では**皮膚科**を受診してください。茶毒蛾の幼虫が発生したら、駆除が必要です。

（三好邦雄）

声に異常がある

■病院（耳鼻科）

❶どんなことが考えられる？

　子どもの声がかれても、あまり心配ありません。のどに炎症がある場合、声がかれたり出なくなったりすることがありますが、カゼの症状やアレルギーの症状を伴うことが多いのでわかりやすいと思います。

　声帯に、乳頭腫、結節、ポリープ、角化症などができると、次第にひどいかれ声になります。その時は、親が気づいて**耳鼻科**を受診させてください。

　また、チック〔➡p. 10〕の１つの症状として、咳払いやキャッというような奇声が、さらに、チックの症状と汚い言葉が合併するものに、ジルドラトレット症候群があります。

　声の異常というよりは、ことばの異常に、吃音〔➡p. 132〕があります。幼児期の吃音はよく見られますが、「生理的どもり」という一時的なもので、異常ではありません。ただ、矯正しようとして干渉すると固着する恐れがありますので、知らないふりをするのがいいでしょう。

❷こう対応しよう！　❸どこに相談する？

　学童期の吃音は、集団生活での障害になったり劣等感を起こしたりします。吃音の原因ははっきりしていません。また、治療も確立していません。吃音のある子どもをクラス委員にしたり全校生徒の前で喋らせたりして、その中学生が登校拒否になった例があります。困難な状態を克服する子どももいるでしょうが、引っこんでしまう子どももいますので十分な配慮が必要です。

（三好邦雄）

髪の毛に白い斑点が見られる

■病院（皮膚科）

❶どんなことが考えられる？

　髪の毛に小さな白い斑点がついていたら、すぐに、頭じらみの卵を思い浮かべましょう。地肌を調べて小さな白い虫がいれば、間違いなく頭じらみです。頭じらみと毛じらみは違います。毛じらみは、髪の毛ではなく陰毛につくもので、主に性交時に移動します。頭じらみは陰毛にはつきません。それぞれ毛をつかむ足の形に差があって、特定の場所の毛だけにしか、しがみつけないのが特徴です。

　また、ヘアキャストといって、肉眼では頭じらみの卵と区別が難しいものがあります。同じように、髪の毛に白い斑点として見られますが、こちらは髪の毛のふけです。顕微鏡で見ると、頭じらみの卵とヘアキャストは区別することができます。頭じらみの卵は片側に飛びだして付着していますが、ヘアキャストは毛の周囲をぐるりと包んでいるからです。

　なお、体を刺されてかゆくなる、衣じらみというのがありますが、日本では見られません。

❷こう対応しよう！　❸どこに相談する？

　頭じらみは、せいぜいかゆみがある程度で、害はありません。大騒ぎをするのは、気持ちが悪いためです。抗菌グッズが流行っている今日では、子どもたちがバイキンといって相手を避ける真似をしたり、いじめたりすることもあるでしょう。まずは、騒がないことです。薬で容易に駆除できますので、さりげなく保護者に知らせ、**皮膚科**で頭じらみかヘアキャストか診てもらうようにしてください。ヘアキャストは、放置しておいて大丈夫です。

（三好邦雄）

教師が医療機関を紹介するとき

　学校や教師が、病気の子どもに具体的な医療機関を教えたり勧めたりするときには、いくつかの問題があります。

　子どもが慢性の病気の場合、ほとんどのケースでは、すでに医療機関にかかっています。教師が「別の医者にかかりなさい」といったり、「もっと大きな病院で検査を受けなさい」などといったりして、主治医が怒った例がありました。あるいは、症状を聞いた教師が「この薬を飲みなさい」と勧めて、やはり主治医が怒った例もあります。

　単に親切でした行動かもしれませんが、薬を勧めるということは危険です。病気はその薬に無関係に悪化することがありますが、家族が、教師にもらった薬で悪くなったと受けとって文句をいってきたら、対処ができません。医者であっても、あの薬は効かない、あの薬を飲んだら副作用が出たなどという患者さんの文句はいくらでも経験しているのです。

　養護教諭が、保健室に来た子どもに「あなたはこれこれの病気だから医者に行きなさい」といって勧めるのも問題です。医者が診て診断をいうと、「学校の先生はこういった」と釈然としない態度をとるので、医者は「それなら教師に治してもらいなさい」といいたくなってしまいます。

　どこの医療機関にもかかっていない病気の子どもの保護者に、教師が「医療機関としてはこういうところがあります。行ってみてはどうですか？」というような勧め方をするのは、問題ないように見えます。しかし、保護者の姿勢は消極的であることが非常に多いのです。

　熱心な教師が、私の専門の疾患をかかえた子どもについて診察をしてほしいと、私に電話をしてくることがあります。私は保護者から電話をしてもらうように頼みますが、その後、保護者が電話をしてくることはかなり少ないのです。保護者が電話をしてきた場合も、道案内をして来院を指示すると、ほとんどやってきません。教師に勧められたのでは親のモチベーションがそれほど高まらないのです。

　医療機関というのは、開業の医院、地域の中核病院、高度の医療を行う大学や専門病院などと、外側から見るとピラミッド型をしています。開業の医師は、研修や勤務の時代にそれぞれの専門分野をもっていた人が多いわけですから、建物や規模、器械設備ではピラミッド風に見えても、中身の医者は無関係なのです。医者は専門、専門で、患者さんのやりとりをしています。大きな病院が開業医に患者さんを送ることもありますし、その逆もあります。

　医者は医者同士のコミュニケーションがありますし、誰がどんな専門をもっていて、どこにどういう医者がいるのかも知っています。そこがわかってくれば、学校が、医療についてどういうところへ相談したらいいのかが見えてくるでしょう。それは“校医”なのです。症状を聞いたり診察したりして、自分やその子どもがかかっている医者の専門でないとわかれば、最寄りの専門医を教えてくれるでしょうし、診察の手順もつけてくれるでしょう。

　専門家は、方々にいるのが普通です。看板に専門である疾患の一覧表を出すことは、行われていません。医師法で禁じられているからです。だからよくわからない。しかし、医者にはわかっているのです。できるだけ近いところにいる専門家がいいのです。遠方にいる専門家ではいけません。通いきれないのでは、治るものも治りません。

　最近では、本や雑誌に「どこに専門家や名医がいるか」というリストが載っています。また、パソコンでも同じような情報があります。そこに出ているのは大勢の専門家の一部なのですが、受けとる側は、ずばぬけた名医で、今かかっている医者はランクが下がると受けとりかねません。それは間違いなのです。必要だったら校医に相談して、校医からの情報として保護者に教える。これが、いいやり方だと思います。

　　　　　　　　　　　　　　　　　　　　　　　　　（三好邦雄）

院内学級

　病気やけがなどのため、長期にわたって入院しなければならない子どもたちのために、病院内に設置された教室が「院内学級」です。入院している間の学習空白をなくすために、また、もとの学校へ復帰したときスムーズに学習についていけるように、医療・生活などの規制のもと、通常の小・中学校に準じた教育を行っています。

　院内学級の設置の仕方は、都道府県や地域の実態により異なっています。例えば、病院に隣設されている病弱特別支援学校に位置づけられている学級、小・中学校の特別支援学級として位置づけられている病弱・身体虚弱特別支援学級、肢体不自由特別支援学校の分教室として位置づけられている学級など様々です。いずれにしても「病院の中にある学級」という設置形態です。

　以前は、結核で入院する子どもが多かったのですが、最近は、ぜんそく、心臓疾患、血液疾患、さらに不登校を含む神経性の疾患などが増えています。

　指導する教員は、教室に常勤している場合や、特別支援学校や小・中学校から派遣されてくる場合などがあります。

　文部科学省によれば、2018年5月1日現在、「院内学級」を含む全国の「病弱・身体虚弱特別支援学級」は2,279学級あり、3,725人の子どもたちが学んでいます。

　子どもは、病院内の教室に登校できる場合はその教室で授業を受けますが、病床から離れられない場合は、ベッドサイドに教員が訪問して授業を行うこともあります。最近はマルチメディアの発達のため、入院中の子どもが、クラスの仲間と一緒に学校の授業を受けられる学習システムができてきました。光ファイバーケーブルを利用したテレビ会議システムを応用し、双方向のテレビ授業が可能になっています。

　クラスの仲間と同じ授業を受けられることにより、病院内の子どもたちが疎外感や孤独感に陥るのを、解消できるのではないかと期待されています。

（砥柄敬三）

コ ラ ム

4月28日は「こどもホスピスの日」

　「こどもホスピスは『死を看取るための』場所ではない。『死にゆくため』ではなく『一緒に生きるための』場所」とNPO法人横浜こどもホスピスプロジェクト代表理事の田川尚登氏は述べています。

　現在日本には、難病や重い障害のある子どもは、全国に約20万人。そのうち、命が脅かされている病気や重度の障害がある子どもは、約2万人。人工呼吸器を装着しないと生きていくことができないなどの医療的ケアの必要な子どもは、1.8万人といわれています。

　命のリスクの高い状態にある病気の子どもたちは、病気により、やりたいことや遊ぶこと、学ぶことが制限されています。治療のためとはいえ、自分が大切にしてきた人間関係や居場所を奪われる経験をし、その喪失感を病気そのものよりもつらいと感じている子どもたちは少なくありません。そのような子どもたちが安心して過ごせる場所があります。

　「こどもホスピス」の発祥は、イギリスの「Helen house」です。1982年に、シスター・フランシス・ドミニカによって開設されました。0歳から16歳までの子どもの施設と、13歳から39歳までのAYA世代と呼ばれる人たちが利用できる施設があります。子どもの年齢や症状、希望に合わせて、一人ひとりの子どもに合った遊びや学びのカリキュラムが組まれ、専門のスタッフが、子どもの成長や発達を支援します。また、家族やきょうだいも一緒に、プログラムに参加したり、宿泊したりできます。子どもが亡くなった後のケアも継続して行われます。

　日本においても、病院に併設される形であったり、病院の中にお部屋があったり、在宅ケアを受けている子どもたちのレスパイトができる施設であったり、コミュニティの中に施設を設けたりするなど、子どもたちやご家族を支える活動が様々な形で行われています。

　たとえ現在はまだ治療の難しい病気を患ったとしても、その子の人生が病気の発症の時点で終わってしまうわけではありません。患者から子どもに戻れる場所を増やしていきたいと思います。

（副島賢和）

第1回全国こどもホスピスサミット　横浜宣言（2018年2月11日合意）
1．こどもホスピスは、医療、福祉、教育の狭間にいるこどもや家族に寄り添います。
2．こどもホスピスは、命の脅かされている子どもと家族に、豊かな時間を提供します。
3．こどもホスピスは地域とともに歩む、開かれた施設を目指します。
4．私たちは、小児緩和ケアに取り組む支援施設を全国に広げていくため協力をしあいます。

3

「学校不適応」編

授業中に立ち歩く、奇声を発する

■都道府県の教育相談所（室）〔➡p.212〕　■病院

■区市町村の教育相談所（室）〔➡p.214〕　■大学付属の相談機関

■児童相談所〔➡p.194〕　　　　　　　　■情緒障害特別支援学級

■精神保健福祉センター〔➡p.206〕

❶どんなことが考えられる？

(1) 「かまってほしい」という訴え

親の愛情を十分受けていない子どもは、周囲に関心をもってもらおうと、授業中に立ち歩いたりすることがあります。また、そのことで教師が叱ったり、注意したりすると、その子どもの行動はますますエスカレートします。周囲の子どもは「また始まった」とか「どうしようもない子だ」という思いでいるようです。ところが、逆にその子どもを甘やかすようにして受け入れすぎても、行動がエスカレートするのです。

(2) 「勉強がわからない」という訴え

「落ち着きがない」の項目〔➡p.68〕と関連しますが、集中力がないために授業に身が入らず、勉強がわからなくなって授業中に立ち歩く、という結果をもたらします。勉強がわからなくてもじっと耐えている子はいますが、立ち歩く子どもは衝動性や多動性が強く、抑制力が弱いと考えられます。

(3) 情緒障害の訴え

狭義の情緒障害が考えられます。自閉的な傾向〔➡p.130〕を示す子どもや、最近話題にされる ADHD（注意欠陥多動障害）や LD（学習障害）〔➡p.126〕の子どものことです。(1)や(2)における行動の背景には、親の養育態度と子どもの性格形成が絡み合っているように思われますが、狭義の情緒障害にはそれらを超えた素質的な因子が考えられています。不注意、衝動性、多動性などはこれらの障害に見られる特徴ですが、そのために学習活動が困難になるという2次的な問題が派生してくるのです。これらの障害については、次項目「落ち着きがない」を参照してください。

❷こう対応しよう！

　「立ち歩く」とか「奇声を発する」という行為に、大声で強く注意したり、逆に教師がいつもその事態を容認することは、ますますその行為をエスカレートさせることになります。まずその子どもの「よさ」を見つけ、「先生から好かれている」という実感を子どもに与えることが先決です。そのようにして子どもとのこころの絆が強くなれば、子どもは少しずつ教師の指導を受け入れるようになるでしょう。

　例えば、教師の気持ちを伝えたいとき、子どものそばに行って目線の高さに腰を下ろし、からだに手を触れながら「きのうは一生懸命絵をかいたね。えらいねえ。今日もがんばろうね」と、こころに響くことばをかけ続けてみるのです。子どもは、教師の「うれしい表情」や「悲しい表情」を見て、好ましい行動を選択するでしょう。ADHD や LD の子どもについても、かかわる基本は同じです。

❸どこに相談する？

　保護者も教師も、子どもの表面的な行動に目をうばわれてしまうと、子どもに振り回され、疲れてしまいます。そのうえ、ひとりが立ち歩くとそれに追従する子どもも現れ、クラス経営が危機にさらされることになりかねません。そのような場合、**都道府県・区市町村の教育相談所（室）**を利用して客観的に自分を見つめ、子どもとの関係のもち方やコミュニケーションの仕方を点検してみることです。

　また、子ども自身を理解するためにも心理検査や行動観察が必要になりますので、**児童相談所**や**精神保健福祉センター**などの専門機関の利用も適当かと思います。さらに ADHD や LD の診断や治療的方法は、**病院**や**大学**などの機関で研究されていますから、最新の情報を得ることができるでしょう。このほか、**情緒障害特別支援学級**などで、教師と子どものかかわりの実際を観察し、指導のヒントを学ぶことも有効な方法です。

　　　　　　　　　　　　　　　　　　　　　　　　　　　（徳田健一）

落ち着きがない

■学校の中にある相談機関〔➡p. 234〕　■精神保健福祉センター〔➡p. 206〕

■都道府県の教育相談所（室）〔➡p. 212〕　■医療機関

■区市町村の教育相談所（室）〔➡p. 214〕

■児童相談所〔➡p. 194〕

❶どんなことが考えられる？

　落ち着きのない子どもは小学校の時期に多く見られ、活動性が強くて、刺激に敏感な子どものようです。落ち着きのない行動の背景として、次のようなことが考えられます。

　まず1つは、子どもの心理的な側面です。例えば「かまってほしい」という気持ちが強いとか、ちょっとした緊張に耐えられないとか、自分が中心でないと気がすまない、といったことです。2つには、授業場面に関することで、勉強がわからないとか、内容がやさしすぎて退屈する、といったことです。3つには、家族関係のことです。嫁姑とか兄弟姉妹の仲が悪くておもしろくないとか、母親が多忙でなかなか目をかけてもらえない、といったことです。4つには、環境的な側面で、いつも人の出入りが多かったり、家の中が何となく騒々しくて落ち着かない、といったことです。5つには、父親や母親に余裕がなく、子どもに話しかけるときもゆったりと落ち着いた気分でいられない、ということです。

　このように、いろいろな要因が絡み合って落ち着かない行動につながるのですが、落ち着かない子どもに、保護者や教師がイライラして「もっと落ち着きなさい!!」と声を荒げるならば、ますます子どもは落ち着かなくなるでしょう。また、保護者や教師が「あなたは落ち着きのない子だねえ」といえばいうほど、周囲の子どもも「あの子は落ち着きのない、困った子だ」という目で見てしまうことになります。

❷こう対応しよう！

　一般的にいって「落ち着きのない子は困った子だ」というマイナスのイメージがあります。しかし、よく観察してみると、そそっかしい行動をして人を笑いに誘うという場面もあり、明るく憎めない一面がありますので、もう少しプラス思考でつきあってみましょう。また、活動的でエネルギーがあり余っているので、余力を学級活動や課外活動などに注ぎ、活動を盛り上げるなどして存在感を高めるようにすることです。

　もし、落ち着きのない行動を指摘するときは、子どものそばに行って、子どもの目をよく見て、時には肩に手をおいて、「勉強をすませてから遊びに行きなさい」とか「後でこの部屋をきちんと片づけておきなさい」と静かに話しかければ、子どもの気持ちは少し落ち着き、保護者や教師の言葉もこころに届くでしょう。

　落ち着きのない子どもは、学年を追うごとに注意されっぱなしで、保護者懇談会ではいつもそのことが話題になり、保護者の足が学校から遠のくようになります。そこで、担任は子どものいい情報を保護者に伝えるとともに、子どものチャームポイントを話し合ってみることです。

❸どこに相談する？

　このような問題は、**学校内のベテラン教師や相談関係者（相談係、スクールカウンセラーなど）**と話し合ってみることです。しかし、「困った子ども」とレッテルを貼られ、保護者が学校関係者と相談できないときは、学校の事情に通じた**都道府県・区市町村の教育相談所（室）**を利用したほうがよいでしょう。相談員はいろいろな場面で子どもを観察したり、担任教師と話し合ったりして指導の方法を考えます。

　また、**児童相談所**や**精神保健福祉センター**や**医療機関**では、心理学的、医学的な面から障害による多動性かどうかを診断し、治療や助言にあたることができます。

（徳田健一）

教師に反抗する

■学校の中にある相談機関〔➡p.234〕 ■電話相談〔➡p.232〕

■都道府県の教育相談所(室)〔➡p.212〕

■区市町村の教育相談所(室)〔➡p.214〕

■家庭児童相談室〔➡p.200〕

❶どんなことが考えられる？

(1) 教師の態度に対する不満

教師一般に対する不信や不満と、特定の教師に対するものが考えられ、後者の問題が前者に投影される場合もあります。教師に対してもっとも多い不満は「不公平」から生じるもので、それは特に「叱責」に関係する場面で現れます。例えば、一方的に頭ごなしに叱ったり、成績で人間を評価するといったこと、気持ちをわかろうとする態度よりも理屈で決めつけようとする態度だといえます。このような教師には、傾聴的態度や受容的態度、誠実さや正直さが不足しているように思われます。

(2) 学校の仕組みに対する不満

秩序や規則を重んじる伝統的な学校運営や、偏差値で振り分けがちな進学指導など、学校の仕組みに対する不満が教師に向けられる場合があります。特にファッション（髪型・服装など）に関する問題は、決まって生徒指導のトピックになり、教師と生徒の対立にまで発展します。

(3) 家族関係に対する不満

親子関係が悪く、親に対する不信や反発が、教師を含めた大人にまで波及していることがあります。例えば、口うるさい親に育てられた子どもは、同じように口うるさい教師の指導を受けると反発心が強まります。あるいは、権威的な態度の親のもとで育った子どもは、権威的な教師に出会うと反抗したくなります。これは親に向けられるはずの子どもの攻撃性が教師に向けられたもので、感情の転移といわれています。

❷こう対応しよう！

(1)　理解的な態度で接する

正しい理屈で子どもを説得するよりも、子どもの言い分をまず傾聴してその気持ちをわかろうとすることです。その結果、子どもとの関係が深まり、教師の指導も子どもの内面に入っていきます。

(2)　自分なりの人生観を伝える

教師は「自分はどのような人間か。何を大切にして生きているか」といった人間観や人生観を子どもに伝えること、「学校の組織の一員としてこれだけは譲れない」といった信念を明確にしておくことでしょう。そうすれば、「A先生は自由にさせてくれたのに、B先生は違う」といった反発心を防ぐことができます。

(3)　家族の接し方を見直す

日頃から自分の気持ちがいえるような家族関係をつくっておく必要があります。威圧的なコミュニケーションにならないよう、家族の協力を求めましょう。

❸どこに相談する？

学校内の相談関係者（相談係、養護教諭、「心の教室相談員」、スクールカウンセラーなど）に直接不満を訴えることができれば、早期解決になります。しかし、教師に対して不公平感を抱き、しこりを残したままの子どもにとっては、校外の**都道府県・区市町村の教育相談所**（室）、**家庭児童相談室**が利用しやすいでしょう。その場合、面接よりも電話のほうがずっと話しやすくなります。

したがって、心の電話相談や家庭教育電話相談など、**電話相談**を開設している窓口の機関で十分対応できると思います。電話相談員はよく傾聴してくれますので、不快な気分は解消できるでしょう。　　　　　　　　　　（徳田健一）

〔学業不適応〕

勉強ができない

■担任などの教師　　　　　　■児童相談所〔➡p. 194〕

■都道府県の教育相談所(室)〔➡p. 212〕

■区市町村の教育相談所(室)〔➡p. 214〕

■家庭児童相談室〔➡p. 200〕

❶どんなことが考えられる？

(1)　情緒的な問題

　まず、勉強が好きになるための条件を情緒的な面から考えてみると、4つの「こころ」が必要だと思います。それは、①好奇心、②向上心、③集中心、④持続心です。好奇心は、新しいことを知りたがるこころで、どの子どもにもあります。向上心は、「他者から認められたい」「自分を高めたい」という気持ちが原動力になります。集中心や持続心は、課題に集中してねばり強くやりとげる力です。ところが、勉強のできない子どもにこれらの条件が整っていないようです。それは保護者の養育態度や教師の指導法とも関係してきます。

(2)　基礎学力の問題

　これは(1)の情緒的な問題と関係してくるのですが、情緒が安定していないと学習効果が上がらず、したがって基礎学力がつきません。特に小学校の中学年になると、国語などの学習量（漢字など）が急速に増えたり、算数では分数という抽象的な思考が入ってきますから、この段階でつまずくと基礎学力がつかないまま進級していくことになります。ですから中学年は、学力だけでなく、体力づくりや仲間づくりの基礎を築く入門期で、これらの絡み合いが学習の相乗効果をもたらすのです。

(3)　勉強方法や生活習慣の問題

　望ましい勉強の方法や生活習慣が身につかないために、ムリ、ムラ、ムダな時間が多くなり、学習効果は期待できません。逆に勉強のできる子どもは、短時間に要領よく勉強するコツを体得しているようです。現代っ子の多くは

夜型生活で、いつまでもテレビやゲームのとりこになって夜更かししたり、そのうえ朝食ぬきで登校するので、授業中に疲れが出たり、途中で空腹感を抱いたりして学習効果が妨げられる要因になります。

❷こう対応しよう！

　人は好きなことなら毎日でもするのですが、嫌いなこと、不快なことは回避しようとします。そこで嫌いなことでも「やってみたら楽しかった。得をした」という達成感やメリットが得られれば、「また挑戦してみよう」という意欲が引き出され、少しずつねばり強い態度も形成されると思います。そのためにも、教師による強い動機づけと励ましが必要になります。

　どの段階での基礎学力が不足しているかを診断し、その補充をすることも大切な課題です。学習塾や家庭教師に頼ることも１つの方法ですし、毎日既習のドリルブックでコツコツやり直す方法もあります。要はやり直すための勉強時間を確保し、習慣づけることです。あわせて、その子どもに見合った勉強の仕方を助言してあげるとよいでしょう。

　一番大切なことは「情緒の安定」です。安心した生活、仲間との交流、自尊感情や承認などの欲求が満たされてはじめて、知的な学習ができるようになります。したがって、子どもとのこころのつながりは、学習活動の土台だといえます。

❸どこに相談する？

　基礎学力がどの程度定着しているかは、**学級担任**や**教科担任**に相談すれば経験的にすぐわかります。また、勉強の方法などについても、**一般教師**のほうが子どもの実態にあわせて適切な助言ができるでしょう。

　親子間の情緒的な問題については、**都道府県・区市町村の教育相談所（室）**や**家庭児童相談室**、**児童相談所**で対応できます。特に教育相談機関では、知能検査や心理テストを活用しながら、勉強の方法を助言することができます。

（徳田健一）

学校に行かない

❶どんなことが考えられる？

　「不登校」とは学校に行かない現象を指します。学校に行きたいとの意志がありながらも、不安で、登校できない場合があります。このタイプは「神経症的登校拒否」とか「学校恐怖症」と呼ばれていました。反対に、学校に行く意欲があまり見られず、非行集団などとつきあう〔➡p. 116〕ことで、学業を敬遠して学校から遠ざかってしまう場合もあります。これが「怠学」や「怠休」です。

(1) 不登校の原因

　不登校は、多くの場合、学校内に不快なことがあって、その不快なことが積もり積もった結果と考えるといいでしょう。例えば、いじめ問題などの友人とのトラブルがあること、教師との関係がうまくいかないこと、あるいは学業で達成感が得られないことなどです。

　ただ、学校で同じような不快な状況に出会っても、登校を続けている子どももいます。そのような子どもの場合には、学校での不快な状況を自分で変化させて切り抜けたり、不快感を遊びなどで発散することができているようです。また、家族や親友に上手に甘えることで、不快感を自然と乗り越えていければ、不登校にはなりにくいと考えられます。

(2) 不登校の維持要因

　不登校が始まることと、それが続くことでは話が違います。不登校になると、子どもは毎朝学校のことを意識化します。そのとき、不快なイメージを思い浮かべます。これを繰り返すと、不快感が強まるメカニズムがあります。不快なイメージをもちながら、どこかの時点で「今日は学校に行かないでも

いい」と思います。すると、そこで思い浮かべていたイメージが悪い場合ほど、「今日も１日生き延びた」かのような安堵感を大きく感じます。その安堵感が不登校をさらに強めるのです。

　不登校が続くとは、このことが毎日繰り返されることです。不登校の結果、ますます学校に行きにくくなっていってしまうのです。

❷こう対応しよう！

【不登校が本格的になっていない場合】

　無理に登校をさせることは感心しません。ですが、原則として、無理のない範囲で登校をさせることは勧めます。しかし、大事なのは登校したときです。本人にとって精一杯の努力をしていると理解し、それを伝えます。学校では本人を心理的に支える友人関係や教師との関係を形成し、先生や友だちとの結びつきを強めます。また、友人関係のトラブルなど、人間関係の不調があるのかどうかを探り、その問題を解消するようにします。学級のメンバーの、本人を温かく受け入れる雰囲気が重要なのはいうまでもありません。

【不登校が続く場合】

　学校側は、学校ができることを呈示し、保護者とどの方法がいいのかを話し合うようにします。本人がどのような人とどのように会うことができるのかを話し合うのです。具体的には、家庭訪問、電話連絡、手紙、通知など、どういう方法をどの程度の頻度で行うのがいいか、本人の様子を尋ねながら決定し、状況に応じてこまめに変化させていきます。

　本人が受け入れられるなら、教師とは会うようにします。このときに大切なのは、登校を促すことではありません。安心した雰囲気の中で楽しい時間を過ごすことです。その中で、良好な人間関係を形成します。子どものほうで友人や先生とかかわりたいという気持ちが増すことをめざします。外出を勧めることや、子ども本人が会いたい友人がいれば、その友人と会うことを勧めてみるのもいいでしょう。

　以上のように、不登校となってもかかわりを切断しないように関係をつなぐことが大切です。そして基本としたいのは、「学校に行かない自分はダメ

だ」との意識を強めないことです。その意味で本人をおびやかさないことが、教師やかかわる人にとって基本中の基本であるといえるでしょう。

❸どこに相談する？

　都道府県・区市町村の教育相談所（室）や児童相談所では、不登校の問題を主訴とする事例が一番多いのです。もちろん、公認心理師や臨床心理士のいる相談機関でしたらどこでも不登校の問題を扱うことができるでしょう。からだの不調を示す場合も多くありますが、その場合には、小児科や内科のお医者さんに診察してもらう必要があります。

　また、精神病や神経症〔➡p. 14, 16, 18〕のために不登校が始まる場合がありますので、通常とは違う言動が見られる場合には、精神科や神経科あるいは心療内科などの医療機関に相談する必要があります。なお、非行傾向が見られる場合には、非行の問題に経験が豊富な警察の少年係などの相談機関を利用する方法もあります。

（小林正幸）

家庭用コラム

　不登校になりたてでしたら、学校内で子どもが不快に感じている原因を、学校と協力して取り除くことを考えましょう。ただ、不登校の問題が続いてきたら、どこかの時点で登校そのものにこだわるのは止めたいものです。これを続けると、親子ともにストレスがたまってきます。普段の家庭生活では、できるだけ親子でゆったりと遊ぶ時間を多くもつようにし、遊びの中でストレスを発散できるようにします。不登校が続く場合で心配なのは、学業の遅れもありますが、それ以上に人づきあいの範囲と経験が狭くなってしまうことです。これを防ぐ意味でも、様々な人と出会い、楽しめる機会を設けるようにします。もちろん子どもの抵抗感がない限り、学業の補習や級友、担任教師との関係は継続させたいものです。そして、どのような場合でも大切なことは、「自分は学校に行けないダメな子どもである」という意識をもたせないようにすることです。「不登校児のわが子」ではなく、「わが子」が今たまたま登校しないだけの話なのだと考え、懐を深くしてゆったりと構えることが大切です。

（小林正幸）

コラム

不登校の子どもたちに……

　不登校になると、確かに学歴上ではハンデを負う部分がないとはいえません が、回復できないほどのハンデではないのです。不登校の子どもを支える 様々なシステムがあるのですから。

【義務教育年齢段階での支援システム】〔➡p. 81〕

◆**相談学級、教育支援センター（適応指導教室）**……教育委員会が設置して いる、不登校の子どものための学級です。両者の設置基準は異なりますが、 登校が出席日数として加算される点では差がありません。

◆**フリースクール**……いわゆる私塾ですが、不登校の子どもへの補習と、仲 間と知り合う場を提供するものです。学校との話し合いによっては、フ リースクールへの登校が出席日数として加算される場合もあります。

【高校選択にあたって】

　高校の入学試験は、多くの場合、中学校の内申書と当日の入学試験の成績 を基準に選抜されます。長期欠席の場合、内申点は評価不能となりますが、 近年では、長期欠席が多い場合には内申点を考慮しない普通高校も増えてい ます。以下に、普通高校以外の進路を紹介しましょう。

◆**単位制高校**……定められた単位を取得すれば高校卒業の資格が得られる学 校です。高校中退者も編入・転入試験を受けることができます。この場合 は、前の高校で取得した単位を加算できることになっています。

◆**通信制高校**……学校に通うのは週に１回程度で、そのほかはレポートを中 心とする高校です。最近では通信制高校に通う子どもたちのために、サ ポート校と呼ばれる、学習を補習する私的なシステム（私塾）もあります。

◆**定時制高校**……単位制高校の多くは、定時制高校の１つともいえます。通 信制高校も定時制高校も、本来は勤労者のための高校ですが、昼間に通え る定時制もあります。最近では、不登校生のための高校もできました。

◆**専門・専修学校**……手に職をつけたい場合のお勧めがこれです。就職に有 利となるような各種資格が取得できますし、最近では、高校卒業資格の取 得ができる専門・専修学校もあります。

◆**高等学校卒業程度認定試験**……文部科学省実施の、大学や短大など高等教 育を受験するための基礎学力認定試験です（旧「大学入学資格検定」）。高 校卒業の資格ではありませんが、「高校卒業程度」であることを認定する もので、大学予備校が受験コースを開設しています。

　　　　　　　　　　　　　　　　　　　　　　　　　　　　（小林正幸）

いじめといじめられ

■病院(心療内科・精神科・思春期外来)
■都道府県の教育相談所(室)〔➡p.212〕
■区市町村の教育相談所(室)〔➡p.214〕
■電話相談〔➡p.232〕

❶どんなことが考えられる？

いじめられという体験は、大きなこころの傷〔➡p.4〕です。いじめられは、人から受ける外傷ですので、対人不安、対人恐怖〔➡p.18〕、対人緊張を生み出し、不登校〔➡p.74〕を導きます。いじめられた子どもは友人を信頼することに不安感をもつので友人関係がうまくいかず、再びいじめられのターゲットにされて悪循環となります。それは、いじめる側の「いじめられる子に悪いところがある」という正当性に利用され、いじめられている子どもは、自分の存在価値を徹底的に否定されてしまうのです。そのために、いじめられた子どもは「自分に悪いところがあるのだ」と自己否定的になり、自己評価の低さに苦しみます。大人にとっては「些細なこと」に感じられる程度のいじめられであっても、子どもが長期にわたって対人緊張にさらされることは外傷体験となります。いわば低温やけどのようなものです。そのために不登校になってしまう子どもたちもたくさんいます。また、過去のいじめられの恐怖は、時間がたってからもよみがえることがあり、現在の環境においていじめがなくても、フラッシュバック〔➡p.4〕により登校できないことがあります。このような症状はPTSD（心的外傷後ストレス障害）〔➡p.4〕であり、子どもの努力不足によるものではないことを理解する必要があります。

いじめをしている子どもの中には、かつていじめられた経験があるという子どももいます。あるいは育ってくるプロセスの中で、何らかの被虐待経験〔➡p.160〕をもっていることが多いものです。このように過去のこころの傷が癒されていないために、弱者に対して攻撃的になってしまう場合もあり

ます。また、いつでも「弱音を吐かずにがんばる子」でいなければならないというストレスは、表面的な適応を導いたとしても、感情（こころ）の発達成長を妨げます。このように、いじめをするという行為そのものが、その子どものSOSのサインであると見ることが何よりも必要です。親の期待に応えることで親を癒す働きをせざるを得ないような育ち方の子どもが増えてくる中で、親や教師の前では申し分のないよい子なのですが、陰で陰湿ないじめをしてストレスを発散している子どもが増えています。

　いじめがクラスの中で起こっているのであれば、クラス全体の人間関係が殺伐としたものになっています。いつ自分に火の粉がふりかかるかわからない状況の中で、自分の身を守るためにいじめに加担したり、見て見ぬふりをしたりしている多くの子どもたちがいます。自分が直接いじめにあっていなくても、このような環境に適応するということは、こころ（感情）の成長発達に深刻な悪影響をもたらします。なぜなら、他人の痛みを感じないようにすることで自分の身を守るという防衛を身につけてしまうからです。いじめ問題は、いじめられている子どもや、いじめている子どものこころの問題だけではなく、傍観者でいる子どもたちのこころの問題でもあるのです。

❷こう対応しよう！

　いじめられている子どもに対しては、まず保護者や教師がその子の体験しているつらさを100％承認してあげることが必要です。自分がつらい体験をしているのに、まわりの大人から「それくらいは我慢できること」というメッセージを受け続けていると、自分の体験とそれに伴う感情や身体感覚を切り離す解離〔➡p.4〕の防衛が働くことを促進してしまいます。そういう周囲の対応により、いじめられはいっそう深い心的外傷体験となってしまいます。いじめられているクラスの中で耐えているよりも、つらいから行かれないと訴えて休むことができるほうが、精神的には健康であることを知っておく必要があります。対人不安や対人恐怖が強く、フラッシュバックが起こっているような場合には、PTSDの治療としての心理療法が必要です。

　いじめがあるクラスの人間関係を改善していくことは教師の仕事です。い

じめ問題は「クラスの人間関係の悪循環」ですから、その解決の主体者は教師になります。危機介入としては、「いじめは許されないものである」という倫理的な枠組みを徹底することも重要です。しかしながら、他人を信じられなくなっている子どもたちが信頼関係を取り戻していくための、長期にわたる具体的な援助が必要です。エンカウンターグループなどのエクササイズを、学級活動に定期的に取り入れていくのも1つの方法です。子どもたちが互いの感情を承認しあい、自己を肯定的に感じることができるようになると、人間関係は温かいものになります。

　いじめる子も、前述したように、ストレスや欲求不満に苦しんでいます。しかし、それらのネガティブな感情を感じないように防衛して適応しているので、多くの場合、いじめる子は「何も困っていることなどない」といいます。親にとってのよい子を演じ続けなくてもよい関係、親の前で弱音を吐いて受け入れてもらえる関係を育てていくことが必要です。保護者や教師によって自分のからだの感情（いらいら、むかつきなど）を受容され、かつ逸脱行為に対しては叱責されることを通して保護されるという経験を重ねること。それにより、困っていたり、つらいと思っていたりする自分の感情を言語レベルで抱えられるようになります。すると、他人をいじめてストレスを発散するような方法をとらないでもいられるようになるのです。

❸どこに相談する？

　いじめられによる PTSD〔➡p.4〕の症状が強い場合には、子どものこころの問題を専門としている**病院の心療内科、精神科、思春期外来**または**都道府県・区市町村の教育相談所**（室）で心理療法を受ける必要があります。

　いじめ問題に対する学校の対応などについて相談したい場合は、**都道府県・区市町村の教育相談所**（室）などで開設している**いじめ相談電話**などに電話することができます。わが子がいじめをしているという場合も、それを子どもの SOS ととらえ、**都道府県・区市町村の教育相談所**（室）に相談することが望ましいでしょう。

（大河原美以）

コ ラ ム

学校以外の「学びの場」

【公的な機関】〔➡p. 77〕

　各教育委員会により設置状況が異なるので、最寄りの教育委員会にお問い合わせください。

◆**相談（指導）学級**……緘黙や不安を中心とした情緒的な混乱による不登校の場合、情緒障害特別支援学級や情緒障害通級指導学級での指導が可能です。

◆**適応指導教室**……学校教育法に基づく学級ではありませんが、不登校児の通級施設として設置されています。学校復帰をめざす相談や教科指導を行っています。

◆**その他**……夜間中学校、定時制・通信制高校などに通う中・高校生もいます。

【民間の機関】〔➡p. 77〕

◆**フリースクール、フリースペース**……フリースクールは設置主体（塾経営者、カウンセラー等）、形態（通所、宿泊）、内容（自然体験中心、教科指導中心等）など多種多様です。一定の条件を満たす場合は、指導要録上、出席扱いになったり通学定期乗車券制度の適用を受けたりすることができます。また、フリースペースは「子どものたまり場」と呼べるものです。学習よりも料理、読書、音楽など、参加者の意思に基づいた活動が行われています。

◆**ホームエデュケーション**……親の教育権をもとに家庭で子どもを教育するものです。すでに欧米では相当数の実践事例があり、公的にも認められてきています。日本でも少しずつその動きが広がりを見せています。

◆**その他**……山村留学、学習塾、「大検」予備校などがあります（文部科学省の「大学入学資格検定」、いわゆる「大検」は、平成17年度より、「高等学校卒業程度認定試験」に名称が変わりました）。

（嶋﨑政男）

〔孤立、集団不適応、引きこもりなど〕

いつもひとりでいる

■適応指導教室 　　　　　　　■区市町村の教育相談所（室）〔➡p.214〕

■相談学級

■フリースクール

■都道府県の教育相談所（室）〔➡p.212〕

❶どんなことが考えられる？

　ひと言でいえば、社会性が育っていないからです。友人形成に関して次のような発達課題が考えられますが、それらの課題が達成されていないために生ずる現象だと思います。

　小学校低学年の課題は、わがままとわがままがぶつかりあい、それを抑制して遊びの楽しさを体験することです。

　中学年では、けんかと仲直りを繰り返しながら仲間とつきあう喜びを体験したり、トラブル処理能力を身につけることです。

　高学年では、だれとでも広くつきあいながらも、自分の内面を語り合えるこころの友をもつことです。

　思春期では、友人と比べて劣等感を抱き、現実の自分を否定して理想的な自己像を求めますが、結果的には現実の自分と折り合いをつけることです。

　青年期では、自分なりの生き方の物差しをもつことです。

　以上のような発達課題の達成に失敗すると、自分の生き方に自信を失い、社会との関係を遮断してしまうのではないかと思われます。

❷こう対応しよう！

(1)　親子関係を見直す

　人間関係の距離のとり方を教えます。過度に密着したり、独占したり、支配することが、相手に不快感を与え、相手から排斥されるということに気づかせます。相手と心理的な距離がうまくとれない背景には、十分子どもを受容できずにきた親の養育態度があると思われます。

(2)　コミュニケーションの仕方を見直す

「相手から傷つけられたくない」と思う一方、相手を平気で傷つける言い方をして仲間から孤立しますが、そのことに気づいていない場合が多いようです。そこで「あんたクライね」などといって相手を不快な気分にさせたとき、すかさず時間を止めて、そのときの気持ちを考えさせます。

(3)　共同作業で所属感をもたせる

グループでのワークを通じて仲間との連帯感や所属感を育てます。例えば、グループで役割を決めて描画したり、レクリエーション活動を通して仲間とかかわることの楽しさを体験させます。

❸どこに相談する？

社会性が育たない子どもは、当然仲間から孤立し、社会生活が困難になります。最近増えてきているのが、「引きこもり」といわれる現象で、20歳を過ぎても社会参加ができない状態です。また、社会参加ができたと思っても、基本的なソーシャル・スキルが未学習のままであると、途中で挫折し、再び「引きこもる」という状態に陥ります。

学校という集団に適応できなくなったときは、比較的枠組みのゆるやかな**適応指導教室**や**相談学級**、**フリースクール**〔➡p.77,81〕などを利用し、少しずつ所属感をもたせながら人とかかわる感覚を取り戻す、という方法があります。

これらの教室では、エネルギーの強い子や弱い子など、それぞれに見合った空間が自然にできますし、ひとりでいることの自由も保障されています。だんだん居場所として慣れてくれば、同じような仲間と親しくなり、交わりがもてるようになります。合宿などを取り入れるところも多いので、コミュニケーションの仕方も自然な形で習得できます。

また、親の会をもっている教室も多いと思われますので、親と子のコミュニケーションの仕方についても学びあうことができます。

なお、これらの施設についての情報は、**都道府県・区市町村の教育相談所（室）**に問い合わせても得られるでしょう。

（徳田健一）

校内で感情のコントロールがうまくいかない

■スクールカウンセラー
■都道府県の教育相談所（室）〔➡p.212〕
■区市町村の教育相談所（室）〔➡p.214〕
■病院（小児科・児童精神科）

❶どんなことが考えられる？

　感情のコントロールがうまくいかない子どもは、ささいなことですぐにきれて暴れたり暴言を吐いたり、あるいは2、3歳児くらいの様子で、すぐに泣いたり、すねたりしたり、べったりと甘えてきたりします。怒りや悲しみだけではなく、愛情や友情という感情をコントロールできない場合も、対人関係上のトラブルをまねき、陰湿ないじめ・いじめられ関係を生みます。

　子どもの感情の発達を考える上での重要な視点として「感情の社会化」というプロセスを紹介します。「感情の社会化」とは、漠然とした身体で感じるエネルギーとしての感情が、「ことば」とつながり、自分が「うれしい」とか「悲しい」とか「怒っている」ということがわかり、それを「ことば」で周囲に伝えられるようになることです。この「感情の社会化」は、保護者や教師など子どもを育てる大人とのコミュニケーションを通してはぐくまれるものです。怒りや悲しみや不安などのネガティヴな感情、不快な感情が社会化されていないと、感情のコントロールは難しくなります。

　その背景には、大人が子どものネガティヴな感情の表出に対して、きわめて脆くなっているという大人側の問題が潜んでいます。子どもに泣かれると、保護者が不安になって子どもに媚びてしまったり、あるいは怒りがこみ上げてきて叩いてしまったりなど、大人の側が、子どものネガティヴな感情の表出に脆くなっているのです。親が、いつもにこにこ明るくやさしいよい子であってほしいと強く願うあまりに、子どもの身体から生理現象として当たり前に表出するネガティヴな感情を幼少期から否定してきてしまうと、ネガ

ティヴな感情は社会化されず、コントロール力が育ちません。

　また、感情は身体反応ですから、十分な睡眠や栄養バランスのよい食事など、身体の安全および脳という臓器の発達にとって重要な生活条件がきちんと保障されているということも、感情の発達のためにとても重要なことです。

　感情をコントロールできない子どもを理解するために、発達障害（ADHD、広汎性発達障害など）についての理解を深めておくことは重要ですが、「感情をコントロールできない＝発達障害」という安易なラベルづけは大変危険です。感情のコントロールの問題は、親子のコミュニケーションや身体の安全感という観点から理解することで、発達障害のある子どもにも、ない子どもにも共通した支援の方策が見えてきます。

❷こう対応しよう！

　感情をコントロールできない子どもが、ネガティヴな感情に支配されているときというのは、身体で感じる安全感・安心感が損なわれているときです。大きな不安や恐怖やストレスにさらされていても、それをまったく自覚できない状態にあるので、まわりにはへらへらしているように見えるときもありますが、根底にあるのは安全感の欠如です。ですから、厳しく叱責したり、理屈で説得することは、逆効果で悪循環を招きます。基本的には、子どもが身体で感じることのできる安全感を回復できるようにかかわり、そのときの状況から推測されるその子どもを支配している不快な感情をかわりに言葉にして伝え、その感情を承認し、ネガティヴな感情が社会化されるプロセスを補います。校内での問題行動が持続しているときには、教師や学級のかかわりが問題を増幅する役割になっていないか、検討する必要があります。

❸どこに相談する？

　担任教師へのコンサルテーションも行うことのできる**スクールカウンセラーや都道府県・区市町村の教育相談所（室）**などの相談機関に相談します。発達障害が疑われる場合や、パニック時に解離状態を示しているときは、**小児科や児童精神科**などを受診するとよいでしょう。

（大河原美以）

周囲の子の感情が読めない

■担任教師・養護教諭　　　　　■病院（児童精神科、小児神経科）
■スクールカウンセラー　　　　■保健センター〔➡p.204〕
■教育センター〔➡p.212, 214〕　■発達障害者支援センター〔➡p.236〕
■児童相談所〔➡p.194〕

❶どんなことが考えられる？

　相手の気持ちや意図がうまく読みとれなかったり、自分のしたことが、相手にどう受け止められるのかがわからない子どもがいます。そのために、しばしば友だちとトラブルになったりします。例えば、ボール運動が苦手でゲームで失敗して落ち込んでいる友だちに向かって、「ボール遊びしよう」と誘ってしまう。他には、みんなで輪になって話をしていて、突然、何も言わずにその場を立ち去ってしまいました。心配した友だちが理由を聞きに行くと、「どうしていけないの？」ということばを返し周囲を驚かせてしまう。

　この原因として、気持ちを表すサインや信号を見つけることの不得意さが考えられます。友だちの喜怒哀楽などの感情を示す表情や動作を読みとる力が弱いのです。つまり、落ち込んでいる相手を、つまらなそうにしていると勘違いしたり、自分のことを心配している友だちの気持ちがわからず、相手のことばだけに注目して、何でそんなことを聞くのと逆に不思議に感じてしまうのです。注意散漫で落ち着きのない子どもが、相手の様子に注目せず話し始めたり行動することがあります。その他に、友だちの感情は理解できても、マイペースさが強い場合、相手の気持ちにおかまいなしに行動することがあります。自分本位であったり、思いこみの強い子どもといえます。

　友だちの感情が読めない子どもの中には、それによって集団から仲間はずれにされたり、友だちとけんかが絶えないことがあります。周囲からは「場の空気が読めない子」「みんなの輪を乱す子」などと誤解されたりします。特に、同年齢の友だちとの間で起きる問題で、大人との会話や交流の中では見過ごされてしまい、教師や保護者は気づきにくいことが多いです。中には、

学習障害〔➡p. 126〕や広汎性発達障害などの発達障害が原因であったりします。感情の認知が弱い、対人関係に関心が低く、コミュニケーションがうまくできない。周囲に無関心で自分中心な行動や一方的な会話などが症状として見られます。診断は医療機関で行われます。

❷こう対応しよう！

　友だちとうまく遊んだり仲よくする方法として、以下のことを積極的に子どもに教えていきましょう。

　その①：友だちと話すとき、相手の表情をよく見ましょう。笑っているか、怒っているか。その②：友だちが何かを持っていたり、何かをしているときは、様子をよく見て考えましょう。静かにしているか、忙しそうか、声をかけたらじゃまだと思われないか。その③：みんなで集まっているときはまずは様子をうかがいましょう。みんなは何を話しているのか、楽しい話か、相談か、静かな雰囲気か、盛り上がっているか。その④：友だちの話をじっくりよく聞きましょう。勝手な思い込みをしないように、友だちの話を最後まで聞き、よくわからないときやもっと知りたいときは質問しましょう。話を最後まで聞いたり、質問して詳しく聞くと、友だちの気持ちがよくわかるようになります。

　発達障害によって相手の子どもの感情が読みとれない場合は、専門的な対応や学校での配慮を充分に行う必要があるので、専門家と相談しましょう。

❸どこに相談する？

　まずは、**担任教師**や**養護教諭**、**スクールカウンセラー**に相談しましょう。原因が、理解力不足や注意力の問題、自分本位な特性によるものであれば、上で述べた対応をとるか**教育センター**に相談をしてください。発達障害が疑われる場合は、**児童精神科**や**小児神経科**を受診してください。発達障害は、その他にも、気になる行動や学習上の問題などが認められます。**保健センター**や**発達障害者支援センター**に問い合わせると専門医療機関を紹介してくれます。

（橋本創一）

保健室に頻繁に行く

■養護教諭、担任などの教員　　　■学校の中にある相談機関〔➡p.234〕
■都道府県の教育相談所（室）〔➡p.212〕　■区市町村の教育相談所（室）〔➡p.214〕
■家庭児童相談室〔➡p.200〕　　■精神保健福祉センター〔➡p.206〕
■児童相談所〔➡p.194〕　　　　■医療機関

❶どんなことが考えられる？

　まずは早急に対応すべき問題かどうかを判断します。早急に対応しなければならない問題とは、妊娠、自殺未遂、虐待、薬物乱用、摂食障害などといった命にかかわるような諸問題を指します。そのような兆候がみられる場合は、情報の取扱いに注意しながら、校内外と連携し、早急に対応する必要があります。

(1)　器質的な要因による頻回来室

　保健室に訪れる子どもは、「頭が痛い」「おなかが痛い」「気持ちが悪い」などといった何らかの身体的不調を訴えて来室する場合が多いです。来室が頻回である場合、心的な要因を疑いがちです。しかし、そのように判断する前に、必ず器質的な要因がないかどうかを考えます。来室時の本人の様子の他に、既往歴やこれまでの来室状況、健康診断の結果、出席状況、学級での様子、いつもの健康状態などを基に器質的な要因がないかどうかを分析します。そして、必要に応じて医療機関で医師の診断をあおぐようにします。

(2)　人間関係のトラブルによる頻回来室

　友達や教員、家族などといった人間関係のトラブルが要因となっていることが疑われる場合、まずは本人の話をじっくり聴くようにします。そして、問題の所在を明らかにしていきます。

(3)　学習面のつまずきによる頻回来室

　来室する時間帯が特定の授業だったり、特定の授業の前だったりする場合は、その授業を担当する教員とのトラブルの他に、学習面でのつまずきを疑います。そのように判断するためには、来室時の授業が何の教科であったか

や、この後どのような授業が控えているかを把握します。また、担任やその授業の教員からも、子どもの様子について情報収集し、互いに情報を共有しておくようにします。

⑷　発達障害があることによる頻回来室

ADHD（注意欠陥多動障害）やLD（学習障害）等によって、授業に集中できずに来室している可能性もあります。不注意や衝動性、多動性がないかどうか、担任やその子どもとかかわる教員、保護者から、子どもの様子の情報を収集します。必要に応じて校外の相談機関とも連携しながら、対応を進めます。

❷こう対応しよう！

どの問題があるにしても、基本は本人との信頼関係を築くように努めることです。そして、本人とともに問題を整理していき、問題を主体的に解決していくことができるように支援していきます。その際、担任や養護教諭だけで対応するのではなく、学年の教員、校内外の相談機関、保護者と共通理解の下、問題に応じた対応を進めていくようにします。そして、それぞれの役割を明確にして、チームで対応していくことができるようにします。

❸どこに相談する？

器質的な疾患の疑いがある場合は、その旨を担任や管理職に報告・相談のうえで保護者に話し、医療機関を受診するように促します。保護者が過敏な反応を示すことが予想される場合は、学校医に相談しその指導に基づき対応していると伝えるとよいでしょう。

人間関係のトラブルや学習面のつまずき、発達障害があることが疑われる場合、まずは**担任や学年、管理職**に相談し、**関係教職員**（教育相談担当、スクールカウンセラー、スクールソーシャルワーカーなど）と共に対応について話し合います。状況によっては、**都道府県・区市町村の教育相談所、家庭児童相談室、精神保健福祉センター、児童相談所**に相談し、指導を受けるようにします。特に、いつもとは違う、異常な言動を示す場合は、**精神科や心療内科などといった医療機関**に相談する必要もあります。

(久保田美穂)

不登校の未然防止
──不登校を減らす学校、登校を支援できる学校──

　不登校は、「子どもが学校に合わない」ために生じます。「子どもが学校に合わない」とは、「学校が子どもに合わない」ことでもあります。不登校を未然に防止するために必要なこととして、教員の方々がお子さんに親身に関わりをなさっているか否かに左右されることが研究で明らかになっています。

【不登校にしない先生、登校を支援できる先生の関わり】

- ☐ 本人の好きなこと、得意なことを探り、その面で付き合うようにする
- ☐ 本人が安心していられる場所を作る
- ☐ 登校時にはあたたかい声をかける
- ☐ 不安や緊張や怒りや嫌悪などの不快な感情を言葉で表現できるように促す
- ☐ 本人をめぐる仲間関係に配慮する
- ☐ 複数の先生でチームを作り関わる
- ☐ 活躍の場を与える

　これらの項目は、学校の先生に「もしも不登校のお子さんを担任なさったとしたら、それぞれの関わりをどの程度行いますか」と尋ねたものです。

　その結果、これらの関わりをなさろうとする先生ほど、調査前の3年間に不登校のお子さんを担任しなかったこと、不登校のお子さんがいても、お子さんの回復が顕著なことが示されたのです。別の調査では、これらの意識が強い先生が多い学校ほど、長期欠席が減少していくことも示されています。

　不登校にしない先生、不登校のお子さんを回復させる先生は、これらの関わりをしようとする意識が高く、そのような意識の高い先生が多い学校は、不登校が減っていくのです。

　ですから、不登校未然防止のために、学校の先生に意識なさっていただきたい関わりはこれなのです。これは不登校のお子さんに向けてだけではなく、すべてのお子さんに、普段から意識してこのような関わりをすることができれば、不登校は生じてこないと思われるのです。

（小林正幸）

4

「非 行」編

帰宅時間が遅い、服装が変わった

■都道府県の教育相談所(室)〔➡p.212〕　　■担任教師
■区市町村の教育相談所(室)〔➡p.214〕　　■学校の中にある相談機関〔➡p.234〕
■教育委員会
■児童相談所〔➡p.194〕
■少年補導センター〔➡p.218〕

❶どんなことが考えられる？

　「こんな子が非行化する」などという非行傾向チェックリストの中には、必ず「帰宅時間が遅くなった」と「服装が変わった」が入っています。一方で、髪型・服装は「個性化をめざす自己表現の１つ」であるから、「目くじらを立てる必要はない」との主張もあります。

　服装等の変化は「横並び意識」やファッション感覚からのことも多く、即非行に結びつくものではありませんが、『家庭用コラム』にもあるように、何らかのこころの変化が表出されたものと考えることができます。やはり、「小さな変化に大きな問題」と捉えたほうがよいでしょう。

❷こう対応しよう！

　強圧的に禁止を言い渡したり罰則を与えるのではなく、問題の背景を探ろうとする姿勢が大切です。言い分に耳を傾ける中で、家庭や学校に対する反発、仲間からの有形無形の圧力、劣等感の補償などの問題が明らかになった場合は、内面に抱える課題解決を第一に考えなければなりません。画一的な規律指導よりも、個に応じた援助が求められます。

　なお、髪型・服装や帰宅時間の問題が一般化、拡散化するようであれば、学校全体として規律指導のあり方を見直し、全校一丸となった取組みを進める必要があります。「学校荒廃」の第一歩との認識が重要です。

❸どこに相談する？

　問題の程度が比較的軽度であっても、内面的問題の解決を図る必要がある場合には、**都道府県・区市町村の教育相談所（室）**や**教育委員会の教育相談所（室）**に相談するとよいでしょう。非行問題を伴うときは、**児童相談所**や**少年補導センター**に早めに相談することをお勧めします。

　しかし、多くの場合は「思春期の背伸び行動」であったり、単なる「仲間意識」からの模倣である場合があります。こんなときこそ、学校の教育相談組織の活躍の場面です。**担任**や**教育相談担当者**に直接相談するか、学校配置の**スクールカウンセラー**や**教育相談員**に依頼したいものです。　　（嶋﨑政男）

家庭用コラム

　【制服感情】

　昔からの川柳に、「いい着物着れば家でもかしこまり」とあります。フォーマルな服を着たときには、何となく気持ちが引きしまり、反対に、ラフな服装でリラックスしたときを過ごす、という経験をすることは多いのではないでしょうか。

　このように、服装がこころに影響を与えることを「制服感情」といいます。制服のある職業の方からは、「制服に身を包むと使命感がいっそう高まる」という話をよく聞きます。それまで自由奔放に振る舞っていた高校生が、バイト先で制服に着替えたとたん、きりっとした態度で接客するのもよく見かける光景です。服装だけではありません。髪型、お化粧、装身具なども「制服感情」の役割を果たします。

　急激な服装や髪形の変化は、こころの変化の現れと考えてまず間違いありません。中には「みんながしているから」という単純な理由もありますが、服装や髪型がこころに与える影響について話し、子どもの声に耳を傾けるようにしたいものです。

　　　　　　　　　　　　　　　　　　　　　　　　　　　（嶋﨑政男）

非行

2

家出した

■少年サポートセンター、警察署、交番　■区市町村の教育相談所(室)〔➡p.214〕
　など〔➡p.216〕　　　　　　　　　　■保健所
■少年補導センター〔➡p.218〕　　　　■児童委員・保護司・青少年委員
■児童相談所〔➡p.194〕　　　　　　　■少年補導員・少年指導員
■医療機関
■都道府県の教育相談所(室)〔➡p.212〕

❶どんなことが考えられる？

　家出は、①家庭・学校への不適応状態から逃れるための「逃避・反抗型家出」、②独立心や性的欲求の充足など、自らの欲求を満たすための「欲求志向型家出」、③友人の誘いや友人への同情から行う「同調同情型家出」、④叱責・失敗・喪失体験などの一時の感情の高ぶりから行う「衝動型家出」、⑤特別の意図なく実行する「無意図型家出」に大別することができます。

❷こう対応しよう！

　家出は、虞犯少年または不良行為少年として補導の対象になることはありますが、法的には違法行為とはいえません。しかし、家出が長期におよぶと、心理的・経済的に不安定な生活から、強盗・窃盗〔➡p.104〕・恐喝〔➡p.114〕などの犯罪や、性にかかわる問題行動〔➡p.96〕・薬物乱用〔➡p.108〕へと進んでしまうおそれがあります。

　また、自暴自棄感や依存心が高まるなか、有害環境や非行文化との接触の機会が増えることから、犯罪、特に福祉犯（少年の福祉を害する犯罪）の被害者になる危険性が高まります。さらに、このような犯罪とは無縁でいられても、こころに大きな痛手（心的外傷体験）〔➡p.4〕を受けて、その後の立ち直りに困難をきたすことがあります。このため、迅速な対応による早期発見が求められます。

　早期の発見・保護のためには、保護者との密接な連携が不可欠です。家出

の状況（きっかけ・書き置きなどの有無、直前の言動、金品の所持、服装、立寄り先の心あたりなど）を正確に把握し、警察への届け出、生徒・保護者・地域への協力要請、探索活動計画などを協議する必要があります。

❸どこに相談する？

　最寄りの**少年サポートセンター**、**警察署**、**交番**などの警察における相談機関に相談し、保護者から捜索願を提出するようにします。自殺のおそれがあったり、犯罪に巻き込まれる危険性が高いときには、「特異家出人」として迅速な発見・保護が期待される場合があるので、詳しく事情を話すといいでしょう。

　家出から家庭に戻っても、その原因となった様々な課題を解決しなければならないケースがほとんどです。その場限りの叱責や罰則では、問題の根本的な解決にはいたりません。その意味では、継続的な相談が可能な相談機関への相談が適しています。**少年補導センター**（**少年センター**、**少年相談センター**、**少年愛護センター**などの名称で全国に配置）、または**児童相談所**などの相談機関を考慮する必要があります。

　家出を反復的に繰り返すなど、常習化の傾向が見られる場合には**医療機関**に相談する必要が生じてきます。**都道府県・区市町村の教育相談所**（**室**）の相談窓口、もしくは**保健所**などで適当な医療機関を紹介してもらうのが得策です。

　比較的近接する地域にいる可能性が高い場合には、**児童委員**、**保護司**〔➡p.218〕、**青少年委員**など地域の健全育成団体の構成員に協力を仰いだり、**交番の警察官**や民間のボランティアである**少年補導員**や**少年指導員**などに事情を話しておくとよいでしょう。立ち寄る可能性の高いコンビニエンスストアやファーストフード店などへの協力要請も欠かせません。　　　　　（嶋﨑政男）

売春・援助交際をしている

■少年サポートセンター、警察署(少年係)〔➡p. 216〕
■少年補導センター〔➡p. 218〕
■病院（精神科・児童精神科）

❶どんなことが考えられる？

(1)　将来自分がどのような職業に就くのか、どのような生き方をするのかとは考えず、現在の自分は「若さ」の真っただ中にいて、今「若さ」を使わないとまもなく終わってしまうと感じている場合があります。そのため、自分の「若さ」を売って金銭的収入を得てしまうのです。「女子高校ブランド」と今の自分の肉体的価値を位置づけて、今の自分には金銭的価値があると認識し、それが売れるのは今しかないと思っています。

(2)　家庭の経済的貧困や小遣いの少なさから、売春・援助交際をしているのではありません。「自分は自分なりに素敵なんだ」といった自己肯定感がもてず、他人と比較したときに何となく惨めに感じるのが嫌で一流品を身につけたり、多額の金銭をもっていたいという思いがあるのです。さらに、マスコミで援助交際が過剰に取り上げられているのを鵜呑みにして、「自分は時代の先端を走っていて人より素敵なんだ」と思ってしまうのです。これは、自分を人と比較したときの惨めな気持ちに蓋をするため、と考えられます。

(3)　精神的不安が強く、人に依存しがちなため、友人から売春や援助交際をした話を聞かされると、同調してやってしまう場合があります。この根底には、人が信じきれず殻にこもりがちで、自分のことしか考えられないミーイズムがあるのです。ひとりでいるとうつ状態になってしまうため、売春・援助交際・多額な金銭使用という生き方をしてしまうのでしょう。

(4)　女らしさや考えを押しつける保護者に対する抵抗から、やってしまう場合があります。また学校の男性教師からセクハラを受けた経験者や、痴漢の被害者が多くいることも事実です。女性である以前に人間であることを大事にして育てられなかったため、社会の中で人と一緒に幸せをつくりあげて

いく意識が欠如していると考えられます。このため、学校で売春や援助交際を防止する指導を受けたりしても、それがブレーキにならないのです。

⑸　非行化への流れの中にいるため、売春や援助交際をやってしまう場合があります。

⑹　家庭的に物心ともに恵まれない中で育った愛情欲求、依存欲求、金銭欲求の強いケース、解離性障害になっているケースでは、なかなか断ち切らせることができません。

❷こう対応しよう！　❸どこに相談する？

　売春・援助交際をしているとわかった場合には、その行動をストップさせたうえで、背景にある心細さ・不安を感じとって受け入れてあげてください。また、自分ならではの歩みを援助しようとするカウンセリングも必要です。

　少年サポートセンターや**警察の少年係**、**少年補導センター**に相談してください。そして❷で述べたカウンセリングや、家族療法的アプローチをしてもらうといいでしょう。❶の⑹の場合は、**病院の精神科**で、**児童精神科医**による治療が必要です。

（降籏志郎）

＊参考文献：研究代表・福島譲『「援助交際」に対する女子高校生の意識と背景要因報告書』㈶女性のためのアジア平和国民基金、1998

家庭用コラム

　保護者は、高額な小遣いを与えるだけで、ひとりの人格をもった人間として育ててこなかった過去を反省し、補導された後の子どもの落ち込み、うつ状態にこころを向けて支えてあげてください。家で落ち着けるようになれば、小さいときから満たされなかった甘えや幼児性が現れますが、「今現れてよかった」と思ってこの段階からの成長に添っていきましょう。時には、成人女性のような化粧や衣服になり街へ飛び出すこともありますが、投げ出したり罰したりしてはいけません。非行の有無にチェックしつつも、家の中で示す家族とのなごみや家事などの手伝い、自然に出てくる女性らしさを大切にしていってください。

（降籏志郎）

子どもが妊娠したら、妊娠させたら

■警察署〔➡p. 216〕　　　　　■病院(産婦人科・精神科)
■学校の校長
■教育委員会
■児童相談所〔➡p. 194〕

❶どんなことが考えられる？

(1)　愛し合っている二人が性行為をもったとき、避妊しなかったため、あるいは不完全であったため妊娠した場合があります。

(2)　性的衝動に走りがちな場合、以下のようなことが考えられます。

男子の場合では、①相手の性意識や態度決定に関係なく性行為を迫ってしまう、②相手の女性がこれまでも性経験を許容してきたと思って、③母親の息子溺愛に反発し解放されたいという思いから、④親がほかの人と性的関係をもったというショックと復讐から、⑤母親と同じように、女性は自分を受け入れるものだとの思い込みによって、⑥厳しい父親に対する反発で、⑦父親の性的行動が奔放なため、など様々ですが、いずれの場合も相手の人格を大事にしていないので、避妊が十分ではなく妊娠させてしまうのです。

女子の場合では、①相手に嫌われることを恐れて避妊を要求できない、②人より早く一人前の女性になって優越感をもちたいとの思いから、③父親が愛してくれないという思いから、④厳しい母親に対する反発で、⑤親がほかの人と性的関係をもったというショックと復讐から、⑥強姦やセクハラ、恋人に捨てられたなどのショックに蓋をして痛みを麻痺させるため……など様々ですが、いずれの場合も自分の人格を大事にしていないため相手に避妊を求められず、妊娠してしまうのです。

(3)　いわゆる「青い性」として、第2次性徴に伴う性的関心の高まりから、友だちのような二人が性行為をしてしまい、妊娠にいたる場合があります。

(4)　強姦の被害者で事件後誰にも打ち明けられず、産婦人科での検査を受けられなかったため妊娠する場合があります。

（5）　知的障害者で、男性の性行為を抵抗なく受け入れてしまって妊娠する場合があります。

（6）　信頼している人に強要され、断れなかった結果、妊娠してしまう場合があります。これは相手を信頼しているため無防備になってしまうからです。

（7）　非行行動の中での性行動により、妊娠する場合があります。これは①意識が十分働かなくなった薬物乱用中で性行動をしてしまう、②家出や無断外泊で男子のいるところに泊まって性行為を断れない、③暴走族同士の抗争の戦利品として捕えられて輪姦されてしまう、④万引きや恐喝などの反社会的行為の１つとして、などが考えられます。

❷こう対応しよう！

（1）の場合では、若い二人が産んで育てたいというとき、その意志が強固なものか、経済的にはやっていけるか、支えてくれる大人がいるか、を見極めることが大切でしょう。

（2）の場合、一人ひとりの人間的成長を図るため、まず様々な不安や苦しみ、親への不満・敵意、セクハラしたものへの憎しみやトラウマ〔➡p.4〕を受け入れながら、子どもに自信をもたせるよう自尊感情をはぐくんでいくカウンセリングが必要です。その中で、自他の性や人生を尊重できるように援助してあげてください。このタイプの場合、中絶せざるをえないでしょう。

（3）の場合、二人は自己嫌悪感や自己否定感、絶望感を抱いていますから、正しい避妊や男女交際について指導し、学校生活全体が楽しくなるよう励ましてあげることが大切です。この場合も中絶せざるをえないでしょう。

（4）の場合、加害者と場所をはっきりさせるため、**警察**へ被害を届けるようにしてください。警察に話すことで心理的な２次的被害にならないよう**女性警察官**に対応してもらい、事情聴取後は傷ついたこころを十分癒してあげる配慮が必要です。また、加害者が近親者や教師など身近な者であった場合には、長期にわたってカウンセリングを受け、立ち直りを見守ってあげてください。

（5）の場合では、保護者や教師、施設職員などの目が届くように配慮する一方で、生理など性の自己管理が進むよう根気強く働きかけること、また生活

の中で楽しいことが増えるように配慮していくことが大切です。

　(6)の場合、本人のトラウマが消えるまで何度もカウンセリングすることが必要ですが、信頼していた相手だけに憤りが強いので、**学校の校長**や**教育委員会**などに訴え、厳正な措置をとってもらうようにしてください。それにより、トラウマからの回復が早まるでしょう。

　(7)の場合、非行の背景にある家族システムや ADHD（注意欠如・多動症。診断を受けている場合は注意欠如・多動性障害）など本人の資質、成育状況、非行集団の特質などを総合的力動的に捉えたうえで、徹底的に本人に味方する矯正的カウンセリング、**精神科医**による投薬療法やケースワーク、**警察**の捜査が必要です。

❸どこに相談する？

　妊娠中絶が必要な場合には、中絶が可能な時期かどうか、**産婦人科医**の診断を受けてください。第一に母体の安全を考え、出産せざるをえないときは、乳児院や里親縁組などの措置を**児童相談所**に相談しましょう。どの場合も、家族システムがよいものになるよう家族への働きかけや、学校や職場に適応していけるような配慮が必要です。不眠や落ち込みの激しい場合、解離性障害が疑われる場合は、**精神科医**に相談してみてください。

　また、被害にあった場合や非行化が見られる場合には**警察**に、教師によるセクハラがある場合は**学校長**と**教育委員会**に相談しましょう。　　　（降簱志郎）

家庭用コラム

　中絶せざるをえない場合、大切なのは、当事者である子どもが人間的に成長していくように、また、自分と相手の性や人生を尊重できるように指導することでしょう。男子には中絶せざるをえない女子の苦しみや身体上の危険を理解してほしいですし、女子には嫌なときは嫌とはっきり断れるような、また性的行為をするとき相手に避妊を要求できるような強い女性になってほしいものです。そして性を含め、素敵な人間になるため、自分の人生を心豊かに生きていくことを応援してあげてください。
　　　　　　　　　　　　　　　　　　　　　　　　（降簱志郎）

コラム

非行少年処遇の流れ

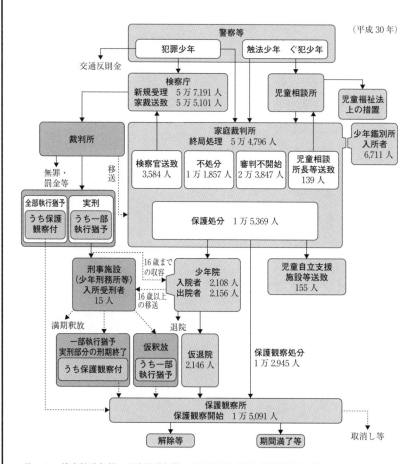

（平成30年）

注　1　検察統計年報、司法統計年報、矯正統計年報及び保護統計年報による。
　　2　「検察庁」の人員は、事件単位の延べ人員である。例えば、1人が2回送致され
　　　た場合には、2人として計上している。
　　3　「児童相談所長等送致」は、知事・児童相談所長送致である。
　　4　「児童自立支援施設等送致」は、児童自立支援施設・児童養護施設送致である。
　　5　「出院者」の人員は、出院事由が退院又は仮退院の者に限る。
　　6　「保護観察開始」の人員は、保護観察処分少年及び少年院仮退院者に限る。
＊出典：『令和元年版　犯罪白書』

非 行

5

万引きしている

❶どんなことが考えられる?

　万引きの動機は圧倒的に「利欲」がトップとなっていますが、一つ一つの事例をつぶさに検討すると、「万引きは愛情の請求書」といわれる背景が見えてくることがあります。また、友人関係が不全のために関心を得ようとしたり、いじめ〔➡p.78〕の一環として強要されることもあります。さらに、常習化した場合には、病的な「万引き癖」を疑わざるをえないことがあります。

❷こう対応しよう!

　万引きが発見された場合は、通常、店舗から家庭へと連絡が入ります。保護者は急ぎ駆けつけ、まずは平身低頭、心からの謝罪をすることが大切です。「お金を払えばいいんでしょう」「管理が悪い」等、本人の反省の機会を奪い、次なる問題行動を助長する発言は禁物です。

　保護者と連絡がとれなかったり、集団化・常習化が懸念される場合には、学校に連絡が入ります。生徒指導主事や担任等が店舗に出向き、発見のきっかけ、子どもの名前、盗品、これまでの様子等について詳しく説明を受け、今後の万引き防止策についても協議を深めるようにします。店舗に保安課等の警備部門があれば、日常の子どもの様子、万引きの一般的傾向、学校および家庭での指導のあり方等について説明を受けるとよいでしょう。

❸どこに相談する?

　補導された場合は、警察に駆けつけ、事件の概要について説明を受けると

ともに、以後の指導のあり方について助言を受けるようにします。保護者と子どもおよび教師・子どもとの話し合いが終わったら、保護者と教師とで問題の理解や指導・援助の方法を協議することが大切です。その際、問題の背景に応じて、**都道府県・区市町村の教育相談所（室）や児童相談所、少年補導センター、少年鑑別所の相談室**等の専門機関との連携についても検討する必要があります。

　なお、万引きの強要や恐喝を受けての実行の場合は、**警察**に相談したり、**人権擁護にかかわる機関**との連携を深めることが大切です。　　　（嶋﨑政男）

家庭用コラム

【子どもが警察に補導されたら】

　警察では問題の内容や程度等を捜査・調査し、これをもとにその後の取り扱いを決定します。問題が軽微な場合は、「警察限りの措置」といって注意や助言で終わりますが、補導・逮捕を受けるということは重大な問題ですので、厳正に受け止める必要があります。

　連絡が入ったら急いで警察署を訪れます。ひとりで行くのが不安でなくとも、同行者を求めるほうがよいでしょう。生徒指導担当教師や担任、あるいは親族等に依頼してみてはいかがでしょうか。

　警察では警察官から事情を聞くとともに、今後の指導方針等について助言を得ることが大切です。このような場面では、保護者はわが子の「非行」が信じられず警察官に対して攻撃的になったり、反対に激しく子どもを詰問したりしがちです。努めて冷静に耳を傾け、「非行」の原因や今後の指導方針を聞き出す姿勢が求められます。

　ひと通りの説明を受けたあとに、疑問点があれば質問します。そのうえで、子どもと共に非を詫び、世話をかけたことに対するお礼のことばを述べるようにします。大切なことは「心より」の謝罪です。

　警察を出たとたん、激しい口調で子どもを責める光景をよく見かけますが、これも厳禁です。落ち着いた場所で、「非は非として」、厳しく責任を問う姿勢を貫きながらも、これからも「信頼する」「守っていく」と静かに語りかけたいものです。

（嶋﨑政男）

盗み癖がある

■警察署〔➡p.216〕　　　　　　■児童相談所〔➡p.194〕
■学校の中にある相談機関　　　　■少年補導センター〔➡p.218〕
■都道府県の教育相談所(室)〔➡p.212〕　■医療機関
■区市町村の教育相談所(室)〔➡p.214〕

❶どんなことが考えられる？

窃盗の動機・背景には次のようなことが考えられます。

a. 短絡（近道）反応……突然の雨に昇降口にあった傘を"ちょっと拝借"、歩き疲れて道路脇に止めてあった自転車を"拝借"、といったわずかな動機から善悪の判断等を考えずに行うもの。

b. 経済的利得……盗んだ金銭を生活費や遊興費にあてたり、物品を自分で使用することにより経済的利益を得るもの。

c. 心理的欲求……親への愛情飢餓の代償を求める、自己顕示欲や所属欲求を満たす、不安感やストレスを発散させる、好奇心やスリルを得るなど、様々な心理的欲求をもつもの。

d. 常習化……常習化した盗癖、もしくは病的盗癖（クレプトマニア）。

e. 外的要因……自らの意思はなく、他から強要されて行うもの。

❷こう対応しよう！

背景を見据えた対応が何よりも大切です。非は非として厳正な態度で臨むことは当然ですが、一方的な説諭・叱正だけでは、問題の真相に迫ることはできません。「行為は許容しないが、心情は受容する」という姿勢で、子どもの言い分に十分に耳を傾けることが大切です。どのような背景があろうとも、しっかりとした規範意識を身につけさせなければなりません。特に短絡反応や経済的利得からの窃盗では、犯罪行為との自覚を高めさせる必要があります。

また、心理的背景がある場合には、欲求の充足方法について共に考えたり、

家庭や学校での「居場所」づくりのために環境調整を行います。外的要因の場合には、早急に強要者を特定し、**警察**とも相談しながら対処する必要があります。

❸どこに相談する？

　動機や背景の見極めが大切です。

　問題の背景に本人の葛藤がある場合には、欲求不満の解消や課題の解決をめざす必要があります。**学校の教育相談担当者**や**スクールカウンセラー**（「心の教室相談員」）など、**学校の中にある相談機関**に相談することは、問題の背景が校内にある場合、特に有効です。

　窃盗の頻度が高く、金品も高額に及ぶようであれば、相当習慣化していることが推測されます。このような場合には、学校での指導・援助と並行して、**都道府県・区市町村の教育相談所（室）**や**児童相談所**への通所指導を依頼するとよいでしょう。できれば、家庭・学校・専門機関の三者が協働して、指導・援助のプログラムを遂行することが望まれます。

　警察に補導され、問題の背景が根深いときには、「継続補導」（注意、助言等の「警察限りの措置」であっても、保護者の申し出により、引き続き警察の適切な指導を受ける）を依頼することができます。また、警察との連携がとりやすい**少年補導センター**などへの相談は、他の非行との関連がある場合や「強要された窃盗」への対応に適しています。

　病的な盗癖が疑われる場合には、**医療機関**に相談することになります。思春期問題に取り組んでいる病院や嗜癖問題にも詳しいクリニック等への相談は、**都道府県・区市町村の教育相談所（室）**などから紹介を受けてください。

（嶋﨑政男）

飲酒・喫煙

■少年サポートセンター、警察署、交番 ■区市町村の教育相談所(室)〔➡p.214〕
など〔➡p.216〕
■保健所
■少年補導センター〔➡p.218〕 ■精神保健福祉センター〔➡p.206〕
■児童相談所〔➡p.194〕 ■「禁煙教育をすすめる会」
■医療機関 ■アルコール依存等嗜癖に関する相談機関
■都道府県の教育相談所(室)〔➡p.212〕

❶どんなことが考えられる?

　未成年の飲酒・喫煙は法律で禁じられているにもかかわらず、生徒指導上の大きな問題となっています。この背景には、①自動販売機の普及や若者向け商品の開発があいまって購入機会が増大したこと、②カラオケボックスやアルバイト先など飲酒・喫煙の場所が拡大したこと、③コマーシャルやマスコミ等の影響を受けて罪悪感が乏しくなっていること、などが考えられます。

　加えて、非行文化との接触の「証し」、仲間意識の高揚、背伸びした「大人社会への加入」など、青少年の飲酒・喫煙行動にはこのような背景も考えられます。

❷こう対応しよう!

　未成年の飲酒・喫煙には、大人社会や仲間集団への帰属意識や家庭・学校への反抗心等、その心理的背景に目を向けなければなりませんが、何よりもその有害性と違法性について、大人としての責任でしっかりと指導すべきです。「自分の家でなら」と灰皿を用意するなどは言語道断です。

　学校では健康教育の一環として、発達段階に応じて禁酒・禁煙教育を教育課程に位置づける必要があります。家庭においては、基本的しつけとして、機に応じて繰り返し指導することが大切です。そのうえで、飲酒・喫煙の常習化が懸念される場合には、次項❸で示すような専門機関への早期の相談が必要となります。

❸どこに相談する？

　非行が絡んでいる場合には、**少年サポートセンター、警察署、交番など**の警察における相談機関や**少年補導センター、児童相談所**に相談するとよいでしょう。

　嗜癖（飲酒・喫煙など、ある習慣への執着）が主原因の場合は、**医療機関**や相談機関のほうが適します。まずは公的な相談機関である**都道府県・区市町村の教育相談所（室）**や**保健所、精神保健福祉センター**などに相談したらいかがでしょう。この他に、全国各地に「**禁煙教育をすすめる会**」や**アルコール依存等の嗜癖に関する相談・治療機関**があります。嗜好の程度が相当に進んでいる場合には、こうした専門機関への相談が有効と思われます。

（嶋﨑政男）

家庭用コラム

【AC・嗜癖】

　AC（アダルト・チルドレン）ということばを、よく耳にするようになりました。もともとは「アルコール依存症の問題を抱えた家族の中で成長した大人」のことで、「アダルト・チルドレン・オブ・アルコホーリックス」が語源です。幼いときに親から愛されなかったため、成人後も精神的不安定を訴えるようになります。飲酒の害の１つといえるでしょう。

　一方「嗜癖」は、「アディクション（addiction）」の訳で、悪い行動習慣がやめられなくなることをいいます。飲酒・喫煙の他に、薬物乱用や摂食障害、ギャンブル依存なども含まれます。これらの嗜癖は、同じ人物において相互に関連性をもって起こる例が多いことが知られています。これを「リスク行動症候群」といいます。「タバコぐらいは」「少量のアルコールなら」などと考えていると、やがて薬物乱用の危機も迫りくる可能性があるということです。

　「嗜癖」問題及び医療・自助グループに関しては、岩崎正人『嗜癖のはなし』（集英社、1996）に詳しく載っています。　　　　　　（嶋﨑政男）

〔薬物乱用〕

薬・シンナーをやっている

■警察署〔➡p.216〕　　　　　　■病院(精神科)

❶どんなことが考えられる？

(1)　薬物を乱用するミュージシャンがいたり地域の若者の間でアングラ文化の１つとして流行していたりすると、強い好奇心によって乱用してしまう場合があります。この場合は、性格との関連は少ないと見ていいでしょう。

(2)　現実の学校や職業面での努力を要する取組みから逃避し、非社会的にひとりで乱用してしまう場合があります。これは、「からだがフワーと浮く感じ」などの体感異常や幻覚で、孤独感、淋しさ、無力感をまぎらわしていると考えられます。

(3)　家庭環境が要因のときもあります。これは、ひとり親家庭や貧困などによる淋しさ、不幸感、両親の夫婦連合の弱さ、親自身の生き方の不全感など、子どもが未来への展望をもてなかったり、重圧感の強さに苦しんだりして薬をやってしまうのです。

(4)　学校や職場で親しい友人ができない、自分なりの努力が認められず教師や上司に疎外されていると感じる、と不適応感が見られる場合があります。

(5)　非行グループに近づいており、その非行文化の１つである薬物を乱用して、集団加入の意志をデモンストレーションしたり、集団同一化を図っている場合があります。このような非行グループは、集団暴走行為、恐喝、万引き、集団リンチ、売春などの非行・犯罪行為を伴うことが多く見られます。また、暴力団から乱用を強制されているうち、薬物依存が増して自分ではやめられなくなっているケースもあります。

(6)　遺伝的素質として、薬物に対する感受性が強かったり、性格的に意志薄弱、自信欠乏、自己愛的、強迫傾向が強いなど、薬物依存を生じやすいものをもっています。

(7)　乱用による精神依存や身体依存、薬物効果が持続する耐性、中毒症状があるため、乱用が続きます。これらは薬物の種類によって異なります。

a. モルヒネ型（アヘン、モルヒネ、ヘロイン）……中枢神経に対する抑制作用や興奮作用があります。交感神経と副交感神経の平衡が著しく破綻することによってせん妄（幻覚を伴う軽い意識障害）が起き、興奮・虚脱状態になります。

b. バルビツール酸およびアルコール型（フェノバール、ブロバリン、ハイミナール、アトラキシン、セデス、アルコール）……中枢神経に対する抑制作用、身体依存、耐性があります。また禁断症状として、自立神経症状、不安、興奮、幻覚、せん妄が見られます。急性中毒による事故死や自殺を目的とした急性中毒状態など、不安、集中困難、振戦（手指のふるえ）、精神病状態などが生じる場合もあります。

c. コカイン型……興奮作用や強い精神依存はありますが、身体依存や耐性はありません。慢性中毒症状として、多幸的興奮、眠気や疲労感の喪失、活力の増大感が見られ、急性中毒症状としては、多弁、多動、不安、易刺激性、せん妄が見られます。

d. 大麻型（マリワナ、ハシッシュ）……興奮と抑制の両者の作用をもち、幻覚が発現します。身体依存や耐性はありませんし、精神依存は弱いです。急性中毒症状として、知覚の変容、夢幻様状態、幻覚などが見られます。有害な作用（バッドトリップ）としては、恐慌不要反応、興奮、せん妄、幻覚や妄想を伴う精神病状態があります。

e. 覚せい剤型（アンフェタミン、メタンフェタミン〔ヒロポン〕）……興奮作用があり、強い耐性や精神依存は見られますが、身体依存はありません。慢性中毒症状として、多幸的興奮、眠気や疲労感の消失、活力の増大感があり、急性中毒症状としては、多弁、多動、不安、易刺激性、せん妄があります。特徴はフラッシュバック現象〔➡p.4〕が見られることです。慢性中毒症状としての不眠、不安、抑うつ、無欲状態などの妄想型統合失調症と似た状態ですが、疎通性はよく、統合失調症とは異なった対人的特徴です。脳、その他の臓器に器質障害が見られます。

f. 有機溶剤型（塗料、接着剤、洗浄剤に含まれるベンゼン、トルエン、エーテ

ル)……精神依存は弱いですが、多幸や陶酔状態となって、知覚の変
容、夢幻様状態、幻覚などの急性中毒症状へと発展します。麻痺、窒
息、けいれんによる急性中毒死の恐れがあり、フラッシュバック現象
が見られます。慢性中毒症状としては、無気力、不安、中毒性精神病、
末梢神経炎、四肢筋萎縮があります。

g. 幻覚発現型（LSD−25、サイロシビン、メスカリン、オロリウクイ）……
興奮作用があり、弱い精神依存が見られますが、身体依存はありませ
ん。耐性は急激に上昇し急速に消失します。多幸、陶酔状態、知覚の
変容、夢幻様状態、幻覚などの急性中毒症状が見られ、主観的体験は
きわめて多彩で、気分や感情の変化（多幸感）、自我や知覚の変容体
験、宗教的神秘体験など、サイケデリックな体験が起こります。有害
な作用（バッドトリップ）としては、恐慌不安反応、興奮、せん妄、
幻覚や妄想を伴う精神病状態が見られます。

❷こう対応しよう！

　ほとんどの薬物が法規制を受けていますが、入手ルートを絶つことこそ、
乱用を中止させるもっとも効果的な方法です。それには警察による捜査が必
要ですので、まず**警察**と話し合ってみてください。当事者の少年は、自信を
なくしている場合が多いので、決して見放さず、精神的な支援を続けましょ
う。幼いときから親に受け入れられなかったものを、薬物による一時的な安
らぎに求めているケースが多いので、精神的退行を受け入れる対応も必要で
す。同時に、家庭環境の歪みを小さくするように、家族にも働きかけてみて
ください。家族や友人から見放されていると感じないように、ケースワーク
や、社会的・職業的適応ができるような指導も必要でしょう。

❸どこに相談する？

　⑴と⑸の場合は、特に**警察**での集団解体補導が必要です。また、ほとんど
の対象少年には、**精神科医**の医学的な診断と治療が必要でしょう。（降籏志郎）

＊参考文献：山口利之「薬物依存」『心理臨床大事典』培風館、1992

コラム

少年の薬物乱用に関する資料

覚せい剤事犯における未成年検挙者等の推移（人）

	平成24年	平成25年	平成26年	平成27年	平成28年	平成29年
覚せい剤事犯検挙者総数	11,842	11,127	11,148	11,200	10,607	10,284
うち未成年者	148	125	94	119	136	93
うち中学生	3	1	2	1	7	0
うち高校生	22	15	12	14	18	8
うち大学生	18	22	11	18	8	19
うち暴力団関係者	6,421	6,112	6,066	5,758	5,114	4,796
比　　率	54.2%	54.9%	54.4%	51.4%	48.2%	46.6%
うち再犯者	7,232	6,989	7,190	7,237	6,879	6,740
比　　率	61.1%	62.8%	64.5%	64.6%	64.9%	65.5%

大麻事犯における未成年検挙者等の推移（人）

	平成24年	平成25年	平成26年	平成27年	平成28年	平成29年
検挙者総数	1,692	1,616	1,813	2,167	2,722	3,218
うち20歳代	742	651	665	905	1,026	1,218
うち未成年者	67	61	80	144	211	301
うち中学生	0	0	3	3	2	2
うち高校生	18	10	19	24	32	53
うち大学生	25	23	27	32	45	60
うち栽培事犯	128	98	118	111	147	174

＊厚生労働省・警察庁・海上保安庁の統計資料による。

〔対教師暴力〕

教師に暴力をふるう

■少年サポートセンター、警察署(少年係)〔➡p.216〕
■病院(精神神経科)
■都道府県の教育相談所(室)〔➡p.212〕
■区市町村の教育相談所(室)〔➡p.214〕

❶どんなことが考えられる?

(1) 第二反抗期になった子どもが、親がこわい、あるいは親が頼りなくて反抗できないために、それを教師に向けている場合があります。

第二反抗期というのは、今まで親から強く影響され、自分が生きるうえでの基準となっていた価値観・世界観をいったん壊すという、自我の成長に伴う心理的現象です。「一度は崩れ落ちる親の偶像」という言葉があるように、ほとんどの子どもにその心理は見られます。ところが、日ごろから父親が、当事者の子どもや兄弟に強い体罰を伴うしつけや叱責をしていて、母親も父親に追従している場合、子どもは父親に反抗できず、教師に親の姿を投影して反抗を向けてしまうのです。これが対教師暴力となります。

また、社会人としては職業生活などを自立できている親でも、精神的に常に誰かに依存的で、子どもに対しても自分なりの信念や一貫性のある態度をもって振るまえない場合、子どもには頼りなく映ってしまいます。そのような親に反抗をぶつけると瓦解してしまいそうなので、教師に反抗を向けている場合もあるのです。

(2) 自分の率いる非行集団やクラスメイトに、自分の強さを見せつけて一目置かせようとする心理から、学校や学級の権威的役割存在である教師に暴力をふるう場合があります。ヒロイズム(英雄主義)の心理と、「自分は強い」という自己陶酔の心理が奥に潜んでいるのです。

(3) 「自分は何でもできる」「自分以外に強いものはいない」という自我肥大を起こしている場合があります。

(4) 小さいころから親や保育士、教師に受けてきた厳しい叱責や体罰に対

して、なぜ叱られたかは考えられずに、ひたすら復讐の念として、対教師暴力となる場合があります。

⑸　自分の精神的自由や自立を認めない存在、「自分らしくありたい」とするこころを脅かす存在として教師を感じとり、その防衛の心理が強く働いて、対教師暴力になる場合があります。

⑹　統合失調症になっていて、被害妄想や被害的不安から起こる場合があります。

⑺　てんかん〔➡p. 44〕による極度の興奮や爆発から起こる場合があります。

⑻　脳の軽いダメージに由来するADHD（注意欠如・多動症。診断を受けている場合は注意欠如・多動性障害）が母親の胎内にいるときからあって、思春期になり、反抗挑戦性障害〔➡p. 116〕に悪化している場合が考えられます。

⑼　⑻がさらに悪化して行為障害〔➡p. 116〕になっている場合があります。

❷こう対応しよう！

まず、臨床心理士や精神科医とのケースコンサルテーションを行い、⑴～⑼のどのタイプか、おおよその検討をつけましょう。

⑴⑵⑶の場合には、保護者が学校や教師の悪口、不信感を当事者の子どもの前でいっていることが多いので、教師は保護者に接近して親しくなるといいと思います。

また、教師の間で、休み時間や放課後の居場所を確認しあっておき、突発事案の発生を防止するようにしてください。発生した場合には、複数で対応するようにしましょう。

❸どこに相談する？

⑵⑶は**少年サポートセンター**や**警察の少年係**に、⑹⑺⑻⑼は**病院の精神神経科**に、⑴⑷⑸は**都道府県・区市町村の教育相談所（室）**に相談するのがいいでしょう。

⑴～⑸は、力量があれば、どこの所属の臨床心理士でも対応できますので、気軽にご相談ください。

（降籏志郎）

恐喝している、されている

■少年サポートセンター、警察署（少年係）
　〔➡p. 216〕
■家庭裁判所
■保護観察所〔➡p. 222〕

❶どんなことが考えられる？

　まず考えなくてはならないのは、背景にある非行グループの存在です。学校内で上級生と下級生が結びついた中学生の非行グループや、中学生が高校生や高校中退少年とつながっているグループ、さらにそれが暴走族と結びついているグループ、暴力団と結びついているグループなどがあります。また、この順序で非行深度が深まっていきます。それとともに恐喝の執拗さ、激しさ、被害金額の多さ、被害者の多さが増していくのです。最近では、非行の低年齢化の現れとして、小学校高学年の非行グループも出てきています。

　恐喝してしまう動機に関しては、まず、集団での遊興費欲しさ、上の暴走族や暴力団への上納金をつくるため、といった非行グループの存亡にかかわる収益目的が考えられます。この場合、被害額や被害者は多くなってしまいます。次に、小学校のときから勉強やクラブ活動、学級活動などであまり認められなかったため、他者に恐喝や暴力で優越感を感じたいという場合もあります。また、保護者や教師が自分に関心を向けてくれないと思ったり、厳しいしつけや勉学を押しつけてくると感じていたりすると、それに対する間接的な復讐として恐喝してしまう場合もあるのです。

　あるいは、保護者に対する不満や不信によってやってしまうことも考えられます。これは、小さいときから怖いと感じている父親、弱そうで心もとないと感じる父親、人間性のドロドロした面には目を背け、ひたすら正しく見せることで職場や近隣社会で信用を得ようとしている父親などに反抗して、自分の強さを自己確認しようとするのです。背景には、母親が自分を確立しておらず、すぐ感情的に怒ってしまったり、うろたえてしまったりすること

に対する不満と不信感もあると見られます。

　恐喝される子どもには4つのタイプがあります。まず1つは、非行し始め
のタイプです。これは、自己拡大感から服装や態度が非行者的に目立ってき
たために、既存の非行グループから目をつけられて抑え込もうとされる場合
や、力で優劣をつけて自分の非行グループに入れて使い走りをさせようとい
う目的から恐喝されてしまいます。2つには、弱いけど金銭をもっていて出
しそうに見え、脅していれば保護者・教師・警察などに訴えないだろうと、
非行グループから気弱に見られるタイプです。この背景には、「父親がいな
い」「父親が自分の仕事だけに没頭していて被害にあった子どもの精神的な
バックボーンになっていない」といった、父親が男性としてのアイデンティ
ティの対象になっていないことが考えられます。3つには、勉強やクラブ活
動、習い事などは突出してできるが、友人が少なく嫉妬されがちなタイプ、
4つには、街頭や繁華街、ゲームセンターなどで無差別に被害にあってしま
うタイプです。

❷こう対応しよう！

　恐喝事件が1件表面化したときには、単独犯によるものか、あるいは非行
グループが背景にあるのか、その集団の大きさ・構成員・非行深度はどうな
のか、表面化しなかった暴行や恐喝事件はどれほどあるのか、などを明らか
にしていくことが必要です。

　また、加害少年は、非行グループのリーダーなのか、使い走りをすること
が多く命令されてやっている弱い立場のものなのか、それともその中間にい
るものなのか、を明確にすることも非行グループの解明には大切なことです。

❸どこに相談する？

　まず**警察**で❷のような対応をしてもらってください。加害少年・被害少年
とも、個別のカウンセリングや家族への働きかけが大切ですので、**少年サ
ポートセンター**や**警察の少年係**、**家庭裁判所**、**保護観察所**との連携が必要で
しょう。

（降籏志郎）

〔不良交友〕

非行グループ・暴走族（非行助長集団）などとつきあっている

■警察署（少年係・交通課）〔➡p.216〕
■病院（精神科など）

❶どんなことが考えられる？

(1)　本人には非行・犯罪者になるという意識はほとんどなく、一時的に「大人になりたい」「保護者や学校教師の禁じることをやると大人になった気がする」「長いスカートをはいて年上ぶってみたい」といった心理でやっている場合があります。

(2)　家庭や学校で満たされない承認要求や愛情要求、集団所属要求を、ほかの集団で満たそうとしていることもあります。

(3)　根底的には不安や劣等感、保護者や教師に対する愛されているかどうかの確信のなさがありますが、それを見せまいと強がり、反抗的な態度や目立つ服装をしたがります。

(4)　保護者や教師に反抗的となりますが、大切なのは保護者や教師に不信感を抱く経験をしているかどうか、またその不信感がどれほど根深いかです。不信感が強いほど非行深度が深まるので、恐喝や集団リンチ、強姦、輪姦、暴走族の武装化、一般人に対する激しい加害、暴力団との結びつきなどが発生し、日常化してしまうことも考えられます。

　以上の４つが考えられますが、さらに大切なのは乳幼児期からADHD（注意欠陥多動障害）が見られたかどうかです。ADHDの第一次的原因は脳にあって、保護者のしつけや本人の生き方にあるのではありません。早期発見できなかったり適切な医学的治療や指導を受けられなかったりすると、保護者は理解できないまま子どもに強い体罰や叱責をして、本人に暴力をふるうことを学習させてしまいます。あるいは保育士や教師が知らずに不適切な対応をすると、本人に「僕はどうせだめな人間だ」「何をやっても叱られる」といった自己否定感をもたせてしまう二次障害を生んでしまうのです。

さらに、「俺のことをわかってくれて面倒みてくれるのは兄貴だけだ」と暴走族や暴力団の若者を同一視して加入してしまう三次障害を生んでいます。なお、長野県立こころの医療センター駒ヶ根の児童精神科医、原田謙氏は「全体の３～５％いるADHDの子どものうち、早期発見や適切な医療・保育・教育がとられないと30～45％が学童期にODD（反抗挑戦性障害）になり、さらにODDの約半数がCD（行為障害）になって暴行・傷害・放火・殺人などをし、CDの約６割がPDD（反社会性人格障害）となって快楽殺人などをする」といっています。

❷こう対応しよう！

　⑴　教師は、グループのメンバーと質について十分考慮し、特に非行性の強いものについては、保護者や教師などに対する不信感の程度やADHD、ODD、CD、PDDのうちどのレベルかを判断したうえで、影響力を見るようにしましょう。

　⑵　教師は、本人の行動が自発的なものか、グループからの圧力によるものかを見極めることも大切です。

　⑶　教師は反抗的態度などの表面的な行動に惑わされず、本人の内面的な不安、劣等感、愛されていると実感できない寂しさに目を向けたカウンセリングをすることが大切です。また保護者は本音がいえるような家庭づくりを進めてください。そのうえで子どもを信じ直し味方になってあげてください。

　⑷　暴走族などと関係がある場合は、**警察**の力でグループの解体と、個別指導を強化してもらってください。非行深度が浅い場合、教師がそのグループをまるごと指導し、健全なグループに育てていくのがいいと思います。

❸どこに相談する？

　教師も保護者も、まず**警察の少年係（暴走族の場合は交通課）**に相談してみましょう。グループ構成員やその家族が児童相談所や家庭裁判所、保護観察所、教育相談所、福祉事務所などとかかわっている場合は連絡をとりあうのがいいと思います。またADHDやODDなどが疑われる場合、保護者は、子どもを**児童精神科医のいる病院**に連れていってみてください。（降籏志郎）

暴力集団（暴力団・やくざ）とかかわっている

■警察署（刑事課）〔➡p.216〕

❶どんなことが考えられる？

(1)　暴力集団とかかわりをもつ男子は、「父親から認めてもらいたいが認めてもらえない」「父親から人間的温かさを感じたいが感じられない」という思いを抱いている場合が目立ちます。学校の教師や塾の先生、カウンセラー、地域の運動関係団体の男性指導者、親戚の目上の男性などから"父親の代わり"としての愛情を受けられるといいのですが、そうした機会や縁がなかった子どもも多く見られます。こころの中では「一人前のいい男になりたい」と強く思っているのですが、社会的に正当な立場にいる大人の男性に愛情をかけられないため、声をかけてきた暴力団員の生き方をモデルにしていくしかないのです。

　暴力集団にかかわってしまう子どもの父親のタイプとして、2つ考えられます。1つは、職場での役職や地域での家柄、評判などに気を遣う反面、妻や子どもには愛情を向けないわがままなタイプ、2つには、子どもを溺愛する一方で社会的面子を重んじるため、子どものわがままに対抗できず、なすがままにしてしまい、子どもが暴力団員の勧誘に抵抗なくのってしまっても何も策を講じることができないタイプです。

(2)　男子の場合、両親の関係が原因となることもあります。やさしい母親が、わがままで世間体ばかりを重んじる夫に、つらい思いを抱いているのを幼い頃から見ている子どもは、自分が暴力団に近づけば母親が悲しむと十分にわかっています。その一方で、(1)の父親的愛情を暴力団員に求め、次第に深入りしていくのです。「止めてくれるな、おっかさん」ということばがあるように、男が一人前になるときは母親や身近な女性に泣かれるのはやむを

えない、と思っている傾向があります。これは、父親が母親を悲嘆させているのを見て育ってきたので、いつのまにかその部分だけ取り入れた心理かもしれません。

　(3)　暴力集団とかかわりをもつ女子には3つの特徴が見られます。1つは、「早く一人前の女性として男性に扱われたい」という願望をもっていることです。2つには、「父親から認められたい、愛情を受けたい」と思っているのですが、愛情を感じられない場合です。これは、父親の仕事が忙しくて接する機会が少なかったり、子どもの非行が始まると社会的面子を重んじて叱責・体罰したり、冷酷に接してしまうことによります。3つには、母親との関係が悪くなったことがあげられます。非行化の始まりや性体験を母親に知られることによって、親子ではなく女同士として向き合うようになり、母親の叱責に反発して非行がエスカレートしてしまうのです。

　暴力集団はこうした少女の心理をすべて見抜き、受け入れるふりをして、レストランでご馳走したり、ブランド品を買い与えたり、一人前の女性として扱います。さらに性交渉で関係を深めていき、覚せい剤やマリファナで今までにはなかった悦楽感を与え、離れないようにしていくのです。

❷こう対応しよう！

　男子は暴力集団のこわさをよく知っているので、できれば遠方で2～3年働かせながら指導してくれる人のところへ預け、暴力集団の再接近を防ぐのがいいと思います。教師はこのように保護者に勧めてみてください。

　また、保護者は、子どもの精神的欲求を満たす愛情や接し方を工夫しないと、再び暴力集団の勧誘にのってしまう場合もありますので気をつけてください。

❸どこに相談する？

　暴力団対策新法では、「少年に対する指定暴力団への加入の勧誘等を禁止」とうたわれていますので、教師・保護者は、**警察の刑事課（暴力団担当）**に相談して捜査・立件してもらいましょう。

（降簱志郎）

保護・矯正に関する法律など

【少年法】（抄）

◆審判に付すべき少年［第3条第1項］

次に掲げる少年は、これを家庭裁判所の審判に付する。

一　罪を犯した少年　　　　　　　　　　　　　　　　＜犯罪少年＞

二　14歳に満たないで刑罰法令に触れる行為をした少年　　＜触法少年＞

三　次に掲げる事由があって、その性格又は環境に照して、将来、罪を犯し、又は刑罰法令に触れる行為をする虞のある少年　　＜虞犯少年＞

イ　保護者の正当な監督に服しない性癖のあること。

ロ　正当の理由がなく家庭に寄り附かないこと。

ハ　犯罪性のある人若しくは不道徳な人と交際し、又はいかがわしい場所に出入すること。

ニ　自己又は他人の徳性を害する行為をする性癖のあること。

◆通告［第6条第1項］

家庭裁判所の審判に付すべき少年を発見した者は、これを家庭裁判所に通告しなければならない。

◆事件の調査［第8条第2項］

家庭裁判所は、家庭裁判所調査官に命じて、少年、保護者又は参考人の取調その他の必要な調査を行わせることができる。

◆観護の措置［第17条第1項］

家庭裁判所は、審判を行うため必要があるときは、決定をもって、次に掲げる観護の措置をとることができる。

一　家庭裁判所調査官の観護に付すること。

二　少年鑑別所に送致すること。

◆児童福祉法の措置［第18条第1項］

家庭裁判所は、調査の結果、児童福祉法の規定による措置を相当と認めるときは、決定をもって、事件を権限を有する都道府県知事又は児童相談所長に送致しなければならない。

◆審判を開始しない旨の決定［第19条第1項］

家庭裁判所は、調査の結果、審判に付することができず、又は審判に付するのが相当でないと認めるときは、審判を開始しない旨の決定をしなければならない。

◆検察官への送致［第20条第1項］

家庭裁判所は、死刑、懲役又は禁錮に当たる罪の事件について、調査の結果、その罪質及び情状に照らして刑事処分を相当と認めるときは、決定をもって、これを管轄地方裁判所に対応する検察庁の検察官に送致しなければならない。

◆保護処分の決定［第24条第1項］

家庭裁判所は、前条の場合を除いて、審判を開始した事件につき、決定をもって、次に掲げる保護処分をしなければならない。ただし、決定の時に14歳に満たない少年に係る事件については、特に必要と認める場合に限り、第三号の保護処分をすることができる。

　一　保護観察所の保護観察に付すること。　　　　　＜保護観察＞

　二　児童自立支援施設又は児童養護施設に送致すること。

　三　少年院に送致すること。

◆家庭裁判所調査官の観察［第25条第2項］

家庭裁判所は、前項の観察とあわせて、次に掲げる措置をとることができる。

　一　遵守事項を定めてその履行を命ずること。　　　＜試験観察＞

　二　条件を附けて保護者に引き渡すこと。

　三　適当な施設、団体又は個人に補導を委託すること。　＜補導委託＞

【少年院法】（抄）

◆少年院の種類［第4条］

少年院の種類は、次の各号に掲げるとおりとし、それぞれ当該各号に定める者を収容するものとする。

　一　第一種　保護処分の執行を受ける者であって、心身に著しい障害がないおおむね12歳以上おおむね23歳未満のもの（次号に定める者を除く。）

二　第二種　保護処分の執行を受ける者であって、心身に著しい障害がない犯罪的傾向が進んだおおむね16歳以上23歳未満のもの
　三　第三種　保護処分の執行を受ける者であって、心身に著しい障害があるおおむね12歳以上26歳未満のもの
　四　第四種　少年院において刑の執行を受ける者

【少年鑑別所法】（抄）

◆少年鑑別所［第3条］

　少年鑑別所は、次に掲げる事務を行う施設とする。
　一　鑑別対象者の鑑別を行うこと。
　二　観護の措置が執られて少年鑑別所に収容される者〔略〕を収容し、これらの者に対し必要な観護処遇を行うこと。
　三　この法律の定めるところにより、非行及び犯罪の防止に関する援助を行うこと。

【児童福祉法】（抄）

◆要保護児童発見者の通知義務［第25条］

　要保護児童を発見した者は、これを市町村、都道府県の設置する福祉事務所若しくは児童相談所又は児童委員を介して市町村、都道府県の設置する福祉事務所若しくは児童相談所に通告しなければならない。ただし、罪を犯した満14歳以上の児童については、この限りでない。この場合においては、これを家庭裁判所に通告しなければならない。

◆児童養護施設［第41条］

　児童養護施設は、保護者のない児童（乳児を除く。ただし、安定した生活環境の確保その他の理由により特に必要のある場合には、乳児を含む。以下この条において同じ。）、虐待されている児童その他環境上養護を要する児童を入所させて、これを養護し、あわせて退所した者に対する相談その他の自立のための援助を行うことを目的とする施設とする。

◆児童自立支援施設［第44条］

　児童自立支援施設は、不良行為をなし、又はなすおそれのある児童及び家庭環境その他の環境上の理由により生活指導等を要する児童を入所させ、又は保護者の下から通わせて、個々の児童の状況に応じて必要な指導を行い、その自立を支援し、あわせて退所した者について相談その他の援助を行うことを目的とする施設とする。

【少年警察活動規則】（抄）

◆定義［第2条第五、六、八、十一、十二号］

　五　非行少年　犯罪少年、触法少年及びぐ犯少年をいう。

　六　不良行為少年　非行少年には該当しないが、飲酒、喫煙、深夜はいかいその他自己又は他人の徳性を害する行為〔略〕をしている少年をいう。

　八　要保護少年　児童虐待を受けた児童、保護者のない少年その他の児童福祉法による福祉のための措置又はこれに類する保護のための措置が必要と認められる少年（非行少年に該当する場合を除く。）をいう。

十一　少年補導職員　少年相談（少年の非行の防止及び保護に関する相談をいう。〔略〕）、継続補導（第8条第2項〔略〕の規定により行う継続的な補導をいう。〔略〕）、被害少年に対する継続的な支援その他の特に専門的な知識及び技能を必要とする少年警察活動を行わせるため、当該活動に必要な知識及び技能を有する都道府県警察の職員（警察官を除く。）のうちから警察本部長（警視総監及び道府県警察本部長をいう。以下同じ。）が命じた者をいう。

十二　少年サポートセンター　警視庁、道府県警察本部又は方面本部の内部組織のうち、少年補導職員又は前号に規定する知識及び技能を有する警察官（以下「少年補導職員等」という。）を配置し、専門的な知識及び技能を必要とし、又は継続的に実施することを要する少年警察活動について中心的な役割を果たすための組織として警察本部長及び方面本部長が定めるものをいう。

5

「障　害」編

特にできないことがある

■医療機関
■都道府県の教育相談所(室)〔➡p.212〕
■LD 親の会

❶どんなことが考えられる？

　LD（学習障害；learning disabilities）というのは、知的発達（知能）にはっきりとした遅れはないのに、勉強面のどこかに、目立った困難やつまずきやすさをもつ子どもに使われる用語です。LD を理解するうえで大切なことは、勉強する環境や体制が整っていなかったり、本人の勉強への努力不足などによって、こうした状態が起きるのではないということです。そして勉強面のどこかといいましたが、それは「聞く」「話す」といった話しことば、「読む」「書く」といった書きことば、そして「計算する」「推論する」といった算数や数学に関係する能力のどこかに見られる、特徴ある学習の困難を指します。また、LD は社会性の発達にも困難を生じたり、注意の集中困難や多動などの ADHD（注意欠如多動障害）といった状態をあわせもつ場合が多いので注意が必要です。

❷こう対応しよう！

　LD への対応にあたっては、何といっても早期の気づきが大切です。そのためには、教育、心理、医学面などからの情報をもとにした専門的で総合的な判断が必要です。そうした判断で大切なことは、LD かどうか、LD だとしたらどのような教育支援・指導が有効か、を明らかにすることです。

　LD 児指導の基本には、一般の学業不振の子どもに対してとられる指導、つまり勉強への動機づけ、子どもにあった学習のレベルや速度、そして学習のステップを、子どもの理解力にあわせて小さくするなどの方法をとります。そのうえで、それぞれの LD 特有の学習のつまずきや情報処理（認知）の特徴にあわせた教材の選び方や教え方を工夫しなければなりません。また LD

の中には、ADHDやASD（自閉スペクトラム障害）と重複する場合もあります。そうした他の発達障害との重複による学習だけではない、行動上の様々な課題についても、それぞれの子どもに必要な対応をどんな順序で行っていくかを考えなければなりません。

❸どこに相談する？

　LDについての理解と対応は学校教育だけでなく社会的にも大きく進んできました。**医療機関**や**教育相談機関**でも専門的に対応できる場所が増えてきています。また各地に「**LD親の会**」もあるのでそうしたところから的確な情報を得ることもできます。

　また小、中学校では、通常の学級に在籍しながら特別な支援を受ける「通級による指導」という支援教室や専門の先生も増えてきていますので、地域の**教育委員会**や教育相談機関に積極的にアプローチすることが何よりも大切だと思います。

（上野一彦）

家庭用コラム

　LD児への対応にあたって家庭の役割、親の姿勢は特に重要です。家庭がすべての基礎であり土台となります。みんなと同じようにできないことがあるというLDの特徴は子ども自身を苦しめ、時には自信を失わせます。LDのこうした特徴を、先生や周囲の大人がまずわかってやらないと、LD児のまわりの子どもたちにも伝わっていきません。その意味で、最初の理解者は家庭であり親でなければならないのです。

　うまくいかないところもあるけれど、ちゃんとできていることを積極的に評価することが大切です。そのうえで、うまくいかないことに対して一緒に考えたり、工夫したり、努力する姿勢が求められます。親への信頼感（一方的な依頼心と誤解しないでください）が子どもなりの対応力や課題解決の力を育てます。家庭内では勉強面というよりは、むしろ家事や身辺自立に関する課題をまずテーマとするべきでしょう。できることは任せてみることから、自己解決力と自信、そして自尊心が育ちます。そして兄弟間であまり比較しすぎないことなども忘れてはいけないポイントといえるでしょう。（上野一彦）

発達に遅れが見られる

■療育センター　　　　　　　　　　■保健センター〔➡p. 204〕
■都道府県の教育相談所(室)〔➡p. 212〕■知的障害特別支援学校
■区市町村の教育相談所(室)〔➡p. 214〕■知的障害特別支援学級
■児童相談所〔➡p. 194〕　　　　　■病院
■保健所

❶どんなことが考えられる？

　子どもは年齢が進むにつれて、年齢相応の心身の発達が見られます。しかし、同じ年齢段階の子どもに比べて、全般的に発達の遅れが見られる子どもは、知的障害、あるいは知恵遅れがあるものと考えられます。

　発達の遅れをもたらす原因はいろいろあります。胎児期のほか、異常分娩など出生時の諸条件が原因となったり、乳幼児期の発熱などが原因となることもあります。

　この発達の遅れの状態は一人ひとり異なり、また単なる知的発達の遅れだけでもありません。知的発達の遅れがあると、ことばの発達〔➡p. 132〕や読み・書きの学習などの遅れのほか、食事、排泄、衣服の着脱など身辺生活の処理や集団生活への参加などにも難しいことが多くあります。

　一般に、発達の遅れのある状態は、個別検査や行動観察などのほか、身辺処理や集団参加の能力、問題行動の有無など、適応行動の観点から総合的に判断する必要があります。

　また、ダウン症や自閉症〔➡p. 130〕の子どもの多くは、知的障害を伴うものとして考えていいでしょう。

❷こう対応しよう！

　発達に遅れのある子どもの多くは、教師の指示の理解が不十分であったり、行動が遅かったりして、集団行動についていけない場合があります。また、失敗の経験が多いため、自分から進んで積極的に取り組む意欲に欠ける傾向

も見られます。ですから、子どもの状況にあわせた具体的な指示をしたり、興味や関心のあることを手がかりとして、いろいろな学習場面において達成感や成就感を味わわせるような配慮が大切です。

さらに発達の遅れに伴う二次的障害として、情緒面での問題をもつ子どもも見られますが、このような場合は、子どもの心理的な安定を図るような適切な対応や環境づくりが重要となります。

また、子どもの中には、てんかんのため服薬しているものや、心臓疾患などのため医療上の配慮や運動の制限を必要とするものもあります。このような場合には、保護者と連絡をとりあいながら適切な対応を心がけることが必要です。

❸どこに相談する？

子どもの障害の状況を把握し、理解するためには、**療育センター**や**都道府県・区市町村の教育相談所（室）、児童相談所、保健所、保健センター**など公立の相談機関での諸検査をお勧めします。これらの相談機関では、個別の検査や行動観察などをもとに、子どもの養育への助言などのほか、必要に応じて専門の病院や訓練機関を紹介してくれます。

学校教育については、**知的障害特別支援学校**や小・中学校に設置されている**知的障害特別支援学級**の担当者が相談にあたります。これらの学校や学級では、障害児の指導に経験の豊富な教員がおり、子どもの症状や障害等に応じた助言をしてくれます。

また、医療面での心配がある場合は、**病院**の専門医の相談をお勧めします。担当医から、学校や家庭での配慮点などについてアドバイスを受けることができます。

（斎藤孝）

自閉的な傾向がある

■都道府県の教育相談所(室)〔➡p. 212〕　■児童相談所〔➡p. 194〕

■区市町村の教育相談所(室)〔➡p. 214〕　■知的障害特別支援学校

■療育センター　　　　　　　　　　　　■自閉症・情緒障害特別支援学級

■保健所　　　　　　　　　　　　　　　■自閉症親の会

■保健センター〔➡p. 204〕

❶どんなことが考えられる？

　「自閉」の子どもというと、自分の殻に閉じこもってしまう子どもである
というような捉え方をされがちです。しかし、自閉症は、脳の機能障害に起
因する発達の障害であるといわれています。これらの子ども（自閉児）には
個人差がありますが、共通する行動特徴としては次のようなことがあげられ
ます。

　　a. 人に対する反応が全般的に欠けている……情緒は人とのかかわりの中で
　　　生ずるものですが、自閉児はこの面が極めて希薄であり、人との関係
　　　ができにくいことが大きな特徴です。

　　b. ことばの発達に障害がある……自閉児はまったくことばがない場合があ
　　　りますし、ことばが出てきても、おうむ返しや場面に関係なくコマー
　　　シャルを繰り返すなど、ことばをコミュニケーションの手段として使
　　　えないことが多く見られます。

　　c. 行動の偏りがある……固執性が強く、例えば、登下校の道順が決まって
　　　おり、その道順を変えるとパニックになったりします。中には、数字
　　　や文字にこだわる子どももいます。また、極めて多動なことも自閉児
　　　の特徴の1つです。

　このほか、知的障害〔➡p. 128〕やてんかん発作をあわせもつ子どもなど
も多く、障害の程度や症状は多彩です。

❷こう対応しよう！

　自閉児には大きな個人差がありますので、子どもの特徴をよく理解し、その子に伝わる方法で具体的に支援していくことが基本となります。まず、対応としては、子どもの意思を尊重し、受容することが基本です。特定の人との１対１の関係をつけることから始め、次第に集団の中でも適応できるような支援をしていくことが大切です。自閉児には、偏食や衣服・持ち物へのこだわりの傾向が見られますが、これらを改善して望ましい生活習慣の形成を図るための指導は、とても重要なことです。

　また、人の話を聞く態度を身につけさせることなど、基本的な学習態度の育成も大事なことです。言語の理解が不十分な子どもに対しては、ことばによる指示とあわせて、具体物や動作で示す、絵や文字で示すなど視覚による情報を活用した指導の工夫が大切です。

　さらに、普段と異なる日課や突然の日程変更などの場合、子どもは不安や混乱を起こしますので、例えば、その日の予定や行動についてあらかじめ具体的に説明するなどして、少しずつ生活の変化を理解させ、慣れさせていくことも大切なことです。

❸どこに相談する？

　都道府県・区市町村の**教育相談所（室）**をはじめ、**療育センター、保健所、保健センター、児童相談所**など公立の相談機関では、養育相談や諸検査にあたってくれます。また、必要に応じて専門の医療機関や訓練機関などを紹介してくれます。

　学校教育については、**知的障害特別支援学校**や小・中学校に設置されている**自閉症・情緒障害特別支援学級**、または通級指導教室での相談をお勧めします。これらの学校では、自閉児の指導に経験の豊富な教員がおり、子どもの症状や障害等に応じた助言をしてくれます。

　専門機関とは別に、各地で**「自閉症親の会」**が結成されています。同じ障害をもつ子の保護者の会ですが、先輩の親たちが体験に基づく多くのアドバイスをしてくれますので、お勧めします。

（斎藤孝）

〔難聴、吃音、構音障害、発達遅滞、口蓋裂など〕

ことばに障害がある

■病院(耳鼻咽喉科)　　　　　　　■教育委員会

■都道府県の教育相談所(室)〔➡p. 212〕　■東京学芸大学教育学部附属教育実践

■区市町村の教育相談所(室)〔➡p. 214〕　研究支援センター

■公立の医療療育センター　　　　■大学付属の相談機関

■「ことばの教室」「きこえの教室」

❶どんなことが考えられる？

　子どもの発達過程において、「ことば」「きこえ」に障害があるのでは？と、幼稚園の先生や保育園の保育士から言われたり、あるいは母親自身が気づいたりすることは少なくありません。育児相談の中で、もっとも多い相談内容は「ことば」に関するものです。それは主に、次のような行動や様子からです。

　① 名前を呼んでも振り向かない

　② テレビの音が大きい

　③ 聞き返しが多い（難聴）

　④ ことばの繰り返しや引きのばしがある（吃音）〔➡p. 58〕

　⑤ ある音の発音ができない

　⑥ いつまでも幼児語が抜けない（構音障害）

　⑦ ことばが出ない

　⑧ 発語が単語のみで文にならない

　⑨ こちらのいうことが理解できない（発達遅滞）

などです。あるいはこれらの特徴が重複している場合もあります。発音器官や聴覚器官に生来性の障害があり、医学的な診断・手術がすでになされている子どもでは（口蓋裂など）、ある程度ことばの問題が生じることを保護者は予測し、その特徴や対策についても理解しています。

　「ことば」の障害が疑われたとき、当然ながら保護者はその原因を知りたがります。しかし、「ことば」の障害についての原因は一様ではありません。

「ことば」の獲得は特別な努力をすることなく達成できる、と考えている保護者や教師から見れば、「なぜ正確な発音ができないのか？」「単語は知っているのになぜ文にならないのか？」などといった疑問やいらだちが生じることは無理もないことです。

　さらに学校教育の中で経験した外国語学習の延長線で、「ことば」の獲得をとらえている保護者・教師も少なくありません。それゆえ、独自の（不適切な）プログラムによって、「ことば」の訓練を行う場合がありますが、これらは事態を深刻にするばかりです。

❷こう対応しよう！

　子どもの「ことば」について悩んでいる保護者や、学級においてどう援助していいか迷っている教師から相談される内容で一番多いのは、その子どもがいじめの対象にならないか、ということです。「ことば」の問題で本人がいじめにあうことはそれほどありません。それよりも本人が自分のことばの問題について、どの程度意識しているかが大切であり、意識していないほうが以後の学習がスムーズにいきます。そのためには、早目に専門家に相談することを勧めます。

　保護者や保育士・担任教師が「ことば」の訓練をしている場面に出会うときがあります。その大部分は単音節の発音練習や絵カードによる語彙の増加を目的としたものです。これらがまったく無意味なものであるとはいえませんが、期待するほどの成果は得られません。学習に対する動機づけやコミュニケーション場面に応じたことばの使い方等、子どもの言語症状にあわせた綿密な学習プログラムを用意することが必要です。子どもの問題より、むしろ親の育児上の問題のほうが大きい場合も多々あります。

❸どこに相談する？

　口蓋裂など発語器官や聴覚器官に明らかな器質的な障害がある場合は、まず**耳鼻咽喉科医**の診断を受けるべきです。症状によっては、手術等の医学的な処置がなされます。

「ことば」に障害があるのでは、と保護者や保育士・教師が疑問をもったとき、その相談機関としては専門家（言語聴覚士や言語・聴覚障害児教育を大学で専攻した者）のいる**都道府県・区市町村の教育相談所（室）、耳鼻咽喉科、公立の医療療育センター（小児医療療養センター**としているところもあります）があります。学校には通級制の「**ことばの教室（学級）」「きこえの教室（学級）」**〔➡p. 142〕があり、専任の教師が対応します。**教育委員会**に問い合わせると、これらの教室について情報を得ることができます。

　電話による相談では、**東京学芸大学教育学部附属教育実践研究支援センター**が全国からの相談に応じていますので、障害についての相談と同時に、近くの機関を紹介してもらうこともできます。また、**地域の国公立・私立大学**でも相談を受けつけている場合があります。教育学部や福祉関連の学部・学科が設置されている大学では、大部分が相談窓口を設けています。そこでは学生の実習という意味も含んでおり、他の相談機関とは性格が多少異なりますが、積極的に活用することをお勧めします。

　上記のように、多くの相談機関がありますが、一般的な病気に対して病院が存在するというレベルでは、これらの相談機関は捉えられていません。保護者にとっては、なじみの薄いものでしょう。したがって、相談の必要に迫られたとき、いったいどこに行けばいいのか迷ってしまうのが普通なのです。本書の相談機関一覧を参考にして、まずは身近な機関で積極的に、納得いくまで相談してみてください。

　通常学級において、「ことば」に障害をもつ子どもに対してどう対応したらいいか、という相談も担任教師から多くあります。**東京学芸大学教育実践研究支援センター「教師のための教育相談」**等では、教科指導や集団不適応の相談ばかりでなく、「ことば」の問題についても相談を受けつけていますので、ぜひご活用ください。また、前述の言語聴覚士とは、平成10年から施行された法律によって定められた、国家資格を有する専門家のことです。**地域のセンター的役割を担う病院の耳鼻咽喉科、リハビリテーション科**等において、幅広い年齢層の方々に対応しています。

（出口利定）

コラム

これからの特別支援教育

【「通級による指導」の発展】

　21世紀に入ってから特別支援教育はかつての特殊教育から大きな変化を遂げました。それは「障害の種別と程度によって特別な場を設けて行う」特殊教育から、「新たに発達障害をも対象にし、一人ひとりのニーズに応えるインクルーシブ教育を目指す」特別支援教育への転換でした。既存の特別支援学校、特別支援学級といった障害児のための支援システムに加え、通常の学級に隣接する支援「通級による指導」は、LD や ADHD、ASD などのいわゆる発達障害児への指導対応の充実化がその背景にあったと思います。

　それは障害児と健常児の間の溝を埋める、言い換えると両者の連続性を意識した新しいインクルーシブ教育への転換であり、具体的には合理的配慮による特別支援教育への転換でもありました。

【これからの特別支援教育の課題】

　LD や ADHD、ASD などの発達障害の場合、障害として括ってみるよりも、独特の学び方をする個性の持ち主という見方が必要です。大切なことは「支援システムは子どもにとって利用しやすく、同時にその効果が常に検証されなくてはならない」ということです。

　LD は単なる学習の遅れを持つ者（slow learner）とか学習困難（learning difficulties）を持つ者といった漠然とした捉え方ではなく、その子どもの認知活動に特異な背景を持つ者という定義がされます。

　だからこそ、近年、専門的な立場からは、そうした LD に対しては SLD（specific learning disabilities）といった限定した呼び方をするようにもなってきています。また発達障害の場合、診断的には重複するケースも決して珍しくはないです。1つの診断名によってその子どもに合った有効なプログラムが見えてくるわけではありません。子どもたちの学びは様々であり多様です。特別支援教育の次の課題としては、それぞれの子どもの状態に適した、その子どもの独自の学び方を尊重する方法を何よりも重視する必要性があります。子どもの「学びの多様性（learning diversity）」をしっかりと捉える特別支援教育がこれからは求められていくのではないでしょうか。

（上野一彦）

視覚に障害がある

■療育センター　　　　　　　■都道府県の教育相談所（室）〔➡p.212〕

■医療機関　　　　　　　　　■区市町村の教育相談所（室）〔➡p.214〕

■視覚障害特別支援学校　　　■障害者福祉センター

■弱視特別支援学級　　　　　■児童相談所〔➡p.194〕

❶どんなことが考えられる？

　何らかの原因で視力や視野などに障害があり、物を見ることが困難であったり、できなかったりする状態を視覚障害といい、眼球、視神経、大脳などのどこかの部位に異常があるために生じます。視覚障害は、その視力が問題になりますが、近視、遠視、乱視などの屈折異常〔➡p.56〕は、眼鏡による矯正が可能ですので、視覚に障害のある子どもの中には入りません。

　視覚障害には、盲児と弱視児が含まれます。盲児の中には、おぼろげながら見えるものから、明暗のわかるもの、光も影もまったくわからないものなど様々です。一般的に、①周囲の様子を的確に把握することが難しい、②視覚による模倣動作ができない、③初めての場所でのひとり歩きが難しい、などの傾向が見られます。

　これに対して、弱視児は矯正した視力が0.3未満であって、しかも盲児でないものを呼びます。つまり、視覚の活用によって、いろいろな活動がある程度可能なのですが、次のような行動の傾向があります。

　①物を見るとき目を著しく接近させたりする、②明るいところでは極端にまぶしがる、③黒板に書かれた文字などがよく見えない、④目と手の協応が必要な書字などの動作が不得手である、⑤ボール運動など遠近感を必要とする動作が苦手である、このような傾向がある場合は、弱視児の疑いが考えられます。

❷こう対応しよう！

　視覚に障害のある子どもは、目が見えにくいというハンデキャップがあり

ます。一般に視力が0.3以上あれば、小・中学校の通常の学級で支障なく学習に参加できますが、視力が0.3未満の子どもの場合は、教育上特別な配慮が必要です。このような場合は、子どもが見やすい条件を整えることで、視覚を十分活用した学習をすることができますので、この点を考慮した対応が大切になります。教室では、机を最前列の中央に位置づけたり、観察や実験の場合には前列に出して近くで見せたりする配慮が必要となります。

　弱視の子どもは、天候によって見え方が異なります。特に雨天や曇天の場合は明るさを保つように、照明の配慮が大切です。また、障害によっては、明るすぎるとかえって見えにくいこともありますので、カーテンなどを利用して見えやすい環境をつくることも大切です。

　視力はそれを活用することで維持されます。そのため、その活用を促すことも大切ですが、子ども一人ひとりの眼疾による差異や疲労など、目の安全管理に十分注意することも必要です。

❸どこに相談する？

　視覚の障害が疑われるようでしたら、**療育センター**や**医療機関**の専門医での受診をお勧めします。障害の程度によっては、定期的な治療や訓練などを必要とする場合もあります。

　子どもの中には、諸感覚を活用した専門的な指導を必要とする場合もあります。このような場合は、**視覚障害特別支援学校**や小・中学校に設置されている**弱視特別支援学級**、または通級指導教室での相談をお勧めします。弱視児の指導に必要な教材や教材拡大映像設備の活用、弱視レンズの使い方などについて、担任の教師から具体的なアドバイスを得ることができます。

　また、**都道府県・区市町村の教育相談所（室）**や**障害者福祉センター、児童相談所**などでも相談に応じてくれますので、利用してください。（斎藤孝）

運動発達に遅れがある

■療育センター　　　　　　　　　■都道府県の教育相談所(室)〔➡p. 212〕

■医療機関　　　　　　　　　　　■区市町村の教育相談所(室)〔➡p. 214〕

■病院　　　　　　　　　　　　　■肢体不自由特別支援学校

■障害者福祉センター　　　　　　■肢体不自由特別支援学級

❶どんなことが考えられる？

　同年齢の子どもに比べて、運動発達に遅れの見られる子どもがいます。この遅れが発達の個人差の範囲のものなのか、あるいは病理的なものなのかは、子どもによって様々です。

　「発達的な遅れ」には、それが次第に回復するものと、いつまでも持続するものがあります。個人的特徴や生育環境によって遅れているものは、年月を経るとともに回復しますが、遅れが持続している場合は、知的発達の遅れが考えられます。

　運動は、筋肉・関節などの運動器官、脳や脊髄の神経の中枢、さらにそこから運動器官にいたる経路、全体の動きをコントロールする平衡器官などに関係があります。そして、これらのどれかに「病理的障害」があると、次のような運動障害が生じます。

　a. 脳の障害によるもの（脳性麻痺）……脳の運動中枢が冒されたため、運動障害を起こしたもので、麻痺は進行しないのが特徴です。

　b. 脳性麻痺以外の脳の障害によるもの……脳炎後遺症など後天的な脳の障害によるもので、知的発達の遅れを伴うことも多く見られます。また、てんかん発作など神経系の症状を示すこともあります。

　c. 脊髄の障害によるもの……脊髄性麻痺など、脊髄の障害によって運動の麻痺を起こします。

　d. 筋肉と運動器官の障害によるもの……筋萎縮症、関節疾患などのため運動障害を起こします。

❷こう対応しよう！

　運動発達の遅れの程度や障害の箇所は、一人ひとり異なり、右手や右半身だけが不自由な場合もあれば、両足や全身が不自由な場合もあります。また、日常生活に支障のないもの、松葉づえや車いすを必要とするもの、多くの活動に介助を必要とするものなど、多岐にわたっています。

　運動障害のある子どもは、動作や姿・形の違いが目立つために、特別視されたり、あるいは過保護になりがちなことから、さりげない支援が大切です。対応としては、子どもの障害の状態をよく知るとともに、日常生活や学校生活の中でできること、困っていること、その子への介助の仕方などについて正しい理解を図ることが必要です。

　また、これらの障害に対する適切な配慮も大切なことです。例えば、階段や段差のあるところはスロープにする、廊下やトイレに手すりを取りつける、便器を洋式にする、手の動きが不自由な子どもにはワードプロセッサやコンピュータ等を活用するなど、子どもが自力で学校生活ができるような施設設備の面で配慮することも大切です。

❸どこに相談する？

　病理的な遅れや障害が考えられる場合は、**療育センター**や**医療機関**の専門医の診察を受け、今後の治療や訓練の仕方をうかがうことが大切です。また、四肢の機能を向上させるための訓練が必要な場合は、**療育センター、病院**や**障害者福祉センター**の専門スタッフが担当します。

　教育については、**都道府県・区市町村の教育相談所（室）**をはじめ、**肢体不自由特別支援学校**や小・中学校に設置されている**肢体不自由特別支援学級**での相談をお勧めします。これらの学校では、小・中学校と同じ教科の指導のほか、障害の状態等に応じて、運動・動作や認知能力などの向上をめざして、歩行指導や書写に必要な上肢の運動・動作の指導などを行っています。

（斎藤孝）

合理的配慮とは？

　「障害を理由とする差別の解消の推進に関する法律」〔障害者差別解消法〕（2016年）では、障害のある人に対する差別を禁止し、行政機関（学校など含む）や事業者は「合理的配慮」を可能な限り提供することとなりました。この法律の背景には、2006年に国連総会で採択された「障害者の権利に関する条約」〔障害者権利条約〕（我が国は2014年批准）があります。

　障害によるあらゆる区別、排除又は制限があることを禁じています。つまり、他の者との平等を基礎として全ての人権及び基本的自由を認識・享有した上で、それを行使することを害したり妨げたりする目的や効果を有するものを禁止しています。そのあらゆる形態の差別の中に、「合理的配慮の否定」というものが含まれています。「合理的配慮」は、障害者権利条約の中で以下のように明記されています。

> 「合理的配慮」（Reasonable accommodation）
> 　障害者が他の者との平等を基礎として全ての人権及び基本的自由を享有し、又は行使することを確保するための必要かつ適当な変更及び調整であって、特定の場合において必要とされるものであり、かつ、均衡を失した又は過度の負担を課さないものをいう。

　「合理的配慮」と対比される用語として、「ユニバーサルデザイン」（Universal design）があります。これは、調整又は特別な設計を必要とせず、最大限可能な範囲ですべての人（子ども含む）が使用できる製品、環境、計画及びサービスの設計とされています。いわば、様々な子どもが包含されている学級全体に対して、誰にとっても「できる・やさしい環境」をデザインすることです。一方で、合理的配慮は、特定の障害児者（集団含む）のための変更や調整などによるサポートです。しかし、あらゆる人を対象とするユニバーサルデザインは、個別的なサポートである合理的配慮を排除するものではありません。

　具体的な例として、障害から鉛筆による書字が困難な生徒に対して、授業や入試で代替手段としてタブレット端末の使用を認めないのは、同法の差別禁止及び合理的配慮の否定の可能性があります。障害のある本人や保護者が

申し出たできない活動の代替手段（環境含む）の利用・調整について、学校側は検討する義務があります。一方で、合理的配慮は理に適った変更・調整のことであり、「配慮を受ける本人」にとって合理的であると同時に、「配慮する側」にとっての合理性も認められています。つまり、非過重負担の要素を明確に含んでいて、障害のある人（生徒など）と配慮を提供する側（学校など）の双方の事情を考慮することとされています。障害によってうまくない状況や配慮の必要性が生じた場合、本人・保護者からの申請に基づき、どのような配慮ができるかについて、合意した上で提供されなければなりません。重要なことは、障害のある生徒・保護者から丁寧に要望や意見を聴取し、対話や相談を進めていくことです。一方、本人の意向を無視して、障害のある人のために必要だと称して、一方的で過剰な対処をとってしまうことも少なくありません。基本的な合理的配慮には、「物理的環境への配慮」「意思疎通の配慮」「ルール・慣行の柔軟な変更」などがあります。

　その一例として、発達障害のある児童から「教員の話を聞いて想像することが苦手なため内容を理解できない」という困難さに対して、『絵・写真・図・実物などを見せることで授業内容や活動予定を理解しやすく配慮する』、「授業中に突然指名されたり回答を求められたりするとパニックを起こしてしまうので、授業中は指名しない配慮とそのことを他の生徒には伝えないでほしい」という要望に対して、『各授業担当の教員は事前に情報共有しておき、他の生徒は気づかないように指名対象から外すなどの配慮を行う』といった直接的な配慮・工夫があります。他方で、「黒板横に掲示スペースがあると視界に入りやすく気になって授業に集中できない」という訴えに対して、『掲示スペースを教室の後ろ側へ移設する』、「大きな音に敏感な児童への対応が求められる」に対して、『椅子の引きずる音を減少させるため全ての机と椅子の脚に防音加工を施す』などの環境の整備や間接的な工夫があります。

（橋本創一）

【参考】・内閣府（2017）：障害者差別解消法〜合理的配慮の提供等事例集〜
　　　　・国立特別支援教育総合研究所：インクルDB（インクルーシブ教育システム構築支援データベース）　http://inclusive.nise.go.jp/?page_id=13

ことばときこえの学級

　「ことばがつながらない」「赤ちゃんことばが治らない」「ことばがなめらかに話せない」など、保護者や教師が気になる子どもの課題として、ことばに関することが多く挙げられます。発達に何らかの偏りやつまずきのある子どもたちの多くは、ことばに関する問題を抱えているのです。

　ことばときこえの学級は、正式にいうと「言語障害学級」と「難聴学級」の２つをあわせた学級の総称です。特別支援学級と通級指導教室の２種類があり、特別支援学級は、学籍を置いてほとんどの授業をその学級で受けますが、通級指導教室の場合は、学籍は小・中学校の通常の学級にあり、週に何時間か特別な指導を受けに通うという形態です。

【ことばの学級（言語障害学級）とは？】

　次のような子どもたちが、障害の状態に応じた指導を受ける学級です。

① 話すときに特定の語音が正しく発音できない構音障害のある子ども

② ことばをなめらかに話せない吃音のある子ども

③ 言語発達に遅れのある言語発達遅滞の子ども

【きこえの学級（難聴学級）とは？】

　補聴器等を使用しても通常の話し声を理解するのが困難な子どもが指導を受ける学級です。

【学習内容は？】

　次のようなものがあります。

① ことばを聞きとる学習（聴覚活用）

② 補聴器の使い方に慣れ、正しい使い方を学習（補聴器の管理）

③ 発声や発音の学習（言語指導）

　ことばときこえの学級では、通常の学級に在籍している子どもたちの、ことばやきこえに関する相談を行っています。個別の検査などで、発音や、個々の子どもの言語学習の特徴、ことばを聞きとる力などを調べます。必要に応じて、医療機関や相談機関、他の教育機関などの紹介もしてくれます。

（砥柄敬三）

コラム

障害の発見・相談にかかわる主な機関

　ここでは、文部科学省と厚生労働省が作成した「障害のある子どものための地域における相談支援体制整備ガイドライン（試案）」（平成20年3月）から、「障害の発見・相談にかかわる主な機関と役割」を抜粋・紹介します。本書の第Ⅱ部の参照ページを表示していますので、あわせてご覧ください。

●市町村保健センター〔➡p. 204〕

　市町村における地域保健対策の拠点として、住民に対する健康相談、保健指導、健康診査その他地域保健に関して必要な事業を行うことを目的としています。児童福祉関係業務の主なものは、次のとおりです。
　ア　乳幼児に対する保健指導
　イ　乳幼児に対する訪問指導
　ウ　1歳6か月児健康診査、3歳児健康診査などの乳幼児健康診査

●保健所

　公衆衛生行政の機関として、児童福祉及び母子保健や身体障害者等の福祉の分野で大きな役割を果たしています。主に都道府県や指定都市が設置主体となっている機関です。医師、歯科医師、薬剤師、獣医師、診療放射線技師、臨床検査技師、管理栄養士、保健師などの職員が置かれています。
　保健所における児童福祉関係業務の主なものは、次のとおりです。
　ア　児童や妊産婦の保健について正しい知識の普及を図ること。
　イ　身体に障害のある児童の療育について指導を行うこと。
　ウ　疾病により長期にわたる療育が必要な児童の療育について指導を行うこと。
　エ　児童福祉施設に対し、栄養の改善その他衛生に関し必要な助言を行うこと。

●福祉事務所〔➡p. 202〕

　社会福祉行政の機関として生活保護法、児童福祉法、身体障害者福祉法、知的障害者福祉法、老人福祉法、母子及び寡婦福祉法のいわゆる福祉六法に定める援護、育成、更生の措置を担当しています。福祉事務所には、査察指導員、現業員、身体障害者福祉司、知的障害者福祉司等の職員が配置されています。
　福祉事務所における児童福祉関係業務の主なものは、次のとおりです。
　ア　児童の福祉に関し、必要な実情の把握に努めること。
　イ　児童の福祉に関する事項について相談に応じ、必要な調査を行うとともに、

個別的又は集団的に必要な指導を行うこと。

●児童相談所〔➡p. 194〕

児童福祉の機関として、各都道府県、指定都市に設置が義務付けられており、また政令で個別に定める市においても児童相談所が設置できます。ソーシャルワーカー（児童福祉司・相談員）、児童心理司、医師（精神科医、小児科医）、その他専門職員がおり、児童に関する様々な相談に応じ、専門的な角度から調査、診断、判定を行い、それに基づいて児童や保護者に対して、必要な指導や児童福祉施設入所等の措置を行います。

児童相談所においては、知的障害、肢体不自由、重症心身障害、視覚障害、聴覚障害、言語障害、自閉症等の障害のある児童に関する相談が行われています。

●児童福祉施設

乳幼児健康診査等において障害が発見された後の対応として、その後に専門的な療育や相談が行われる場として、児童福祉施設があります。

障害のある子どもに関連する児童福祉施設としては、通園施設として知的障害児通園施設、難聴幼児通園施設、肢体不自由児通園施設、入所施設として知的障害児施設、自閉症児施設、盲児施設、ろうあ児施設、肢体不自由児施設、肢体不自由児療護施設、重症心身障害児施設があります。

通園施設は、昭和54年度の養護学校教育の義務制の施行を契機に、原則として就学前の幼児を対象とすることとなり、早期療育の場として位置付けられています。

●発達障害者支援センター〔➡p. 236〕

地域における発達障害に対する取組を総合的に行う拠点として、設置されています。業務は、発達障害児者及びその家族からの相談への対応、発達障害者に対する専門的な発達支援と就労の支援、発達障害についての情報提供や研修、医療機関や学校等の関係機関との連絡調整等を実施しています。

●特別支援学校

視覚障害、聴覚障害、知的障害、肢体不自由、病弱・身体虚弱のある子どもに

対して、幼稚園、小学校、中学校、高等学校に準ずる教育を行うとともに、その一人一人の障害に基づく種々の困難を改善・克服するために必要な知識、技能を養うことを目的として、きめ細かな教育が行われています。

　多くの特別支援学校においては、教育機関としての役割だけでなく、乳幼児期の子どもやその保護者を対象とした早期からの教育相談が行われています。今後、地域における特別支援教育のセンター的機能を担うことが期待されており、早期のみならず、学齢期、卒業後も含めた教育相談の充実が求められています。また、視覚障害生徒を対象としたあん摩マッサージ指圧師等や聴覚障害生徒を対象とした理容師や歯科技工士等の各種資格取得を目指した指導をはじめとして、障害のある子どもの職業的自立を促進するため、職業教育の充実を図っています。

●特別支援教育センター

　特別支援教育の振興を図ることを目的に、障害のある子どもの教育、就学、進路などの各種相談、特別支援学校や小・中学校等で障害のある子どもの教育に携わる教員を対象にした研修、特別支援教育に関する調査研究や理解啓発などが行われています。

●公共職業安定所（ハローワーク）〔➡p. 226〕

　障害者の態様や職業適性等に応じて、ケースワーク方式により、求職から就職後のアフターケアに至るまでの一貫した職業紹介、職業指導等が行われています。このため、主要な公共職業安定所には、障害のある人の就職を専門的に担当する職員が配置されるとともに、きめ細かな就職指導等を円滑かつ効果的に推進するために、相談員等が配置されています。

●地域障害者職業センター

　公共職業安定所との密接な連携の下に、障害のある人に対する職業相談から就職後のアフターケアに至る職業リハビリテーションを、専門的かつ総合的に実施する施設として、各都道府県に設置されています。職業リハビリテーションとして、例えば、職場適応援助者（ジョブコーチ）を事業所へ派遣して、職場適応のための援助を行うなどの事業を実施しています。

障害の早期発見にかかわる主な制度

　文部科学省と厚生労働省が作成した「障害のある子どものための地域における相談支援体制整備ガイドライン（試案）」（平成20年3月）を参考に、障害の早期発見にかかわる主な制度を紹介します。

●乳幼児健康診査

　疾病の異常や早期発見（二次予防）の機会として重要であり、また、リスクの早期発見による疾病等、発生予防（一次予防）のための保健指導に結び付ける機会としても重要な意義を持っています。

　乳児（1歳未満児）については、市町村が定めた方法で健康診査を受けることができ、必要に応じて、精密検査が行われています。幼児（満1歳から小学校就学まで）については、1歳6か月児健康診査と3歳児健康診査の実施が市町村に義務付けられています。

●1歳6か月児健康診査

　1歳6か月健康診査については、満1歳6か月を超え満2歳に達しない幼児を対象としています。幼児初期の身体発育、精神発達の面で歩行や言語等の発達の標識が容易に得られる1歳6か月児のすべてに対して健康診査を実施することにより、運動機能、視聴覚等の障害、精神発達の遅滞等、障害のある幼児を早期に発見し、適切な指導を行い、障害の進行を未然に防止するとともに、生活習慣の自立、虫歯の予防、幼児の栄養および育児に関する指導を行い、幼児の健康の保持および増進を図ることを目的としています。

　健康診査の種類は、一般健康診査、歯科健康診査および精密健康診査です。一般健康診査の項目は次のとおり。

　①身体的発育状況　②栄養状態　③脊柱及び胸郭の疾病及び異常の有無　④皮膚の疾病の有無　⑤四肢運動障害の有無　⑥精神発達の状況　⑦言語障害の有無　⑧予防接種の実施状況　⑨その他の疾病及び異常の有無　⑩その他育児上問題となる事項（生活習慣の自立、社会性の発達、しつけ、食事、事故等）

　一般健康診査の結果、心身の発達異常、疾病等の疑いがあり、より精密に健康診査を行う必要がある場合、各診療科別に専門医師による精密検査が行われます。また、精神発達面については、医療機関または児童相談所において、精神科医お

および児童心理司等による精密健診が行われます。

● 3歳児健康診査

　満3歳を超え満4歳に達しない幼児が対象です。幼児の健康・発達の個人的差異が比較的明らかになり、保健、医療による対応の有無が、その後の成長に影響を及ぼす3歳児すべてに対して健康診査を行い、視覚、聴覚、運動、発達等の障害、疾病・異常を早期に発見し、適切な指導を行い、障害の進行を未然に防止するとともに、う蝕の予防、発育、栄養、生活習慣、その他育児に関する指導を行います。

　健康診査の種類、精密検査の対応は、1歳6か月児健康診査と同様です。一般健康診査の項目は次のとおり。

　①身体発育状況　②栄養状態　③脊柱及び胸郭の疾病及び異常の有無　④皮膚の疾病の有無　⑤眼の疾病及び異常の有無　⑥耳、鼻及び咽頭の疾病及び異常の有無　⑦四肢運動障害の有無　⑧精神発達の有無　⑨言語障害の有無　⑩予防接種の実施状況　⑪その他の疾病及び異常の有無　⑫その他育児上問題となる事項（生活習慣の自立、社会性の発達、しつけ、食事、事故等）

●就学時の健康診断

　小学校等への就学予定者が対象です。市町村教育委員会が就学予定者の心身の状況を把握し、小学校等への就学に当たって、治療の勧告、保健上必要な助言を行うとともに、適正な就学を図ることを目的としています。

　就学時の健康診断における検査の項目は、次のとおり（学校保健安全法施行令第2条）。

　①栄養状態　②脊柱及び胸郭の疾病及び異常の有無　③視力及び聴力　④眼の疾病及び異常の有無　⑤耳鼻咽喉疾患及び皮膚疾患の有無　⑥歯及び口腔の疾病及び異常の有無　⑦その他の疾病及び異常の有無

　就学時の健康診断後の対応として、市町村教育委員会は、担当医師および歯科医師の所見に照らして、治療を勧告し、保健上必要な助言を行うこととなります。また、義務教育の就学の猶予、免除、特別支援学校への就学に関する指導を行うなど、適切な措置をとることとなります。

障害種ごとにみた発見・相談の現状

　障害の発見や相談の現状について、文部科学省と厚生労働省が作成した「障害のある子どものための地域における相談支援体制整備ガイドライン（試案）」（平成20年3月）を参考に、障害種ごとに紹介します。

●視覚障害

○先天性の場合、視覚による外界認知が困難な全盲や、明暗の区別がつく程度の視力の乳児については、授乳期に母親等と視線が合わなかったり、光に敏感に反応しなかったりという日常的な行動観察によって、早期に障害に気付くことが多い。

○一方、視力の活用がある程度可能な弱視の場合は、乳児期の発見はなかなか難しく、幼児期に入ってからの行動観察や医療機関での診察によって発見されることも少なくない。

○いずれの場合も医療機関において視覚障害と診断されるが、その後の支援機関としては、特別支援学校（盲学校）が乳幼児期からの育児支援や教育相談にあたるケースがほとんどであり、地域によっては福祉施設等において早期からの支援が行われているケースもある。

●聴覚障害

○音声に対する反応が不十分であることに保護者が気づいたり、乳幼児健康診査で判明するのが一般的であったが、近年では、新生児聴覚スクリーニング検査の実施により、生後間もない時期（1週間〜数週間程度）に聴覚障害が指摘されることもある。

○聴覚障害の発見後の関連機関としては、医療機関（再検査等を実施する病院で確定診断）、難聴幼児通園施設があげられ、相談に応じているが、特別支援学校（聾学校）においても乳幼児教育相談等が行われている。

●知的障害

○2～3歳ごろに、言語発達の遅れから保護者が気付いたり、乳幼児健康診査で言語発達が遅いことが分かったりするなどの後、児童相談所における判定や医療機関における診断により、知的障害があることが判明することが多い。また、出生前に染色体異常（ダウン症候群等）や、遺伝的疾患による知的障害が推定されることもある。

○知的障害がある幼児は、一般に、医療機関の診断等を経て、児童相談所での療育手帳の交付や保健所等での相談が実施され、その後、知的障害児通園施設等で必要な対応が行われる。

●肢体不自由

○多くの肢体不自由のある子どもの場合、病院から保健所に連絡が行き、保健師による支援が開始される。また、健康診断時の所見等から、医師や保健師から肢体不自由児通園施設が紹介され、早期からの療育が始まる。

○脳性まひのある子どもについては、生後数か月から理学療法士による訓練が開始されることが多いが、確定診断がなされるのは、生後10か月前後であるとの調査結果もある。

●病弱・身体虚弱

○小児期に発症する慢性疾患は、病院等で発見され、必要な対応がなされることが多い。

○保健所では、長期に療養が必要となる疾患のある子どもへの生活面での指導や養育上の支援を行っている。就学期に入院するなど継続した医療又は生活規制が必要な場合、病院内にある小・中学校の特別支援学級や特別支援学校（病弱養護学校）に入学する場合もある。また、子どもの状態によっては病院等と連携をとり、訪問による指導を行うこともある。

●言語障害

○口蓋裂のように、生後すぐに医療を必要とする場合や、吃音・構音障害のように、3～5歳ごろになると障害の状態が顕著になる場合がある。保護者が子どもの話し言葉の不自然さなどに気付き、療育センターや小学校等のことばの教室に相談を受けに行くことが多い。

○また、口唇・口蓋裂の場合は、病院の口腔外科を経て、病院の治療センターや療育センター、小学校等のことばの教室で、相談や訓練、指導を受けることが多い。さらに、吃音や構音障害の場合は、家庭で保護者が気付き、その後、同様の経過をたどることが多い。

●情緒障害（自閉症を除く）

○心理的な要因の関与により、社会的適応が困難である状態を総称し、情緒障害と呼んでいるが、その状態は、選択性かん黙、不登校などとして現れる。

○選択性かん黙については、器質的・機能的な障害はないことに留意しつつ、特定の状況で音声や言葉を出せない状態を的確に把握する必要がある。不登校については、心理的な理由により、登校できず家に閉じこもっていたり、家を出ても登校できなかったりする状態に留意しつつ、登校しようとするができないという状態を的確に把握することが必要である。その他にも、情緒の未成熟や心理的な要因による様々な社会的不適応の状態が見られ、先述の状態を含み、それらによって集団生活への適応が困難である場合に学校教育においては情緒障害教育の対象となる場合がある。

○心理的な要因とは、情緒が不安定になり、その状態が続くような影響を与える原因のことであり、発達障害によるものではないという意味である。

●発達障害（LD、ADHD、自閉症等）

○LD（学習障害）に関しては、お絵かきや文字の読みなどが求められる場面になってから発見につながることが多いが、本人たちが集団の中では苦

手さを隠そうとして回避することが多いので、個別に発達評価を行う場面を作ることが必要となる。

○ADHD（注意欠陥多動性障害）に関しては、幼稚園や保育園に入ってから行動面で目立ち発見につながることが多いが、多動性のないタイプ（不注意優勢タイプ）などについては、発見が難しいため、忘れ物の状況など生活面での評価が必要となる。

○自閉症に関しては、1歳6か月児健診、3歳児健診などで発見がなされることが多いが、知的な遅れのないタイプ（アスペルガー症候群）などについては、単発での健診では発見が難しいため、継続的な観察が必要となる。発見に関しては、言葉の有無よりも、周囲の大人や子どもに対する関心の持ち方や、音に対する過敏性や鈍麻性の様子などを見ることが必要とされている。

●**重複障害**（学校教育法施行令第22条の3に定める障害を2つ以上併せ有する場合をいう。）

○新生児医療の進歩により、超未熟児や重篤な疾患のある新生児の救命率が高くなり、新生児早期から重度・重複障害のある子どもが増えている。多くの子どもは、呼吸や栄養が安定し、家庭での育児が可能となれば退院するが、医療機関で治療を継続しながら、早期療育を受けることになる。

○視覚障害と聴覚障害とを併せ有する者など、重複する障害の種類や程度により、専門性の高い支援が必要になる。てんかんや行動認知障害等の合併症を有する場合があり、その際は医療機関で継続的に経過観察する必要がある。地域の療育機関から特別支援学校（盲・聾・養護学校）へ進むことが多く、その中には、継続的な医療的ケア（注：たんの吸引、経管栄養などの行為を、「医療的ケア」と呼ぶことがある。これらの医療行為は、医師又は看護師が行うことを原則とするが、医師の判断により、本人や家族が実施することは認められている。特別支援学校（盲・聾・養護学校）においては、看護師の適正な配置など一定の要件の下で、教員によるたんの吸引や、経管栄養の一部分が認められている）が必要となる場合がある。

障害のある子どもの保育

　保育の場における障害のある子どもの保育については、どのような枠組みがあるのでしょうか。ここでは、国が定めた「保育所における保育の内容についての指針」である『保育所保育指針』と、「幼稚園の教育課程その他の保育内容の基準」である『幼稚園教育要領』の内容を紹介します。

> **『保育所保育指針』**（平成29年3月　厚生労働省告示）
> 第1章　総　則
> 　3　保育の計画及び評価
> 　(2)　指導計画の作成
> 　　キ　障害のある子どもの保育については、一人一人の子どもの発達過程や障害の状態を把握し、適切な環境の下で、障害のある子どもが他の子どもとの生活を通して共に成長できるよう、指導計画の中に位置付けること。また、子どもの状況に応じた保育を実施する観点から、家庭や関係機関と連携した支援のための計画を個別に作成するなど適切な対応を図ること。

さらにくわしく見ると…

（厚生労働省『保育所保育指針解説』平成30年2月より抜粋）

「【個別の指導計画】
　保育所では、障害のある子どもを含め、一人一人の実態を的確に把握し、安定した生活を送る中で、全ての子どもが自己を十分に発揮できるよう見通しをもって保育することが必要である。そこで、必要に応じて個別の指導計画を作成し、クラス等の指導計画と関連付けておくことが大切である。
　特別な配慮を必要とする子どもの個別の指導計画を作成する際には、日常の様子を踏まえて、その子どもにとって課題となっていることが生じやすい場面や状況、その理由などを適切に分析する。その上で、場面に適した行動などの具体的な目標を、その子どもの特性や能力に応じて、1週間から2週間程度を目安に少しずつ達成していけるよう細やかに設定し、そのための援助の内容を計画に盛り込む。障害や発達上の課題のある子どもが、他の子どもと共に成功する体験を重ね、子ども同士が落ち着いた雰囲気の中で育ち合えるようにするための工夫が必要である。

【家庭との連携】
　障害や発達上の課題のある子どもの理解と援助は、子どもの保護者や家庭との連携が何よりも大切である。その際、子どもの困難な状況だけでなく、得意なこと等も含めて、保育所と家庭での生活の状況を伝え合うことに留意する。子どもについての理解を深め合うことや、保護者の抱えてきた悩みや不安などを理解し支えることで、子どもの育ちを共に喜び合うこ

とが大切である。こうした連携を通して保護者が保育所を信頼し、子どもについての共通理解の下に協力し合う関係を形成する。

　また、障害や発達上の課題のある子どもや保護者が、地域で安心して生活ができるようにすることが大切である。そのため、他の子どもの保護者に対しても、子どもが互いに育ち合う姿を通して、障害等についての理解が深まるようにするとともに、地域で共に生きる意識をもつことができるように配慮する。その際、子どもとその保護者や家族に関するプライバシーの保護には十分留意することが必要である。

【地域や関係機関との連携】

　障害のある子どもの保育に当たっては、専門的な知識や経験を有する地域の児童発達支援センター・児童発達支援事業所（以下「児童発達支援センター等」という。）・児童発達支援を行う医療機関などの関係機関と連携し、互いの専門性を生かしながら、子どもの発達に資するよう取り組んでいくことが必要である。そのため、保育所と児童発達支援センター等の関係機関とが定期的に、又は必要に応じて話し合う機会をもち、子どもへの理解を深め、保育の取組の方向性について確認し合うことが大切である。具体的には、児童発達支援センター等の理念や保育内容について理解を深め、支援の計画の内容を保育所における指導計画にも反映させることや、保育所等訪問支援や巡回支援専門員などの活用を通じ、保育を見直すこと等が考えられる。

　また、就学する際には、保護者や関係する児童発達支援センター等の関係機関が、子どもの発達について、それまでの経過やその後の見通しについて協議を行う。障害の特性だけではなく、その子どもが抱える生活のしづらさや人との関わりの難しさなどに応じた、環境面での工夫や援助の配慮など支援のあり方を振り返り、明確化する。これらを踏まえて、就学に向けた支援の資料を作成するなど、保育所や児童発達支援センター等の関係機関で行われてきた支援が就学以降も継続していくよう留意する。」

『**幼稚園教育要領**』（平成29年3月　文部科学省告示）

第1章　総　則

第5　特別な配慮を必要とする幼児への指導

　1　障害のある幼児などへの指導

　　障害のある幼児などへの指導に当たっては、集団の中で生活することを通して全体的な発達を促していくことに配慮し、特別支援学校などの助言又は援助を活用しつつ、個々の幼児の障害の状態などに応じた指導内容や指導方法の工夫を組織的かつ計画的に行うものとする。また、家庭、地域及び医療や福祉、保健等の業務を行う関係機関との連携を図り、長期的な視点で幼児への教育的支援を行うために、個別の教育支援計画を作成し活用することに努めるとともに、個々の幼児の実態を的確に把握し、個別の指導計画を作成し活用することに努めるものとする。

さらにくわしく見ると…
（文部科学省『幼稚園教育要領解説』平成30年２月より抜粋）

「障害のある幼児などには、視覚障害、聴覚障害、知的障害、肢体不自由、病弱・身体虚弱、言語障害、情緒障害、自閉症、ADHD（注意欠陥多動性障害）などのほか、行動面などにおいて困難のある幼児で発達障害の可能性のある者も含まれている。このような障害の種類や程度を的確に把握した上で、障害のある幼児などの「困難さ」に対する「指導上の工夫の意図」を理解し、個に応じた様々な「手立て」を検討し、指導に当たっていく必要がある。」

「例えば、弱視の幼児がぬり絵をするときには輪郭を太くするなどの工夫をしたり、難聴の幼児に絵本を読むときには教師が近くに座るようにして声がよく聞こえるようにしたり、肢体不自由の幼児が興味や関心をもって進んで体を動かそうとする気持ちがもてるように工夫したりするなど、その幼児の障害の種類や程度に応じた配慮をする必要がある。このように障害の種類や程度を十分に理解して指導方法の工夫を行うことが大切である。」

「園長は、特別支援教育実施の責任者として、園内委員会を設置して、特別支援教育コーディネーターを指名し、園務分掌に明確に位置付けるなど、園全体の特別支援教育の体制を充実させ、効果的な幼稚園運営に努める必要がある。その際、各幼稚園において、幼児の障害の状態等に応じた指導を充実させるためには、特別支援学校等に対し専門的な助言又は援助を要請するなどして、計画的、組織的に取り組むことが重要である。
　こうした点を踏まえ、指導計画に基づく内容や方法を見通した上で、個に応じた指導内容や指導方法を計画的に検討し実施することが大切である。
　例えば、幼稚園における個に応じた指導内容や指導方法については次のようなものが考えられる。
　・自分の身体各部位を意識して動かすことが難しい場合、様々な遊びに安心して取り組むことができるよう、当該幼児が容易に取り組める遊具を活用した遊びで、より基本的な動きから徐々に複雑な動きを体験できるよう活動内容を用意し、成功体験が積み重ねられるようにするなどの配慮をする。
　・幼稚園における生活の見通しがもちにくく、気持ちや行動が安定しにくい場合、自ら見通しをもって安心して行動ができるよう、当該幼児が理解できる情報（具体物、写真、絵、文字など）を用いたり、教師や仲の良い友達をモデルにして行動を促したりするなどの配慮をする。
　・集団の中でざわざわした声などを不快に感じ、集団活動に参加することが難しい場合、集団での活動に慣れるよう、最初から全ての時間に参加させるのではなく、短い時間から始め、徐々に時間を延ばして参加させたり、イヤーマフなどで音を遮断して活動に参加させたりするなどの配慮をする。」

〔子どもの貧困〕

経済的に困難である

■福祉事務所〔➡p. 202〕	■家庭児童相談室〔➡p. 200〕
■児童相談所〔➡p. 194〕	■社会福祉主事・家庭相談員
■担任などの教師	■民生委員・児童委員
■学校の中にある相談機関〔➡p. 234〕	■社会福祉協議会
■区市役所・町村役場	

❶どんなことが考えられる？

　不況の影響を受けた倒産やリストラによる失業、離婚によるひとり親家庭〔➡p. 173〕、家族の病気や事故などのために、突然収入の道を閉ざされることが多くなっています。一方、中には労働意欲の減退や浪費癖等が相乗して、家計を圧迫してしまう事例も見られます。家庭の経済的困窮の影響が子どもに重くのしかかり、問題行動の背景になっていることもあるので、注意深く対応しましょう。

❷こう対応しよう！　❸どこに相談する？

【先生方へ】

　原則的には、家庭の問題に学校が介入すべきではありませんが、子どもの指導過程で直面せざるをえない場合もあります。教材費や給食費等の未納、金品にかかわる問題行動、アルバイト就労による問題などを指導する中で、家庭の経済的困窮が浮上したときには、保護者との面接でその解決に向けた助言や具体的援助を検討することになります。

　教師は、このような場合の相談先を熟知しておきましょう。【保護者の方へ】を参考にしてください。なお、児童福祉法に定めがあるように、「保護者に監護させることが不適当であると認められる」ような場合は、**福祉事務所**または**児童相談所**への通告義務を果たす必要がありますし、食事を十分にとることができず、生命・健康の維持が懸念されるような場合は、「危機介入」としてこれらの専門機関への迅速な連絡が大切です。

　しかし、保護者の了解を得ることなく地域の民生委員やソーシャルワーカーに連絡したり、教師自らが経済状態を調査することは避けなければなりません。家庭のプライバシー保護を最優先して対応すべきです。

【保護者の方へ】

　学校納入金の悩みや経済的困窮にかかわる子どもの問題の相談は、**担任などの学校の先生**や**学校の中にある相談機関**に相談するとよいでしょう。担任を窓口に、事務職員から教育費扶助について助言を受けたり、教育相談係から専門機関を紹介してもらえます。

　区市役所・町村役場では、法律・税金・医療など様々な相談を受けつけています。ここでの相談を通じて、経済的困窮の背景に応じた相談先を教えてもらえます。

　福祉事務所では、社会福祉事業法に基づき、生活保護法、児童福祉法、母子及び父子並びに寡婦福祉法等に定める、生活に困っている人の相談・指導、生活保護や母子福祉の実施などの業務を行っています。家庭における児童福祉の向上を図るために**家庭児童相談室**を設置し、**社会福祉主事**〔➡p.202〕や**家庭相談員**〔➡p.201〕を配置しています。

　民生委員は、それぞれの担当地域において、生活保護、児童福祉問題、高齢者福祉問題、母子福祉問題等の調査・相談・指導・助言活動を行っています。また、民生委員は**児童委員**にあてられることになっているので、要保護児童の発見・調査・通告、家庭指導、地域児童の健全育成等の役割も担っています。

　地域における福祉の問題を解決するために設置されている**社会福祉協議会**は、社会福祉に関する幅広い活動を実施する中で、福祉専門相談を行っています。この他にも健康、就労、心身障害、ひとり親家庭等、各課題別の相談機関があります。詳細は、前述した相談機関において説明を受けてください。

（嶋﨑政男）

〔愛着の問題、反抗挑戦性障害〕

家庭環境のためか、大人への反抗がひどい

■スクールカウンセラー　　　　　　■少年相談センター〔➡p. 216〕
■都道府県の教育相談所（室）〔➡p. 212〕　■少年鑑別所〔➡p. 220〕
■区市町村の教育相談所（室）〔➡p. 214〕　■大学付属の心理相談室
■児童相談所〔➡p. 194〕　　　　　　■医療機関

❶どんなことが考えられる？

　「大人への反抗がある。教師の言うことを聞かない」ということは、思春期などの子どもにおいては、それほどまれなことではありません。自我が芽生え、自己決定への動機づけが高まる頃の子どもにとって、自由を奪い、自分を監視下におこうとする大人の存在がわずらわしく、反抗的になってしまうこともあります。それは、子どもが自分なりの価値観を形成しようとするプロセス、自立へのプロセスの現れとも言えます。

　しかし、反抗の示し方が極端な場合は慎重に対応する必要があります。暴力、暴言が激しい。大人の示す価値観を全否定し、授業に出ない、学校へ行かない、家出をする、反社会的な集団に所属する。特定の大人、一部の大人に対してだけではなく、ほとんどすべての大人に対して反抗する。このような行動や態度が著しい場合は、専門機関に相談して対応する必要があります。

　子どもの反抗の原因は様々ですが、幼い頃からの大人との関係、特に家庭環境の影響が大きいと考えられています。基本的に子どもは最初に家庭の中で、養育者（親、保護者）との間に情緒的な絆である「愛着（アタッチメント）」を形成します。自分を愛し、守り、要求をかなえてくれる養育者に対して信頼を感じるようになります。また、自分がそのような養育者から愛されるに値する存在であるということから、自己への信頼感も発達させていきます。このような養育者への信頼感、自己への信頼感を基礎として、家族外の大人（親族、近所の人、教師など）への信頼感も発達させていきます。

　ところが、家庭によっては、子どもが安定した愛着を形成できる相手が存在せず、基本的信頼感が発達しない場合があります。例えば、何らかの理由で養育者が頻繁に変わる、養育者に心身の不調があり子どもと十分に関われ

ない、虐待など養育者の子育てが不適切で子どもが恐怖や虚しさを感じて成長しているなどがあります。このような家庭環境で育った子どもの中には、家族以外の大人も、みんな信頼できないと感じている子どももいます。その結果、幼い頃から、あるいは思春期に入って、教師を初めとする多くの大人に対して、激しい反抗を示す子どももいます。

　医学的には、反抗挑戦性障害という診断名があります。これは、目上の者に対して拒絶的、反抗的、不従順、挑戦的な行動を繰り返すパターンが長期にわたって続く場合に診断されます。両親に深刻な不和がある場合に、子どもに反抗挑戦性障害が現れることが多いとされています。

❷こう対応しよう！　❸どこに相談する？

　暴力や暴言など、反社会的行為をしてはいけないということを明確に示しつつ、子どもの心情を理解し、大人への信頼感を育成していくということがポイントとなります。反抗をしていない時に、日常的に声をかけたり共に活動を楽しんだり、子どもの話を聞く大人の存在が必要です。家庭環境に問題がある場合は、その改善が必要となりますが、家族メンバー当事者同士だけの努力では難しい場合も多いので、専門家など家族外の力が重要になります。大人への信頼感を発達させ、反抗が収まってくるまでには時間がかかる場合も少なくありません。本人や家族を粘り強く支え続けていくことが大切になります。

　子どもが学校に在籍している場合は、**スクールカウンセラー**、**教育相談所（室）**などにまずは相談することがいいと思います。暴力、窃盗、家出、深夜徘徊、反社会的グループとのつきあいなど、非行が関係している場合は、**児童相談所**や、警察署に設置されている**少年相談センター**に相談するのもいいでしょう。また、**少年鑑別所**で一般相談を行っているところもあり、非行に詳しい専門家が相談を受け付けてくれます。家族の問題の改善をするためには、家族療法などを実施してくれる**大学付属の心理相談室**、**民間のカウンセリングルーム**に相談することもよいでしょう。大人への反抗だけでなく、情緒不安定な面などが目立つ場合は病院などの**医療機関**への相談が効果的な場合もあります。

（松尾直博）

〔児童虐待〕

からだに傷がある、虐待を受けている

- ■児童相談所〔➡p. 194〕
- ■都道府県の教育相談所(室)〔➡p. 212〕
- ■区市町村の教育相談所(室)〔➡p. 214〕
- ■家庭児童相談室〔➡p. 200〕
- ■病院(心療内科・精神科)
- ■クリニック
- ■子どもの虐待防止センターなどの民間団体〔➡p. 309〕
- ■電話相談〔➡p. 232〕

---

❶どんなことが考えられる？

　児童虐待には、①身体的虐待（いわゆる暴力によるもの）、②ネグレクト（養育の放棄・拒否）、③性的虐待（大人が子どもに性的満足を得る行為を強制すること）、④心理的虐待（子どもに心理的に外傷を与えるような育て方）があります。本来安全であるべき家庭の中で長期にわたってこのようなこころの傷〔➡p. 4〕を受けてきた子どもは、様々な心理的問題を抱えてしまいます。親との基本的な愛着関係が形成されていないために人との信頼関係を築くことが困難で、弱者に対しては攻撃的であり、自己評価が極端に低く、食べ物に固執する傾向もあります。虐待を受けるのは自分が悪いからと認識し、罪悪感に苦しんでいます。

　特に注目しなければならないのは、解離〔➡p. 4〕症状です。愛しているはずの親がひどいことをするという現実を受け入れることは耐えがたい苦痛をもたらすので、解離の防衛を働かせて自分の身を守り、意識を切り離し、感情を鈍麻させて生き延びてきます。これらの解離症状が、暴力〔➡p. 112, 168〕や万引き〔➡p. 102〕などの問題行動を引き起こすこともあります。

　性的虐待は、非常に深いアイデンティティーの混乱をもたらします。深刻な場合は解離性同一性障害（多重人格）を引き起こすことが知られています。

❷こう対応しよう！

　【先生方へ】　このような心理状態にある子どもは、教師との関係においても、教師から怒りなどの陰性感情を引き出すような態度をとるので、学校が

虐待的関係を再現する場にならないように注意が必要です。例えば、教師が叱責しなければならないような葛藤場面では、解離して意識が切り離されてしまうので、何度叱っても聞いていないということが起こります。虐待を受けてきた子どもを指導援助していく方法として「叱責」という方法は、適切ではありません。このような子どもに必要なのは「安全」と感じられる人間関係をいかに築いていくかということです。安全感が成長発達を促します。

【保護者の方へ】　子どもの顔を見るといらいらする、気づくと叩いているという自覚がある場合には積極的に相談機関を利用しましょう。カウンセリングを受けることで肯定的な自分を発見できると、子どもを受け入れられるようになります。夫（妻）が子どもを虐待する、それを咎めると自分も暴力を受けるというような場合も、問題意識をもっている妻（夫）が相談を開始することが大切です。妻（夫）との相談を出発点として家族関係の変化をうながし、子どもの成長発達が保障される環境をつくることが必要でしょう。

❸どこに相談する？

【先生方へ】　子どもの身体的・心理的危機が激しく、安全が脅かされていて、親との協力が得られない場合には、**児童相談所**に通告し子どもの保護を求めましょう。子どもの心理的な状態や子どもの話から虐待が疑われる場合は、子どもの状態が心配であることを伝え、**児童相談所**や臨床心理士のいる**公立の教育相談機関、家庭児童相談室**への相談を勧めます。その際、虐待する親（加害者）↔虐待される子ども（被害者）という構図で、親と対立してしまうことのないよう注意する必要があります。親も苦しんでいることを忘れてはなりません。

【保護者の方へ】　**児童相談所**や**公立の教育相談機関、家庭児童相談室**などには、無料で相談することができます。親自身が自分の問題として心理治療を受けたい場合は、**病院（精神科・心療内科）**や有料の**クリニック**などに相談しましょう。また、民間団体が行っている**子どもの虐待防止センター**などの**電話相談**は、匿名で利用できます。子どもの解離症状が顕著な場合には、**児童精神科医のいる病院（心療内科・精神科など）**を受診するといいでしょう。（大河原美以）

161

子どもの面倒を見ない（ネグレクト）

■保健所、医療機関　　　　　　　■精神保健福祉センター〔➡p.206〕

■児童相談所〔➡p.194〕　　　　　■母子自立支援員〔➡p.202〕

■児童家庭支援センター〔➡p.208〕　■警察署〔➡p.216〕

■子ども家庭支援センター　　　　■福祉事務所〔➡p.202〕

■民生委員・児童委員　　　　　　■子育て世代包括支援センター〔➡p.238〕

❶どんなことが考えられる？

【養育に疲れている保護者の方へ】　幼い子どもを車中に長時間放置し、両親がパチンコに興じていたことによる幼児死亡事件や、長期間満足な食事を与えてもらえないような不適切な養育状態（ネグレクト──これも虐待です）等による事件が後を絶ちません。この項目を開いた方の中には、このようにひどい状況でないにしても、育児に疲れ、自分自身で子どもを養育する気力がわいてこない、子どもをかわいいと思えない、と悩んでいる方もいるでしょう。

【関係者の方へ】　事件性ばかりが新聞では強調されますが、ネグレクトは子への無関心や憎悪がある例ばかりではなく、保護者の中には子どもへの愛情をもちながら、心身の疾患により養育できない人もいます。統合失調症やうつ病等に限らず、育児や家庭内のトラブルで心身が疲弊している状態が悪化すれば、誰しもネグレクトに陥ってしまう危険があると考えていいでしょう。ネグレクトは行為者に虐待という認識が低く、子どもの健康状態が悪くなってはじめて第三者に発見されることが多い特徴があります。さらに、心身の状態が悪い家庭への介入は、かえって状況を悪化させることも多い困難な課題です。すなわち、関係機関や近隣がかかわることにより、親は「子どもを無理矢理、私から引き離そうとしている」と強い警戒と拒否感を示し、その結果、急速に事態が予期せぬ方向に進み、子どもの生命にかかわる最悪の事態を招いてしまうこともあります。最近では、必要な医療行為を受けさせず、治療や入院を保護者の意向で拒否するいわゆる「医療ネグレクト」への対応も課題となっています。また、望まない妊娠・出産により育児に愛情が注げず、

乳児を生命の危険にさらしてしまう母親への対応と心身のケアも重要です。

❷こう対応しよう！ ❸どこに相談する？

【養育に疲れている保護者の方へ】 子どもの養育に疲れ、育児拒否になるということは、育児を経験した人なら誰もが一度は経験したことがあるのではと思います。家族の悩み等が重なれば、なおさらです。自分ひとりだけの特別なことではないということを理解していただき、どうかひとりで悩まないで、問題が深刻化する前に相談窓口のとびらを開いてください。

育児相談は**保健所**や**子育て世代包括支援センター・児童相談所・児童家庭支援センター・子ども家庭支援センター**（都の場合、〔➡p. 188〕）等で実施しています。まずは電話で相談してみてください。相談の結果、児童相談所に一時保護や乳児院入所等となる場合もありますが、一時保護の目的には、児童の環境改善とともに、保護者が健康な状態を回復するため児童を緊急保護するということもあります。一時保護の後、保護者の治療や環境が安定するまでが長期化する場合、あるいは親族に適切な養育者がいない場合は児童相談所により施設に入所となることもありますが、原則として状況が改善されれば子どもは家庭に戻ることを目指していますので安心してください。むしろ児童を保護する間、保護者はじっくりと心身の健康回復に専念できると考えましょう。

【関係者の方へ】 ネグレクト状態の判断は難しいですが、「疑い」の段階で**児童相談所**等に通告することが大切です。地域の**民生・児童委員**や**主任児童委員**も心強いパートナーです。**医療機関**や**保健所（保健センター）・精神保健福祉センター**等は、望まない妊娠などの早期発見・予防にあたり、とても重要な関係機関です。また最近では父子による DV 相談や生活困窮の相談も増えています。母（父）子ともに保護が必要な場合は、行政機関の**母子・父子自立支援員**にご相談ください。夜間など緊急の場合は**警察署**も連絡を受け付け、**児童相談所**に子どもを一時保護、あるいは病院に入院させます。生命にかかわる医療行為を保護者が拒否した場合は、平成24年の改正民法により児童相談所長が家庭裁判所に親権の一時停止（従来からの親権喪失含む）を申し立てるなどにより、子どもの生命を守ります。

（奥田晃久）

性的虐待を受けている

■教頭（副校長）・校長 　　　　　■警察署〔➡p. 216〕
■教育委員会 　　　　　　　　　　■家庭裁判所
■都道府県の教育相談所(室)〔➡p. 212〕 ■保健所
■区市町村の教育相談所(室)〔➡p. 214〕 ■精神科医師・臨床心理士
■児童相談所〔➡p. 194〕 　　　　■子育て世代包括支援センター〔➡p. 238〕

❶どんなことが考えられる？

　学校の教師から性的関係を強要されていたり、家庭内の事情で内夫や養父と性的関係があるなどは、子どもから話が出にくく、顕著な外傷等も少ないため、なかなか表面化してこないことが多い問題です。被害児としてみれば、絶対的に弱い立場にいるわけで、こころに受けた傷は加害者の想像を超えて、一生かかっても癒されない深いものとなっています。

　こうした状況は施設でも考えられますが、施設での性的被害は対職員の関係だけでなく、入所児童同士の力関係の中でも発生することがあります。

　いずれの場合にも共通することは、事件の発生が教師や施設職員が1人で指導しているときや、建物の構造上、関係者や子どもの行動が死角になる場所で発生することが多いということです。

　こうした性的虐待を受けた児童の中には、長く心理的・肉体的に傷を負い、早熟な心身のまま不健全な性行為に走ったり、大人になってから、より力の弱い相手に対して同様の行動に出てしまうなど、過去の傷が健全な異性関係を築くことに大きな支障が生じてしまう場合もあります。

❷こう対応しよう！　❸どこに相談する？

　健全な発育にかかわる教師・施設職員・保護者が、不適切な性的関係を子どもに強要することは、倫理的にもあってはならないことです。本来、一番こころ安らぐ場所での子どもにとって信じられない行為は、トラウマ〔➡p. 4〕として長く子どものこころを傷つけます。

このような事実が疑われる場合は、学校内ならば**副校長（教頭）・校長**に直ちに事実関係の確認をしてもらいましょう。納得できる回答が得られない場合は、**教育委員会**や**教育相談所（室）**も活用します。

施設での事故の場合は、施設長に報告するとともに、児童を措置した**児童相談所**にも相談してください。性的虐待を受けた児童の心理的ケアとともに、行政機関が被措置児童等虐待の疑いがあれば施設調査を実施し、施設への改善指導の実施や、加害者が児童の場合は、状況に応じて加害児童の措置変更も検討します。施設生活への不信感が被害児に顕著な場合は、他の施設にかわってもうまくいかないことがあります。このようなときは里親制度を利用して、より家庭的な雰囲気の中で養育することもあります。なお、平成21年の児童福祉法改正により、施設内で職員から性的行為を受けている場面を発見した者は、速やかに児童相談所や都道府県・市町村の行政窓口に通告することが義務づけられました。

家庭内での父や内夫等からの性的虐待は、もっとも事実関係の立証が難しいものの1つですが、子どもの追いつめられた状況をしっかりと見極める必要があります。**学校**や**児童相談所**は、場合によっては加害者の告発も視野に入れながら、**警察署**の協力を得て事実関係を調査し、問題解決していきます。家庭内の事件で、これ以上加害者である同居人と一緒に暮らせないと判断した場合は、離婚等についても家族の問題として向き合う必要が出てくることがあります。このような場合は**家庭裁判所**に相談ください。

被害児の心のケアについては、時間をかけた高度なカウンセリングも必要で、被害児が一番心を開いてかかわりを継続しやすい専門機関を選んでいくことが大切です。すなわち、素人による安易な聞きとりは、被害児の心の傷を深くすることもあります。最近では、**児童相談所**や**小児医療機関**において専門的な面接技法（被害確認面接）を身に付けた職員等による被害児からの聞きとり面談をすることも増えています。

極めて相談しにくい内容と思われますが、早期の発見と対応が健全な子どもの育ちのために必要です。まずは電話で相談してください。　　（奥田晃久）

引きこもって部屋から出てこない

❶どんなことが考えられる？

　まず考えられるのは、部屋の外で起こると予想される具体的な嫌なことを避けているという場合です。学校に行きたくないのに強制的に登校させられる、家族から厳しく叱責される、DVがありそれに巻き込まれることを回避するための引きこもりなどです。また、具体的な嫌なことではなく、対人恐怖症（社会恐怖）〔➡p.18〕、強迫性障害〔➡p.16〕、全般性不安障害、パニック発作〔➡p.14〕などにより、外に出ると悪いことが起こるのではないかという漠然とした不安が過度に高まっていることもあります。明らかなストレスにより抑うつ気分や不安が高まっている場合は適応障害という診断が使われる場合があります。事件や事故、暴力の被害にあったことがトラウマ〔➡p.4〕となり、急性ストレス障害、心的外傷後ストレス障害（PTSD）の症状として、部屋から出られないことも考えられます。さらに、うつ病性障害により、気分の落ち込み、体調不良（睡眠障害、食欲低下など）、活動性の低下などにより、外に出て行けない状態であることも少なくありません。統合失調症による幻覚、妄想、感情・思考の鈍麻などにより、外の世界とのかかわりを拒絶し、部屋に閉じこもってしまうこともあります。

　引きこもる直接の原因ではありませんが、人づきあいが極端に苦手な特徴が背景にあることも考えられます。知的障害や広汎性発達障害（自閉スペクトラム症）などの発達障害、人格障害などが引きこもりに影響していることもあります。

❷こう対応しよう！

　原則として、引きこもった早い段階で専門家に相談することが重要です。家族の恥だと思い、他の人に知られずに家族だけで解決しようとすることが、かえって問題を悪化、長期化させることが多く報告されています。対応は、主に「医学的対応」「心理的対応」「社会的対応」の３つがあり、必要に応じてこれらの対応を組み合わせます。医学的対応は、診断や投薬を含む医療行為により、精神的な不調を改善するものです。家族が医師やソーシャルワーカーの助言を受けながら、本人に受診を勧め、継続して治療を受けることを支えます。心理的対応は、本人の悩みや心配事を和らげ、社会生活への自信と動機づけを高める対応です。本人が心理療法、カウンセリングを受けるという方法と、専門家から助言を受けた家族がかかわり方を工夫する方法があります。社会的対応は、社会生活への復帰、社会的自立の促進のために、本人にあった居場所を見つける対応です。本人が学校に在籍している場合は、別室登校、適応指導教室やフリースクールの利用、学校に在籍していない場合はデイケアでの活動、就業支援活動への参加などを検討します。

❸どこに相談する？

　まずは地域にあり、多角的なサポート体制のある**保健所**、**保健センター**、**精神保健福祉センター**、**児童相談所**に相談することがいいと思います。子どもが学校に在籍している場合は、**スクールカウンセラー**、**教育相談所(室)**でもいいでしょう。そうした専門機関の意見を聞き、医学的な対応が必要な場合は**病院**に相談します。継続的なカウンセリングが必要な場合は、既に述べた機関の臨床心理士・カウンセラーへの相談がよいでしょう。**保健所**や**児童相談所**では、職員やボランティアによる家庭訪問を行っているところもあります。本人が外へ出て行けない場合は、訪問型の支援を利用してもいいでしょう。就職したいが不安である、何から始めたらいいかわからない等の場合は、**ヤングハローワーク**、**ヤングジョブスポットなどの就労支援機関**に相談することも効果的です。**ひきこもり地域支援センター**、**引きこもり支援の民間機関・NPO**も増加しています。各機関の特徴を理解し、有効に活用しましょう。（松尾直博）

親に暴力をふるう、暴れる

■スクールカウンセラー ■児童相談所〔➡p.194〕
■都道府県の教育相談所(室)〔➡p.212〕 ■警察関連の相談機関〔➡p.216〕
■区市町村の教育相談所(室)〔➡p.214〕 ■病院(児童・思春期精神科)
■子ども家庭支援センター ■精神保健福祉センター〔➡p.206〕他

❶どんなことが考えられる？

　家庭内暴力とは、子どもが家庭内で家族に対して暴言を吐き、罵倒し、殴る・蹴るなどの暴力をふるったり、器物・家屋を破壊したりすることなどをいいます。暴力の対象は、母親に対する場合がもっとも多く認められますが、父親や兄弟、祖父母に対して行う場合もあります。家庭内暴力は、多くは思春期に始まりますが、暴力の前兆として、不登校〔➡p.74〕や腹痛・下痢のような心身症、また勉強や対人関係への不安感を示したり、こだわりのような強迫〔➡p.16〕症状を示したりします。このように、家庭内暴力はそれだけで単独の問題というよりも、他の不安症状を兼ねていることがあり、子どもたちは、学校などではおとなしく、まじめな、自己表現をしない、いい子として見られている場合が多いのです。時に、被害妄想や幻聴などの精神病に起因して、暴力をふるう場合や自閉症スペクトラムなど発達障害を伴い暴力をふるう場合もあります。これらの場合を除いて、最近多く見られる家庭内暴力には大きく次の2つの意味（タイプ）があると考えられます。

a. 自立を求めるもの……これは思春期（自立を求める過程）に起こる暴力と考えられます。今までおとなしく、自己表現がうまくなかったり、親の期待にそって動いていた子どもが親からの過剰な干渉や期待を振り払うために、反発として暴力で示す状態です。

b. 愛情を求めるもの……これは乳幼児期からの発達課題を積み残しており、愛情を求める暴力と考えられるものです。すなわち乳幼児期から、母親の愛情が十分に充足されずに、不安定で母親との基本的信頼関係がうまく築かれずにきているものです。人への信頼感がなかなかつくれ

ないために、様々な不安感が高じて、親に何かといいがかりをつけ、満たされないと暴力で訴えるというものです。成長過程の中で母親に甘え（退行）を示すことが多くあります。信頼関係が築かれると、不安感が多少落ち着き、暴力ではなく、自分の言葉で不安を語るようになります。

❷こう対応しよう！

　家庭内暴力が家族に与える恐怖や不安は著しいものです。まず一般的な対応としては、親が先行きへの不安や心配（不登校が続くのではないか、受験をどうするのかなど）からくる注意や干渉をしないということです。本人が一番その不安を抱いていることが多いからです。そのうえで、学校に在籍している場合は、ぜひスクールカウンセラーに相談してください。さらに状況により、相談機関を紹介してもらってください。相談担当者とともに子どもの特徴や子どもへのかかわり、家族の人間関係などを検討し、子どもが暴力で何を訴えたいのか、その暴力の意味を探ってください。ａのタイプでは、子どもの気持ちや考えを聞いて自主性や主体性を尊重すること、ｂのタイプでは、子どもの甘えや不安を受け止めること、そのうえで、両者とも心理的対決などのかかわりが必要となります。

　また、家庭内暴力をしている子どもは、他者との関係がもちにくくなっていますので、教師や身近な親類縁者にも機会を見つけて声をかけてもらうようにするなど、人とのチャンネルを増やしていくことが有効な場合もあります。しかし、暴力が著しく、一触即発で危険な場合は、警察に連絡をとり、本人に対応してもらうことや、親も「逃げ場」をもつことが必要です。

❸どこに相談する？

　スクールカウンセラー、都道府県・区市町村の教育相談所（室）、子ども家庭支援センター、児童相談所、警察関連の相談機関、病院（児童・思春期精神科）に相談するとよいでしょう。特に、暴力が著しく、生命の危険がある場合や、精神病に起因していることが疑われる場合には、**警察、精神保健福祉センター、保健所、病院**で相談してみてください。

（多賀谷篤子）

【保護者の方へ】

(i) 学校の指導内容に不満がある

■教頭（副校長）・校長　　　　　■教育委員会
■都道府県の教育相談所(室)〔➡p. 212〕　■児童相談所〔➡p. 194〕
■区市町村の教育相談所(室)〔➡p. 214〕

❶どんなことが考えられる？

　やっとの思いでわが子が、学校でいじめにあっていることを親に語ってきました。保護者として思い悩んだ末、学校の担任教師に相談に行ったものの、「たいしたことではない」「あなたのお子さんにも問題がある」等と言われ、納得のいく解決策を示してもらえなかった経験はありませんか？　また障害等をもつ子どもへの配慮や進路選択についてなど、担任教師だけでなく、学校全体の指導方針に不満があり、困っている方もいるのではないでしょうか。

❷こう対応しよう！　❸どこに相談する？

　まず、子どもの悩みに親が心を傾注し、その悩みに親が寄り添っているということを子どもに示しましょう。その上で担任との相談や学校の指導方針で疑問が残ったことを、具体的に**教頭（副校長）・校長**に相談してみましょう。明らかに担任の指導態度等が不良な場合や、教頭や校長に相談しても解決が困難なときは、**教育相談所（室）**や**教育委員会**を利用します。人権侵害については各**権利擁護機関**も相談に応じます。ただし、学校との関係について親が相談をしていることを子どもが察して学校に行けなくなったりして、問題がかえって悪化することもありますので、子どものデリケートな部分にも配慮しながら助言をもらうことが肝要です。こうした取り組みで問題解決が進んでも、内容によっては子ども自身が乗り越えなくてはならない課題が残ることもあります。親の体験談などを語り、悩みに共感しながら子どもに乗り越える力を与えることも時には大切です。それでもなお発育状況や性格特性等で、子どもの学校への適応性が心配という場合は、**教育相談所**や**児童相談所**等に相談ください。心理・発達検査等を実施し、子どもの発育状況に応じた援助を行います。

（奥田晃久）

(ⅱ) 学校の教師や施設職員等から 子どもが体罰を受けていたら

■教頭（副校長）・校長　　　　　　　■児童相談所〔➡p. 194〕

■教育委員会　　　　　　　　　　　　■保健所

■教育相談所（室）〔➡p. 212, 214〕　　■精神保健福祉センター〔➡p. 206〕

❶どんなことが考えられる？

　教師や施設職員による体罰事件が残念ながら、まだなくなりません。加害者側には「熱心なあまりに」と、自らの指導内容を過信していることも見受けられます。体罰が原因となり不登校や引きこもりになる児童もいます。体罰事件は、教師や施設職員が１人で指導しているときや、複数の目があって体罰を目撃していても関係者が口を挟めない状況になっているときに多いと考えられます。学校運営や施設経営にとっては危険な状況といえます。なお、学校教育法第11条では「校長及び教員」の生徒への懲戒は認めていますが、体罰は禁止とされています。

❷こう対応しよう！　❸どこに相談する？

　本来、児童の権利を擁護し、健全な発育に関わる関係者からの体罰はあってはならないことです。学校における体罰等（疑いを含め）は、早急に**副校長（教頭）・校長**に事実関係の確認をし対応策を講じます。学校側から納得できる回答が得られない場合は、**教育委員会**や**教育相談所（室）**も活用します。外傷がある場合は、保護者として念のため医師に診断をしてもらう等も今後の対応に活きてきます。施設内の体罰を発見した場合は、平成21年の児童福祉法改正により、これを発見した者は速やかに**児童相談所**や**都道府県・市町村の行政窓口**に通告することが義務づけられました。調査の上、体罰が事実の場合は、被害児保護のため施設変更や里親への委託変更をはじめ、行政関係部署が施設の改善指導にあたります。こうした取り組みにより体罰が改善されても、子どもの心にはトラウマ（心理的後遺症）〔➡p. 4〕が残る場合があります。このような場合は**教育相談所**や**児童相談所**による心理ケアや、**精神科医師・保健所・精神保健福祉センター**等のカウンセリングで健康な心身の回復を図ります。(奥田晃久)

(iii) 夫婦仲が原因で起こる問題

■福祉事務所〔➡p. 202〕　　　　■児童相談所〔➡p. 194〕他

❶どんなことが考えられる？

　子どもに関する夫婦間の不仲の原因は、夫婦間の生活スタイルや子育ての価値観の相違・性格の不一致など様々考えられます。最近では働く女性も増え、育児への協力と理解を夫から得られない等のトラブルも増えています。一方、配偶者からの DV（ドメスティックバイオレンス）も多くなっています。夫婦間の不仲は、食欲不振や円形脱毛として子どもの身体症状に出ることもあり、子どもの成長に与える影響は保護者の考え以上と理解してください。なお、こうした夫婦間の不仲を原因とする DV を子どもが目撃することも虐待（心理的虐待）の１つとされており、夫婦間の激しい言い争い等により地域住民から警察に通告が入ることも増えています。この場合、子どもの安全を考え、児童相談所に一時保護されることもあります。

❷こう対応しよう！　❸どこに相談する？

　もっとも身近で信頼する対象である父母が不仲であることは、子どものこころに深い傷として残り、その後の成長にとても大きな影を落とすということを、夫婦で知っておくことが大切です。大人当時者が想像している以上に子どものこころは傷ついているのです。育児環境の改善については、まず冷静な状況の下で夫婦で十分話し合うことです。その上で保育所の利用や、最近では男性の利用も少しずつ増えてきている育児休暇制度について、勤務先に相談してください。ぐちの１つもこぼせる友人はいても、夫婦間の問題は公的機関に相談しづらいものの１つです。まずは電話で関係機関に相談してみましょう。地域の**民生・児童委員**も相談に応じてくれます。こころの疾患が問題の根底にある場合は**保健所**等も利用してください。夫婦間の暴力がひどく、これ以上母子で同居できなければ、**福祉事務所**等の**母子・父子自立支援員**等を通じて、都道府県の**配偶者暴力相談支援センター**で緊急保護が可能です。また、**児童相談所**では子どもの一時保護ができます。夫婦の関係修復が困難で、離婚や子どもの親権争いに発展した場合は、**家庭裁判所**に問い合わせてください。　（奥田晃久）

【保護者の方へ】

(ⅳ)　ひとり親家庭、家庭内のトラブル

■福祉事務所〔➡p.202〕　　　　■児童相談所〔➡p.194〕
■医療機関　　　　　　　　　　■児童家庭支援センター〔➡p.208〕
■子育て世代包括支援センター〔➡p.238〕

❶どんなことが考えられる？

　ひとり親家庭の方の中には、特に乳幼児の養育に大きな不安を抱えている人も多いでしょう。生活基盤が不安定で、子どもの養育にまで十分手がまわらない方もいると思います。ひとり親家庭の寂しさを子どもがあどけない気持ちで伝えてきても、親として冷静に受け止められなかったり、再婚について子どもが反対するなど、大人の価値観と子どもへの「親業」が両立できないことからくるトラブルや悩みも深いと考えられます。また、日頃の養育に手をかけてもらえないさみしさから、夜間徘徊や非行仲間との交流に発展してしまう子どももいます。

❷こう対応しよう！　❸どこに相談する？

　子どもにとって本来こころの安らぎの場である家庭が不安定では、心身の発育に悪影響を及ぼします。子どもはひとりでは何もできない存在であることに気づいてください。この多様化する育児生活を支えるため、ショートステイやトワイライトステイ等の在宅支援サービスがあります。まずは最寄りの**福祉行政窓口**に相談してください。そしてたとえば、「事情があってお母さん（お父さん）は夜も仕事で家を空けて保育所に預けているけれど、あなた（子）のことはとても大切に思っている」というメッセージを保護者が子ども自身に発信してあげることや、ひとり親家庭の育児を相互に支えあえる地域づくりを進めることが重要です。**民生・児童委員**は地域に密着した相談相手です。こうした方々にも相談してみてください。子どもの養育に自信がなくなったときは、**子育て世代包括支援センターや児童相談所・子ども家庭支援センター**（東京都の場合、〔➡p.188〕）・**児童家庭支援センター**等が相談に応じます。

（奥田晃久）

(V)　学校の懲戒処分に納得がいかない

> ■弁護士会〔➡p.230〕
> ■行政で行う「人権相談」「行政相談」

❶どんなことが考えられる？

　懲戒処分は「学校の秩序維持」等を理由に、法律で認められていることです。納得できる「確かな理由」がある場合には、これを受け入れ、次なる対応を考えることが大切です。しかし、当事者および保護者が次のような点に不服がある場合には、学校と再度話し合うことも考えられます。

　①　当事者に対する指導が十分に尽くされなかった。

　②　当事者および関係者からの事情聴取が正しく行われなかった。

　③　当事者に対して「弁明の機会」が与えられなかった。

　④　職員会議で適切な議論がされたとは思えない（一部教師の判断）。

　⑤　処分理由等の告知がきちんとされなかった。

❷こう対応しよう！

　いきなり第三者を介在したり、法的手続きをとることは「得策」とはいえません。「感情的な行き違い」がある場合など、落ち着いた中で話し合うことにより、学校側の考え方が変化することがあります。できる限り、処分が告知される前に、「本人にとって最良の方法は？」という共通の課題について、十分な時間をかけて話し合いたいものです。

❸どこに相談する？

　教育問題に長けた**弁護士**への相談が最適ですが、より身近な所で「とりあえず方向性を考えたい」というのであれば、**行政で実施している人権相談等**がお勧めです。法的手段の行使を見据えての対応も必要ですが、「わが子にとって最善の策は」との視点を忘れずに対応することが大切です。

（嶋﨑政男）

学校の懲戒処分に関する法規定

【学校教育法】（抄）

第11条　校長及び教員は、教育上必要があると認めるときは、文部科学大臣の定めるところにより、児童、生徒及び学生に懲戒を加えることができる。ただし、体罰を加えることはできない。

第35条　市町村の教育委員会は、次に掲げる行為の１又は２以上を繰り返し行う等性行不良であって他の児童の教育に妨げがあると認める児童があるときは、その保護者に対して、児童の出席停止を命ずることができる。

　　一　他の児童に傷害、心身の苦痛又は財産上の損失を与える行為

　　二　職員に傷害又は心身の苦痛を与える行為

　　三　施設又は設備を損壊する行為

　　四　授業その他の教育活動の実施を妨げる行為

２　市町村の教育委員会は、前項の規定により出席停止を命ずる場合には、あらかじめ保護者の意見を聴取するとともに、理由及び期間を記載した文書を交付しなければならない。

３　前項に規定するもののほか、出席停止の命令の手続に関し必要な事項は、教育委員会規則で定めるものとする。

４　市町村の教育委員会は、出席停止の命令に係る児童の出席停止の期間における学習に対する支援その他の教育上必要な措置を講ずるものとする。

【学校教育法施行規則】（抄）

第26条　校長及び教員が児童等に懲戒を加えるに当っては、児童等の心身の発達に応ずる等教育上必要な配慮をしなければならない。

３　前項の退学は、公立の小学校、中学校〔略〕又は特別支援学校に在学する学齢児童又は学齢生徒を除き、次の各号のいずれかに該当する児童等に対して行うことができる。

　　一　性行不良で改善の見込がないと認められる者

　　二　学力劣等で成業の見込がないと認められる者

　　三　正当の理由がなくて出席常でない者

　　四　学校の秩序を乱し、その他学生又は生徒としての本分に反した者

【保護者の方へ】

(Ⅵ) 子どもの就職が心配

■担任の先生
■ハローワーク、若者サポートステーション〔➡p.226〕
■障害者職業センター〔➡p.145〕

❶どんなことが考えられる？

　子どもの卒業と就職は、心から喜びたい人生の大切な節目ですね。しかし、お子さんと保護者のみなさんは、そこで重要な決定を強いられます。

　診断の結果、なんらかの障害が明らかであるときには、障害を明確にして就職の支援を受けることが多くなるでしょう。

　しかし、診断をまだ受けていなかったり、明らかな障害ではないがどこか人と関わることが困難だったりする子どもの場合、このまま就職させて大丈夫だろうか。職場でいじめられたり、対人関係を上手にもてなかったりするのではないかといった不安が募ります。また、子どもに、ついつい「社会に出るのだからしっかりしなければ」と強い言葉をかけてしまうこともあります。

❷こう対応しよう！

　お子さんの就職は、まず仕事に就く意欲を育てることが大切です。その意欲は、働くことがどんなに素晴らしいかを話し聞かせるのみでは生じてきません。働くことを体験するなかでこそ、何かを創り出す喜びや楽しさが生じてきます。卒業前に、そのような体験を十分行える機会を持つことも必要でしょう。そのためには、卒業前に先輩や知り合いを訪問し、一緒に働く体験を行う機会を得ることも大切です。

　また、まだ診断を受けていないものの、発達障害や情緒障害、精神障害の可能性があるお子さんの場合、障害や状況を明確にせずに就職する（クローズド）と障害や状況を伝えて就職する（オープン）、どちらかの手段をとる

ことになると思います。お子さんが、その職場で理解していただき、今後服薬等が必要となったときには、今の状況を明らかにして就職することの方がよいでしょう。

❸どこに相談する？

　就職に際して、なんらかの心配が生じたときには、まず**担任の先生**に相談するとともに地域の**ハローワーク**に相談してください。**ハローワーク**では、専門の職員や職業相談員がお子さんの障害の状態や適性、希望職種等に応じた職業相談、職業紹介、職場適応指導を実施しています。

　また、その地域を管轄する**障害者職業センター**や**若者サポートステーション**等と連携を保ち、お子さんの就労支援を行っています。

　現在、こうした組織が連携し、就労支援は、様々な手段や方法を用いて展開しています。一度気軽に相談してください。

（山本耕平）

Data Topic
若者の離職

■平成28年3月新規【中卒】就職者の離職状況

	離職者数		離職率	
1年目までの離職者数	476名	離職率	40.0%
2年目までの離職者数	649名	離職率	54.5%
3年目までの離職者数	743名	離職率	62.4%

■平成28年3月新規【高卒】就職者の離職状況

1年目までの離職者数	30,753名	離職率	17.2%
2年目までの離職者数	51,837名	離職率	29.0%
3年目までの離職者数	69,972名	離職率	39.2%

■平成28年3月新規【大卒】就職者の離職状況

1年目までの離職者数	50,627名	離職率	11.3%
2年目までの離職者数	98,270名	離職率	21.9%
3年目までの離職者数	143,360名	離職率	32.0%

【出典】厚生労働省「新規学卒者の離職状況」令和元年10月発表

【先生方へ】

(i) 子どもの背景に家庭内不和があったら

■都道府県の教育相談所（室）〔➡p. 212〕
■区市町村の教育相談所（室）〔➡p. 214〕

❶どんなことが考えられる？

　教師や級友との人間関係から生ずる問題は別にして、子どもが学校で示す様々な問題行動の背景として、家庭内不和がある場合は多くあります。両親の不仲、嫁姑の関係の悪化、親子関係、兄弟関係など、様々な家庭内不和が考えられます。いずれにしても、子どもが弱い立場に置かれ、心理的に不安定になったり、時には攻撃的になったり、学習意欲を失ったりしがちです。

❷こう対応しよう！

　家庭の中のことにはなかなか立ち入れない、それぞれの家庭のプライバシーがあるということは当然のことです。しかし、学校における子どもの状態が気になるときや、学校場面だけで対応していても解決しそうもない問題だと思われるときには、保護者と話し合いをもつことが必要です。それには、気になる子どもの様子を伝え、担任としても努力しているがいまひとつわからない、保護者の方の力を貸してほしいという姿勢で接することが大切です。

❸どこに相談する？

　家庭内不和の問題まで話題にできる状態ではない、かえって担任と保護者との関係が悪化しそうだと思われるときには、**都道府県・区市町村の教育相談所（室）**に教職員を対象にした窓口がありますから、そこに相談するのがよいでしょう。まず担任が出かけて相談し、専門の相談機関としてのアドバイスをもらいながら保護者の方に働きかけ、やがては保護者自らが教育相談機関を訪れるように運びたいものです。プライバシーにかかわる問題は、相談機関などの第三者のほうが、保護者も話しやすいのです。　　　　（砥柄敬三）

【先生方へ】

(ⅱ)　「学校に不満がある」といわれたら

■教頭（副校長）・校長

❶どんなことが考えられる？　❷こう対応しよう！

　保護者が担任教師や学校に対して不満をもつことはよくあることです。それは、子どもへの指導に対する不満、家庭教育について学校から指摘されることへの不満、友だち関係などで適切に指導してくれないことへの不満、場合によっては教職員の勤務態度や服装などへの批判など、様々な内容が考えられます。このような不満は、保護者も遠慮して直接学校に対して表明しにくい問題で、くすぶってしまうことが多いようです。教師は不満の内容を、まず把握することです。

　次には、その原因を考え、指導の仕方やトラブルへの介入の仕方などで教師の指導が不適切であった場合は、謙虚に見直すべきでしょう。外部評価を取り入れる「開かれた学校」が求められており、保護者の不満や声は大事な外部評価と考えられます。

　しかし、事実認識の違いや教育観の相違などから、不満が解消できない場合も多く見られます。

❸どこに相談する？

　まず、学校教育への不満ですから、担任として把握できたら、早期に**教頭（副校長）・校長**への報告や相談が必要です。管理職の権限で解決できる問題と、内容によっては、設置者である地方公共団体と相談しなければ解決できない問題があります。また、保護者の不満を十分聞きながら、学校の教育方針なり、考え方なりを丁寧に説明するなど、管理職の適切な対応により早期に解決することが望ましいでしょう。

（砥抦敬三）

保護者からのクレームが深刻化したら
──「子どもをど真ん中」に。時に専門機関の支援を──

> 学校、家庭及び地域住民その他の関係者は、教育におけるそれぞれの役割と責任を自覚するとともに、相互の連携及び協力に努めるものとする。

　2006年に全面改正された教育基本法で新設された条文（第13条）です。とくに、保護者と教職員には豊かな協働・連携が求められています。

　ところが、2000年代に入ってから、保護者からの理不尽な苦情や無理難題の要求が増加し、これに悩む教師の自死問題や精神疾患による休職者の激増が社会問題化しました。

　2007年6月、教育再生会議は第二次報告の中で、「モンスターペアレント」と呼ばれる保護者に、教師に代わって弁護士らが対応する「学校問題解決支援チーム」（仮称）の設置を提言しました。

　日本学術振興会の交付を受けた「学校保護者関係研究会」の活動が始まったのもこの頃でした。同研究会は、教育学、心理学、福祉学、法律学等、幅広い視野からこの問題を捉え、数々の提言を行う一方、実際の対処法の研修会を開催するなど、今日も活発な活動を続けています。

　各地の教育委員会では、「保護者対応の手引」の作成、問題解決のための第三者機関の設置、教職員研修の充実等、この問題に真摯に取り組んでいますが、教師が保護者を提訴するなどの新たな展開も見られます。

　冒頭記したように、児童生徒の健全な育成を図るには、教師・保護者の力強いスクラムが欠かせません。多くの事例は両者の「子どもをど真ん中」に置いた対応によって解決しています。

　しかし、一部困難事例では専門機関の役割が期待されています。その数が減少、さらには皆無になることを願ってやみません。　　　　　　（嶋﨑政男）

【先生方へ】

(ⅲ) 同僚が子どもに体罰を与えていたら

■学年主任・教頭（副校長）・校長

❶どんなことが考えられる？

　教師による体罰はあってはならないことです。しかし残念なことに、教師による体罰が後を絶ちません。体罰を行った教師は、刑事責任（暴行罪、傷害罪等）、民事責任（治療費、慰謝料等の賠償責任）および行政責任（懲戒処分等）が問われることを、改めて認識する必要があります。

　体罰を行った教師、教師を監督する立場にある校長が責任を問われることは周知の事実ですが、さらに、同僚が体罰を行っているのに制止しなかった教員も責任を問われることがあります。

❷こう対応しよう！

　まずは、同僚とはいえ、明らかに体罰である場合は制止しましょう。同じ教職を志す者として、真剣に制止することが子どもにとっても、また体罰を行っている教師にとっても重要なことです。また、体罰かどうか明確ではない場合も、子どもの立場になって話し合うことが必要です。

❸どこに相談する？

　直接制止することが困難な場合は、早めに**学年主任**や**教頭（副校長）**、**校長**に相談しましょう。体罰は個人的に突然起こるような印象がありますが、体罰を許すような土壌や体罰を起こしやすい芽が、その学校にあることが多いのです。ですから、管理職を中心として組織的に対応する必要があります。

（砥柄敬三）

児童養護施設とは?

　児童養護施設は、児童福祉法で「保護者のない児童（乳児を除く。ただし、安定した生活環境の確保その他の理由により特に必要のある場合には、乳児を含む。〔略〕)、虐待されている児童その他環境上養護を要する児童を入所させて、これを養護し、あわせて退所した者に対する相談その他の自立のための援助を行うことを目的とする施設」とされています。

　生活環境上の理由等で特に必要と認められた場合は、これまで乳児院しか受け入れることができなかった乳児（おおむね2歳未満の幼児を含む）も、児童養護施設で受け入れることができるようになっています。例えば児童養護施設と乳児院それぞれ別々に入所が必要な兄弟がいた場合、単に年齢要件で分離させてしまうことは兄弟・姉妹の育成上好ましくなく、一緒に育っていくほうが「兄弟の心身の健全な育成上特に必要」と児童相談所が判断した場合に、二人とも、児童養護施設に措置すること等が考えられます。入所児童に親権者等がいない場合は、施設長が親権を代行します。また、親権者等がいる場合でも、施設長には監護措置があります。これは、親権を持つ者から、入所中の児童の健全な育成を妨げる不当な行為を禁止するための緊急措置です。

　全国には605の児童養護施設があり、約25,000人の児童が生活しています（平成31年現在）。施設運営はその規模や公立施設・民間施設等の運営主体によって、様々な特色があります。子どもの生活する部屋も、大人数で1つの部屋で生活する大・中舎制から、小規模の小舎制まで様々ですが、それぞれ、家庭的な環境の中で、地域の小学校・中学校・高校・各種学校等に通学しています。運動会や参観日等には、保護者にかわって施設職員が参観します。平成28年に国が発出した「新しい社会的養育ビジョン」を受けて、6人以下の児童が施設本体から独立した家屋で生活できる、小規模・分園型のグループホームを併設しているところも増えています。

　入所の決定は児童相談所が行い、保護者の収入に応じて自己負担金がかかります。

（奥田晃久）

＊参考文献：『社会福祉の手引き』東京都、2018／厚生労働省基礎調査

【先生方へ】

⒤　家庭内の虐待が疑われたら

■教頭（副校長）・校長　　　　　　■福祉事務所〔➡p.202〕
■児童相談所〔➡p.194〕　　　　　■保健所
■子育て世代包括支援センター〔➡p.238〕■子ども家庭支援センター

❶どんなことが考えられる？

　学校で最近、生徒の表情が随分暗い、隣の家から悲痛な泣き声が聞こえて
くる等、このようなときは、家庭内の虐待が疑われます。親のしつけと称し
て食事も十分に与えられていないネグレクトや、体罰・不適切な性的関係な
ど様々なことが考えられます。子どもが家庭内のDV（ドメスティックバイオ
レンス）を目撃することも心理的悪影響を及ぼすことから心理的虐待に含ま
れています。最近では、保護者が客観的に見て虐待にあたる行為をしていて
も、「信仰上の教義」と主張する場合や、アルコール依存や精神疾患のある
親が「家庭内のことに口を出すな」と、学校の指摘に強い抗議をし、状況改
善への取り組みが困難となることも増加しています。

　なお、しつけを名目とした親の体罰については、児童虐待の防止に関する
法律（令和2年4月改正法施行）により禁止されたことに留意が必要です。

❷こう対応しよう！　❸どこに相談する？

　まず学校としては、日頃から健康診断や保護者会・家庭訪問の機会をとら
え、保護者と児童の状況を把握しておきましょう。おかしいなと思ったら担
任ひとりだけで悩まず、**副校長（教頭）・校長**に報告し、学校全体で取り組
む体制を整えます。児童虐待防止法では、教職員や福祉関係者による虐待の
早期発見と通告義務がうたわれていますが、**児童相談所**はじめ**子育て世代包
括支援センター・福祉事務所・保健所・子ども家庭支援センター**（都の場合、
〔➡p.188〕）等がその通告先となります。

　児童の状態が危険なときは、警察の協力を得ながら緊急一時保護を児童相談
所が行います。一時保護後の保護者からの無理な引き取り要求に児童相談所が
対抗するためには、学校の健康診断結果や傷の写真（児童の了承を得て）が、虐待
の手がかりとなる場合があります。写真等に限らず、気がかりなことがあったら
証拠としてメモするなど、学校で記録しておくことも大切です。　　（奥田晃久）

【先生方へ】

(V) 悪徳商法の被害にあった子がいたら

■消費生活センター
■警察署（防犯課）〔➡p.216〕
■弁護士会〔➡p.230〕

❶どんなことが考えられる？

　悪徳商法は実に巧妙なやり方で、児童生徒に被害を与えています。次のような悪徳商法の実態を熟知しておき、未然防止の指導を徹底するとともに、万が一被害者となった場合に適切な対応がとれるようにすることが大切です。

①　マルチ商法：販売員として勧誘し、次の販売員を勧誘すれば収入が上がるとして、ピラミッド式に組織を拡大していく。

②　資格商法：国家の資格であるように錯覚させ、講座を受講させる。

③　催眠商法：無料で商品を配り、その後高額な商品を購入させる。

④　内職商法：仕事の紹介を装い、登録料を取ったり高額商品を買わせる。

⑤　モニター商法：モニターによる収入で誘い、関連商品を購入させる。

⑥　アポイントメント商法：「当選した」「優待できる」などと事務所に呼び出し、会員権や教材等を売りつける。

⑦　キャッチセールス：街頭でアンケートの依頼等をきっかけに購入させる。

❷こう対応しよう！　❸どこに相談する？

　保護者を交えて、被害の実態を明らかにしたうえで、クーリングオフの制度の活用等、早期に解約手続きをとります。専門的な知識が必要なことが多いので、**消費生活センター**と連絡をとり、当初から相談にのってもらったほうが円滑に事が進みます。

　脅迫めいた言動があったり、暴力行為が懸念される場合は、**警察署防犯課**に具体的な事実（録音や請求書等）をもって相談します。法律的に複雑な問題がある場合は**弁護士会**への相談が適当です。いずれにしても「泣き寝入り」をしないよう、ねばり強く説得する必要があります。

（嶋﨑政男）

(ⅵ)　精神的にまいり学校をやめたくなったら

■管理職(同僚)・スクールカウンセラー　■保健所
■病院（内科・心療内科・精神科）　■精神保健福祉センター〔➡p.206〕

❶どんなことが考えられる？

　学校は「戦場なみのストレス」の場（ILO）であるといいます。指導上の悩みや職場内の人間関係へのストレスに加え、最近では保護者からの「理不尽な」クレームに心を痛めることが多くなりました。精神疾患を理由とする休職者の数も増えています。「がんばりすぎず」、少しの時間、このページに目を通してみませんか？

❷こう対応しよう！

　「うつは心の風邪」などといわれます。ストレスの3大症状（睡眠障害等の身体症状、おっくうになる等の精神症状、出勤できない等の行動症状）があったら、遠慮せずに**管理職**や**同僚**に相談してみることです。ひとりだけで思い悩むことはありません。「ひとりで何もかもできる人」はいません。話しやすい人に一声かけてみてください。

❸どこに相談する？

　身体症状は「まず症状に注目、次にこころの問題を」という基本姿勢で臨む必要があります。かかりつけの内科医の診断を受けるか、「人間ドッグ」で検査を受けてみるとよいでしょう。「こころの病」が心配なときは、**内科医**等から**精神科**や**神経科**を紹介してもらいます。**保健所**で実施している精神保健相談でも丁寧に相談にのってもらえます。病名の告知や服薬の指示に驚くこともありますが、専門家の診療を受けることは何よりもこころの安定につながります。こころもゆっくり休ませるときが必要です。「慌てず・焦らず・諦めず」。ついでに体も少しだけ休めましょう。

（嶋﨑政男）

(ⅶ)　就職の相談を受けたら

■ハローワーク〔➡p. 226〕
■若者サポートステーション〔➡p. 226〕
■障害者職業・生活支援センター〔➡p. 145〕

❶どんなことが考えられる？

　就職をきっかけとして職場の同僚や上司との対人関係が上手に結べずにひきこもりとなってしまう事例や、ストレスの多い社会に参加することにより今までにはそんなに気にならなかった症状が深刻化する事例があります。また、どうしても就職への意欲が生じず保護者が焦ることがあります。生徒や保護者から就職の相談を受けたとき、求人そのものが少ないなかで、しかも、その子にとって必要な方法と保護者の考えが異なるときには、先生方の焦りは深刻でしょう。

❷こう対応しよう！

　就職を考える上で、まず必要なこととして、先生方の前にいる子どもたちが社会に参加する上で立ちすくんでいる状況を正確に捉えてください。

　このままで就職できるのかと焦る保護者の思いと、今まで守られていた学校という集団とまったく異なる「失敗したらいつ叱られるかしれない」「遅刻できない」「挨拶できなかったどうしよう」等々の様々な思いのなかで、生徒は不安が高まり、立ちすくんでしまいます。子どもたちが真面目であれば真面目であるほど、この不安は強まります。

　保護者や生徒からの相談に際し、「初めは慣れなくても徐々に慣れていくから」「その中であんたの個性を出せばいいのでは」といったアドバイスを行うことがあります。こうしたアドバイスは、ある意味、無責任なアドバイスでしょう。また、子どもたちに「自分のやりたい仕事を探せばいいよ」「あなたは個性的に生きていけばいい」とアドバイスすることもあります。これも、大海に放り込むようなアドバイスです。

❸どこに相談する？

　生徒が社会で個性的に生きることができるためには、他者あるいは組織の関係性の中で生きることが可能となる仕組みをつくることが必要です。その可能性を保護者とともに探ることが、保護者や生徒を勇気づけるでしょう。

　「自分が認められている」「自分が大事にされている」という実感を育てることができる職場の開拓や起業は、地域の様々な機関（**ハローワーク**や**障害者職業センター**、**若者サポートステーション**や**障害者職業・生活支援センター**等）と保護者との協働で展開することが可能となります。　　　（山本耕平）

Data Topic

ひきこもり群の定義・推計数

（注1）

	有効回収に占める割合(%)	全国の推計数(万人)(注2)	
ふだんは家にいるが、近所のコンビニなどには出かける	0.40	15.3	狭義のひきこもり 23.6万人（注3）
自室からは出るが、家からは出ない	0.09	3.5	
自室からほとんど出ない	0.12	4.7	
ふだんは家にいるが、自分の趣味に関する用事のときだけ外出する	1.19	準ひきこもり 46.0万人	
計	1.79	広義のひきこもり 69.6万人	

（注）　1　ア）現在の状態となって6ヶ月以上の者のみ
　　　　　　イ）「現在の状態のきっかけ」で、「病気（病名：　　）」に統合失調症又は身体的な病気、又は「その他（　　）」に自宅で仕事をしていると回答をした者を除く
　　　　　　ウ）「ふだん自宅にいるときによくしていること」で、「家事・育児をする」と回答した者を除く
　　　　2　総務省「人口推計」（2009年）によると、15〜39歳人口が3,880万人より、有効回収率に占める割合(%)×3,880万人＝全国の推計数(万人)
　　　　3　厚生労働省の新ガイドラインにおけるひきこもりの推計値は25.5万世帯となっており、ほぼ一致する。
（資料）　内閣府「若者の意識に関する調査（ひきこもりに関する実態調査）」

ひきこもりになったきっかけ

　現在の状態になったきっかけは何ですか。（複数回答）

	割合(%)
職場になじめなかった	23.7
病気	23.7
就職活動がうまくいかなかった	20.3
不登校（小学校・中学校・高校）	11.9
人間関係がうまくいかなかった	11.9
大学になじめなかった	6.8
受験に失敗した（高校・大学）	1.7
妊娠した	0.0
その他	25.4
無回答	3.4

ひきこもり群（n＝59人、M.T＝128.8%）

【出典】『子ども・若者白書』平成24年版

子ども家庭支援センターとは？

　住民に身近な区（特別区）市町村における子どもと家庭への相談体制を整備するため、平成7年度より実施している東京都独自の制度で、実施主体は区市町村です。児童福祉法で定める「要保護児童対策地域協議会」の調整機関（都内それぞれの区市町村の関係機関のコーディネーター）となっています。子ども家庭支援センターは、福祉、保健・医療、教育等の関係機関と連携しながら、子育て支援や児童虐待の予防と早期発見、見守りを実施しています。地域に支援ネットワークを構築し、その中核機関の役割を担っています。事業内容は以下のとおりです。

　①　子ども家庭総合ケースマネジメント事業
　②　地域組織化事業
　③　要支援家庭サポート事業（見守りサポート事業、虐待防止支援訪問事業、育児支援ヘルパー事業）
　④　在宅サービス基盤整備事業

　平成17年4月から施行された改正児童福祉法では、児童虐待防止等の充実・強化を図るため、児童相談に関し市町村の担う役割が法律上明確化されました。東京都では、子育て家庭が抱える問題について、家庭その他からの相談に応じ、個々の子どもや家庭に最も効果的な支援を行っていく体制の整備・充実が図られるよう、都内全区市町村への子ども家庭支援センターの設置を促進しています。

【児童家庭支援センターとの違い】

　一方、児童福祉法第44条の2に規定する「児童家庭支援センター」は、地域・家庭からの相談に応じるとともに、児童相談所からの受託による指導を行っています。実施にあたっては、相談指導、夜間・緊急時の対応、一時保護など、施設機能の活用を図る観点から、乳児院・母子自立支援施設・児童養護施設・児童自立支援施設等に附置を原則としています。また、実施主体は、都道府県・政令市等の地方公共団体、社会福祉法人等です。東京都で（区）市町村の第一義的な相談窓口として設置されている子ども家庭支援センターとは、その機能および役割は少し異なります。

（奥田晃久）

コラム

子育て世代包括支援センターとは？

　平成28年の「児童福祉法等の一部を改正する法律」（平成28年法律第63号）において、新たに規定された、妊娠期から子育て期にわたる切れ目のない支援を行うためのセンターのことです。全国の市町村は同センターを設置するよう努めなければならないこととされています。

　子育て世代包括支援センターは、主に妊産婦及び乳幼児の実情を把握し、妊娠・出産・子育てに関する各種の相談に応じ、必要に応じて支援プランの策定や、地域の保健医療又は福祉に関する機関との連絡調整を行い、母子保健施策と子育て支援施策との一体的な提供を通じて、妊産婦及び乳幼児の健康の保持及び増進に関する包括的な支援を行うことにより、もって地域の特性に応じた妊娠期から子育て期にわたる切れ目のない支援を提供する体制を構築することを目的としています。

　主として、妊産婦及び乳幼児並びにその保護者を対象としますが、地域の実情に応じて、18歳までの子どもとその保護者についても対象とするなど、柔軟に運用することができることとされています。

（奥田晃久）

＊参考：平成29年 3 月31日厚生労働省雇用均等・児童家庭局長通知（厚児発0331第 5 号）

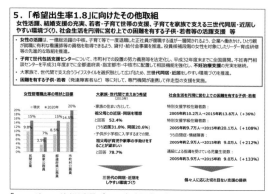

「ニッポン一億総活躍プラン」（平成28年 6 月 2 日閣議決定）で子育て世代包括支援センターの全国展開が盛り込まれました。

保育現場における虐待の予防と早期発見

　保育所や幼稚園は、虐待の予防と早期発見において大変重要な役割を課されています。児童虐待防止法でも、「学校の教職員、児童福祉施設の職員……」は、「児童虐待を発見しやすい立場にあることを自覚し、児童虐待の早期発見に努めなければならない」と定められています。

　虐待の早期発見にあたっては、子どもの身体の状態、情緒面や行動、養育の状態等について、ふだんからきめ細かに観察するとともに、保護者の日常の生活や言動などの様子を見守ることも望まれています。

　具体的には、保育現場の職員はどのような視点で子どもの状態を観察すればよいのでしょうか。厚生労働省『保育所保育指針解説書』（平成20年4月）の「コラム：『観察』の主な要点」を参考に、観察の視点例を挙げます。

●子どもの身体の状態
- ＊低身長、やせているなどの発育障害や栄養障害
- ＊不自然な傷・皮下出血・骨折・火傷
- ＊虫歯が多いまたは急な虫歯の増加　等

●心や行動の状態
- ＊脅えた表情・暗い表情
- ＊激しいかんしゃく
- ＊泣きやすい
- ＊多動
- ＊攻撃的行動
- ＊食欲不振
- ＊拒食・過食　等
- ＊極端に落ち着きがない
- ＊笑いが少ない
- ＊言葉が少ない
- ＊不活発
- ＊衣服の着脱を嫌う
- ＊極端な偏食

●不適切な養育状態
- ＊不潔な服装や体
- ＊予防接種や医療を受けていない状態　等
- ＊歯磨きをしていない

●親や家族の状態
- ＊子どものことを話したがらない
- ＊子どもに対する拒否的態度
- ＊叱ることが多い
- ＊不規則な登所時刻　等
- ＊子どもの心身について説明しない
- ＊しつけが厳しすぎる
- ＊理由のない欠席や早退

コラム

子ども食堂とは？

　子ども食堂は、地域のボランティアやNPO等が主体となり、無料または安価で栄養のある食事や温かな団らんの場を子どもたちに提供する取組みです。子どもの居場所づくりを目指した草の根の活動として、様々な運営形態、名称のもと、各地で展開されています。

　平成28年国民生活基礎調査により、日本の17歳以下の子どもの貧困率は13.9%、つまり、7人に1人の子どもが相対的な貧困状態に陥っていることが明らかにされました。OECDによる国際調査（2014年）でも、日本の子どもの貧困率は先進国34か国中で10番目に高いという結果でした。

　「子どもの貧困対策」が社会的課題としてクローズアップされるなか、困難を抱える子どもたちへの支援の場として子ども食堂への期待も高まり、厚生労働省は平成30年6月28日「子ども食堂の活動に関する連携・協力の推進及び子ども食堂の運営上留意すべき事項の周知について（通知）」において、地域住民や福祉・教育関係者の「子ども食堂への理解と協力」を促進するよう都道府県知事等に求めました。

　子ども食堂は、子どもの社会的包摂、食育や居場所づくりにとどまらず、それらを出発点として、高齢者や障害者を含む地域住民の交流拠点に発展する可能性があり、地域共生社会の実現に向けて大きな役割を果たすことが期待されています。

　また、子どもの食堂の運営者には、

　・生活に困窮する子どもや家庭を把握し、支援が必要と考えられる場合に最寄りの生活困窮者自立支援制度の自立相談支援窓口につなぐ
　・保護者の養育を支援することが必要と考えられる家庭や子どもを把握した場合に市区町村の子育て支援相談窓口や児童相談所につなぐ

など、困難を抱える子ども・家庭の早期発見、早期支援に向けたアンテナ基地としての役割も求められています。

相談機関に行ってみよう！

子育て支援ネットワークの中核

児 童 相 談 所

〔➡ p.246〕

児童相談所は、0歳から18歳未満の子どもの成長に伴って生じる様々な問題に対し、健全な児童育成と権利擁護を促進する視点で児童福祉法により設置された機関です。都道府県と政令指定都市には設置が義務づけられています。その後の法改正で、中核市にも設置できることとなり、平成28年の児童福祉法改正では、政令で定める特別区にも児童相談所が設置できるようになりました（法第59条の4第1項）。児童相談所には、児童福祉司（ケースワーカー）・児童心理司・医師（医師は児童相談所の規模による）・看護師等の専門職が配属されています。虐待や非行問題に限らず、近年の複雑・高度化する課題への法的対応力を強化するため、地域での子育てを支援する児童相談所の専門機能と、市町村の子育て支援機能の連携強化が求められています。

どんな相談を受けつけているの？

★養育相談
・保護者の病気、死亡、家出、出産、虐待等による子どもの人権擁護
★しつけや性格・行動面の相談
・わがまま、落ち着きがない、友だちがいない、いじめ等の相談
・不登校、チック等の習癖
★こころやからだの発育相談
・知的発達の遅れ、肢体不自由の相談
・ことばの遅れ、自閉傾向等への不安
★非行相談
・家出、盗み、乱暴、性的いたずら、薬物中毒の習慣など
★里親相談
・里親への登録など

　以上のような、子どもをめぐる様々な相談に対して、子どもの一時保護や指導通所・施設入所を必要に応じて実施しています。また、地域によっては電話相談員を配置している児童相談所もあります。

誰が相談にのってくれるの？

　児童福祉法で定められた児童福祉司・児童心理司・医師・保育士・児童指導員など、児童分野の専門スタッフが相談にあたります。

実際の相談現場はどうなっているの？

【虐待の相談例】

〔相談受理〕

　ある日の昼過ぎ、保育所から児童相談所に「最近特に元気がなく、あくびばかりしている幼児がいる。朝ご飯も食べてきていない日があるようで心配している」と連絡（通告）がありました。

〔調査開始〕

　ただちに児童福祉司が保育所に向かい、その幼児の様子を確認し、その結果、虐待（ネグレクト）が疑われると判断しました。

　3日後、この幼児が一昨日前から登園して来なくなったと保育所から連絡が入ったため、児童福祉司が家庭訪問を実施。自宅への訪問に対して、母親がドア越しに顔を出し、「子どもは風邪をひいたので休ませている」と返答しました。児童福祉司から「幼児の顔を少しでも見せて欲しい」と頼みましたが、母親が強く拒否し、ドアを閉めてしまいました。保健所と連絡をとったところ、母親はうつ傾向で保健所に相談に行っていることもわかりました。

〔関係者会議の開催〕

　初めての連絡から5日後、保育所・福祉事務所・保健所・子ども家庭支援センター（都の場合）、そして民生児童委員等が一堂に会し、今後のかかわり方について情報交換を実施しました。

　その結果、この家庭は子ども家庭支援センターがこれまでも育成相談でかかわっており、心配していたケースで、母親の病状はここ1か月、相当悪くなっており、病院から入院を勧められているにもかかわらず、子どもと離れるのは嫌と強く拒否していることがわかりました。

〔幼児の保護〕

　9日後、やっと保育所に登園してきましたが、表情に精気がなく、その日実施した体重測定では、前回と比較して数値が激減していることがわかりました。

　保育所からこの連絡を受けた児童相談所は一刻の猶予も許されないと判断、保育所に出向き、そのまま幼児を一時保護しました。突然の一時保護を知った母親は子どもを帰して欲しいと強く動揺しました。しかし、保育所にいた幼児は、他の子と遊べないくらい衰弱していたことなどから、児童相談所が幼児の保護を決断したことをねばり強く説明しました。

　また、母親の病状は相当悪化していたため、保健所や福祉事務所・子ども家庭支援センター・民生児童委員が中心となって母親が安心して入院できるよう、子どもと離れる不安の軽減を図ることとしました。このように、子どもと母親に各機関が連携してかかわったことが功を奏し、入院後の母親の病状は急速に改善し、現在では再び母子での生活を取り戻しています。

学校（教員）との連絡や連携は？

　家族・学校・地域は協力しあい、子どもを社会全体で温かく支えていく必要があります。このため児童相談所は、特に学校（教師）との連携を重視しています。

　児童相談所は、逐次学校訪問を実施し、問題解決のための学校場面の情報収集に努めるとともに、定期的な学校との連絡協議の場を設けています。学校には知られたくないという保護者の要望には、秘密の保持に最善の策をつくします。

家庭との連絡や連携は？

　子どもの相談を解決していくうえで、家庭との綿密な連絡は欠かせません。児童相談所では必要に応じて家庭訪問を実施し、家庭での生活状況の把握を行い、適切な指導や助言に生かしています。家庭訪問に抵抗を感じるご家庭もありますが、できる限り趣旨を理解していただけるよう、十分な説明も行っています。

（奥田晃久）

＊参考文献：東京都児童相談センター編
『児童相談所のしおり』

USER'S GUIDE

「東京都児童相談センター」の場合

【電話相談】
＊受付時間　月〜金曜９：００〜２１：００
　　　　　　土・日・祝日
　　　　　　　　　　９：００〜１７：００
　　　　　　（年末年始を除く）
＊電話番号　03（3366）4152
【聴覚言語障害者専用相談 FAX】
＊受付時間　月〜金曜９：００〜２０：３０
　　　　　　土・日・祝日
　　　　　　　　　　９：００〜１７：００
　　　　　　（年末年始を除く）

＊FAX番号　03（3366）6036
【代表電話】03（5937）2302
【所 在 地】
〒169-0074　東京都新宿区北新宿４−６−１

■この他、都では、土日・祝日・年末年始についても虐待等の緊急時に対応するため、上記センターに通年相談窓口（緊急連絡 03−5937−2330）を設置し、都内全域からの緊急相談に応じています。

コラム

児童虐待防止をめぐる新しい動き

【児童相談所の体制強化】

　児童虐待の早期発見・防止・継続的支援の体制強化を図るため、平成28年児童福祉法等改正法により児童相談所の体制・機能・設置等について新たに次の点が規定されました。

- ●児童相談所の「専門性の強化」
  - ＊児童福祉司等の専門職の配置及び児童福祉司の研修受講が義務化。
- ●児童相談所の「法的機能の強化」
  - ＊児童相談所は、児童心理司、医師又は保健師、指導・教育担当の児童福祉司を置くとともに「弁護士の配置」又はこれに準ずる措置を採る。
- ●児童相談所に対する「関係機関からの資料や情報の共有」
  - ＊児童相談所長等から求められた場合、医療・福祉・教育機関や関連職務に従事する者は、被虐待児童等に関する資料・情報を提供できる。
- ●「中核市・特別区」における児童相談所の「設置促進」

【児童虐待の防止等に関する法律】（抄）

◆目的［第1条］

　この法律は、児童虐待が児童の人権を著しく侵害し、その心身の成長及び人格の形成に重大な影響を与えるとともに、我が国における将来の世代の育成にも懸念を及ぼすことにかんがみ、児童に対する虐待の禁止、児童虐待の予防及び早期発見その他の児童虐待の防止に関する国及び地方公共団体の責務、児童虐待を受けた児童の保護及び自立の支援のための措置等を定めることにより、児童虐待の防止等に関する施策を促進し、もって児童の権利利益の擁護に資することを目的とする。

◆児童虐待の定義［第2条］

　この法律において、「児童虐待」とは、保護者（親権を行う者、未成年後見人その他の者で、児童を現に監護するものをいう。以下同じ。）がその監護する児童（18歳に満たない者をいう。以下同じ。）について行う次に掲げる行為をいう。

　一　児童の身体に外傷が生じ、又は生じるおそれのある暴行を加えること。

二　児童にわいせつな行為をすること又は児童をしてわいせつな行為をさせること。

三　児童の心身の正常な発達を妨げるような著しい減食又は長時間の放置、保護者以外の同居人による前二号又は次号に掲げる行為と同様の行為の放置その他の保護者としての監護を著しく怠ること。

四　児童に対する著しい暴言又は著しく拒絶的な対応、児童が同居する家庭における配偶者に対する暴力（配偶者（婚姻の届出をしていないが、事実上婚姻関係と同様の事情にある者を含む。）の身体に対する不法な攻撃であって生命又は身体に危害を及ぼすもの及びこれに準ずる心身に有害な影響を及ぼす言動をいう。〔略〕）その他の児童に著しい心理的外傷を与える言動を行うこと。

◆国及び地方公共団体の責務等［第4条第1項］

　国及び地方公共団体は、児童虐待の予防及び早期発見、迅速かつ適切な児童虐待を受けた児童の保護及び自立の支援（児童虐待を受けた後18歳となった者に対する自立の支援を含む。〔略〕）並びに児童虐待を行った保護者に対する親子の再統合の促進への配慮その他の児童虐待を受けた児童が家庭（家庭における養育環境と同様の養育環境及び良好な家庭的環境を含む。）で生活するために必要な配慮をした適切な指導及び支援を行うため、関係省庁相互間又は関係地方公共団体相互間、市町村、児童相談所、福祉事務所、〔略〕配偶者暴力相談支援センター〔略〕、学校及び医療機関の間その他関係機関及び民間団体の間の連携の強化、民間団体の支援、医療の提供体制の整備その他児童虐待の防止等のために必要な体制の整備に努めなければならない。

◆児童虐待の早期発見等［第5条］

　学校、児童福祉施設、病院、都道府県警察、婦人相談所、教育委員会、配偶者暴力相談支援センターその他児童の福祉に業務上関係のある団体及び学校の教職員、児童福祉施設の職員、医師、歯科医師、保健師、助産師、看護師、弁護士、警察官、婦人相談員その他児童の福祉に職務上関係のある者は、児童虐待を発見しやすい立場にあることを自覚し、児童虐待の早期発見に努

めなければならない。

2　前項に規定する者は、児童虐待の予防その他の児童虐待の防止並びに児童虐待を受けた児童の保護及び自立の支援に関する国及び地方公共団体の施策に協力するよう努めなければならない。

3　第1項に規定する者は、正当な理由がなく、その職務に関して知り得た児童虐待を受けたと思われる児童に関する秘密を漏らしてはならない。

4　前項の規定その他の守秘義務に関する法律の規定は、第2項の規定による国及び地方公共団体の施策に協力するように努める義務の遵守を妨げるものと解釈してはならない。

5　学校及び児童福祉施設は、児童及び保護者に対して、児童虐待の防止のための教育又は啓発に努めなければならない。

◆児童虐待に係る通告［第6条第1項、第3項］

　児童虐待を受けたと思われる児童を発見した者は、速やかに、これを市町村、都道府県の設置する福祉事務所若しくは児童相談所又は児童委員を介して市町村、都道府県の設置する福祉事務所若しくは児童相談所に通告しなければならない。

3　刑法〔略〕の秘密漏示罪の規定その他の守秘義務に関する法律の規定は、第1項の規定による通告をする義務の遵守を妨げるものと解釈してはならない。

◆　〃　［第7条］

　市町村、都道府県の設置する福祉事務所又は児童相談所が前条第1項の規定による通告を受けた場合においては、当該通告を受けた市町村、都道府県の設置する福祉事務所又は児童相談所の所長、所員その他の職員及び当該通告を仲介した児童委員は、その職務上知り得た事項であって当該通告をした者を特定させるものを漏らしてはならない。

身近で気軽に誰でも相談できる

家庭児童相談室

〔➡**p.254**〕

家庭児童相談室は、市町村で設置する福祉関係事務所〔➡p.198〕内にあります。家庭児童相談室には専門的に相談に携わっている家庭相談員がいて、子ども（18歳未満）の養育に関する悩みごとの相談および子どもにかかわる家庭の人間関係等、児童福祉に関する相談をしています。保護者はもちろん、子どもの関係者、子ども本人も相談でき、その相談内容は秘密厳守ですので安心して気軽に相談することができます。

どんな相談を受けつけているの？

★性格、生活習慣の相談

・子どもの性質や性格に関すること（神経質、わがまま等）

・生活習慣に関すること（食事、清潔の習慣等）

・習癖に関すること（つめかみ、夜尿、夜泣き等）

★知能、言語の相談

・知的能力、言語能力の発達に関すること

★保育所、幼稚園、学校生活の相談

・集団生活における生活行動上の問題に関すること

　①人間関係（いじめ、暴力、友だちや教師との関係）

　②登校拒否（長期欠席、怠学）

　③その他（進学、進路、学習、教育）

★非行の相談

・窃盗、傷害、恐喝などの不法行為や触法行為に関すること

・虚言癖、浪費癖、家出、浮浪などの反社会的問題行動に関すること

★家族関係の相談

・家庭内の人間関係に関すること（虐待、親子関係等）

★環境福祉の相談

・環境条件に関すること（経済的問題、養育にかかわる問題等）

★心身障害の相談

・知的発達障害児の養育に関すること

・肢体不自由児の養育に関すること

★その他

・前記のいずれにも該当しない諸々相談

誰が相談にのってくれるの？

◆家庭相談員

実際の相談現場はどうなっているの？

　保護者等が相談したい場合は、管内の福祉事務所に来所するか、電話をしてください。また、特に家庭で相談したいときは、家庭訪問を要請してください。

　地域住民や関係機関等から、問題の子どもおよび家庭について通告があった場合は、当事者の了承を得て、相談や支援をします。

関係機関との連絡や連携は？

　適切な相談や支援活動ができるように、常に学校・保健所・児童相談所等や地区民生児童委員、主任児童委員、保健師等と連絡をとりあっています。もちろん、どの機関でも秘密は厳守です。しかし、特に保護者等の要望があれば、家庭児童相談室だけで処理する場合もあります。

家庭との連絡や連携は？

▶家庭訪問による相談……保護者等の要望により訪問する場合や、家庭相談員の判断により、必要に応じて訪問する場合があります。

▶電話による相談……保護者等から電話で相談があったときや、家庭相談員が必要だと思ったときに電話をします。

▶来所相談……保護者等が、相談をしたいときに来所されたり、家庭相談員の要請により来所してもらうこともあります。

（小島祥一）

USER'S GUIDE

「栃木県矢板市子ども課内
　　家庭児童相談室」の場合

【電話相談】
＊受付時間　9:00〜16:00
　　　　　　（土・日曜・祝祭日・
　　　　　　　年末年始を除く）
＊電話番号　0287(44)3600

【面接相談】
＊受付時間　9:00〜16:00
　　　　　　（土・日曜・祝祭日・
　　　　　　　年末年始を除く）
＊電話番号　0287(44)3600
＊来所する前に、電話で予約することをお勧めします。
＊場合によっては家庭訪問も行っています。

【夜間相談】×

【料　　金】無料

【所　在　地】
〒329-2192　矢板市本町5-4
栃木県矢板健康福祉センター（塩谷福祉事務所）内

■お住まいの地域によって、それぞれ上記のような詳細や担当地域が異なります。詳しくは、各市町村の福祉事務所・福祉関係の担当課へお問い合わせください。

幅広い福祉援助が受けられる

福 祉 事 務 所

〔➡ p.254〕

福祉事務所は、直接援護を行う社会福祉の総合的な行政機関です。市には必ず置かれていますし、町村（全国で41町村以外）については都道府県の福祉事務所が設けられています。そこでは経済的に生活が困難な人、ひとり親家庭、児童、高齢者、身体障害者、知的障害者の方たちへの援護、育成や更生の仕事をしています。相談にのるだけではなく、施設入所や在宅生活が行えるよう措置援助の仕事もしています。現在、高齢者、身体障害者、知的障害者の福祉については都道府県の福祉事務所ではなく、町村で行っています。

どんな相談を受けつけているの？

★困窮のため、最低限度の生活を維持することができない人の相談
★子ども、妊産婦の福祉に関する相談
・施設入所や判定の必要な子どもの対応について
・助産施設への入所について
★ひとり親家庭、寡婦家庭の相談
・母子生活支援施設（旧母子寮）への入所について
・生活、児童扶養手当の申請受付、就学資金等の貸し付けについて
★老人の福祉に関する相談や調査
・介護保険が利用できない高齢者の施設入所や在宅生活を行うための支援
★身体障害者に関する相談や調査

・身体障害者福祉施設への入所について
・身体障害者が在宅で生活が行えるようにするにはどうすればよいのか
★知的障害者に関する相談や調査
・知的障害者福祉施設への入所について
・知的障害者が在宅で生活が行えるようにするにはどうすればよいのか　など

誰が相談にのってくれるの？

◆社会福祉主事……大学、専門学校、養成機関等で社会福祉に関する科目を修めて卒業した者等が、公務員として仕事をしています。
◆身体障害者福祉司・知的障害者福祉司・老人福祉指導主事・家庭児童福祉主事……社会福祉主事を指導したり、それぞれの福祉について専門的な相

談・支援を行うために置かれています。

◆母子自立支援員……その多くは非常勤職員ですが、過去の経験、職歴等から、母子相談に適した人があてられています。

実際の相談現場はどうなっているの？

【生活保護について】

生活保護の受給については、本人か扶養義務者等が申請をしなければなりませんが、病気であったり、働いていても収入が少ないために最低限度の生活ができていないような場合は、福祉事務所長の職権で生活保護を開始することができます。生活保護受給世帯の小・中高生については学用品費、学級費、教材代、給食費、通学のための交通費等が支給されます。また、高校進学は積極的に勧められています。公立高校は授業料の減免制度がありますし、私立学校についても減免を行っているところがあります。

学校（教員）との連絡や連携は？

給食費や教材費を払えない、食事も満足にできていないといった状況など、実際に生活に困窮していても、生活保護の申請ができない人がいます。生活保護の制度についてよくわからない人には福祉事務所に相談することを勧めてください。制度を知っていても利用しないという人もいるかもしれませんが、その際は、福祉事務所にどのようにその世帯に働きかけていったらよいのかを相談してみてください。きっとよいアプローチの方法が発見できます。

保護者が、高齢者や障害者の介護のために子どもにかかわれないことで、子どもに問題が生じている場合なども、高齢者福祉の担当者や障害者福祉の担当者に相談することが必要です。

また、父親が常に母親や子どもに暴力をふるっているため情緒の安定が図れないような場合は、福祉事務所に連絡して、婦人相談員につなげてもらうこともできます。その場合、母親に相談に行くように話すだけでなく、学校側からも事前に連絡をして事情を説明していただけると、相談がよりスムーズにできると思います。

（坂井元）

USER'S GUIDE

「○△福祉事務所」の場合

【受付時間】平日 8：30〜17:15
　　　　　　もしくは 9：00〜17:00
　　　　　　（土・日・祭日を除く）

【相談方法】電話／面接／FAX／手紙

【夜間相談】×

【料　　金】無料

■地域によって詳細が異なります。各市・区役所、福祉事務所設置外の町村は各都道府県の地方事務所、地区センター、行政センター、保健福祉センター、福祉センターなど名称は様々ですので、お近くの施設へお問い合わせください。

相談場所がわからないときに

保 健 セ ン タ ー

〔➡ p.254〕

保健センターは、法律（地域保健法）上の名称は「市町村保健センター」で、市（区）町村が設置する機関です。「住民に対し、健康相談、保健指導及び健康診査その他地域保健に関し必要な事業を行うことを目的」としています。子どもの発達、育児、思春期の問題に関する悩みごとなどはまず保健センターに相談してみてください。おもに保健師が初めの相談に当たり、必要に応じてほかの専門機関・専門家につないで相談者をサポートしていきます。

どんな相談を受けつけているの？

名称が似た機関として保健所がありますが、保健所と保健センターは法律上、異なる機関です。

都道府県（政令市、特別区）が設置する保健所は、広域を管轄する行政機関という色合いが強く、人口動態統計、栄養改善および食品衛生、環境衛生（住宅、上下水道、廃棄物処理、清掃他）、医療監視、疾病予防など法律に定められた業務を行っています。

それに対して、市（区）町村が設置する保健センターは、住民の健康づくりの場という色合いが強く、センターごとに健康相談・健康診査・健康教育などにかかわる地域密着型の業務を行っています。

相談窓口に寄せられる悩みは、乳幼児の発達に関するものや育児上の悩みが多くなっていますが、それ以外にも、こころと体の健康に関わる心配事に幅広く応じています。妊娠、出産、育児に関する悩み、新生児期から幼児期・学童期・思春期・成人・高齢者にいたるまでの心身の健康に関する様々な相談を受けつけています。

「育児相談」や「思春期相談」など、個別の相談窓口を設けているところもあります。お近くの保健センターでどのような事業を行っているのかは、市（区）町村の広報誌やホームページなどで詳しく見ることができます。また、独自に保健センターだよりを発行しているところも多数ありますので、ご参照ください。

誰が相談にのってくれるの？

主に保健師が相談に対応しますが、必要に応じて、臨床心理士、栄養士、歯科衛生士、理学療法士などが専門的な助言をします。問題によっては、精神保健福祉センターや保健所、児童相談所、医療機関など、適切な専門機関を紹介するなどして、相談者をサポートしています。

実際の相談現場はどうなっているの？

1歳6か月健診・3か月健診などの乳児健診やポリオワクチンの集団接種の実施会場が保健センターの施設であることは多く、保護者、とくに母親にとって保健センターは、一度は足を運んだことがある場として身近に思える機関、敷居の低い機関であると言えるでしょう。

市（区）町村の機関ですので、開所時間は月から金の9：00〜17：00というところが多くなっています（受付終了は17：00より早いところもあります）が、詳細はお近くの保健センターまでお問い合わせください。

実際の相談は、プライバシー保護の観点から、専用の部屋で行われることが多いです。また、相談に応じる保健師などのスタッフは、当然ながら守秘義務を負っていますので、相談内容や相談者の情報を外部に漏らすことはありません。

しかし、相談しているところを誰にも見られたくない、相談しているという事実も隠したいというような希望があれば、あらかじめセンターにそのことを伝えておいたほうがいいでしょう。特別に相談の場所や日時を設定してくれる場合もあります。

学校（教員）・家庭との連絡や連携は？

近年、保健センターには、児童虐待の予防と早期発見の役割が強く求められています。児童虐待防止のネットワークの中で、学校や児童相談所などと連携し、虐待防止、早期発見、ケース対応に当たります。

また、学校とは、思春期教育、性教育、喫煙防止教育、薬物乱用防止教育などで連携することもあります。

保健センターは、対人サービスを主とする地域保健機関です。その点で、個々の「家庭」に一番近い相談先であると言えます。こころと体の心配事があったら、気軽に相談してみてください。

こころの健康に関する公的専門機関
精神保健福祉センター
〔➡ p.255〕

精神保健福祉センターでは、業務の１つとして、精神保健福祉全般に関する相談を行っています。精神科医、精神保健福祉士、臨床心理技術者、保健師等の専門職員が相談にあたっています。このほか、誰でも気軽に、匿名で利用できる電話相談も行っています。こころの健康、精神保健の問題は、本人・家族等の中でまず気づいた人が早目に相談することが大切です。

精神保健福祉センターとは？

「精神保健及び精神障害者福祉に関する法律」の第６条に規定された施設で、都道府県および政令指定都市における、精神保健と精神障害者の福祉に関する総合的技術センターとされています。

同法が規定するおもな業務は次のとおりです。

○ 精神保健及び精神障害者の福祉に関する知識の普及を図り、及び調査研究を行うこと。

○ 精神保健及び精神障害者の福祉に関する相談及び指導のうち複雑又は困難なものを行うこと。

○ 精神医療審査会の事務を行うこと。

○ 精神障害者保健福祉手帳の交付申請に対する決定、自立支援医療費の支給認定に関する事務のうち専門的な知識及び技術を必要とするものを行うこと。

センターの業務は、企画立案、技術指導、人材育成、普及啓発、調査研究、資料の収集・分析・提供、相談対応、組織の育成、精神医療審査会の審査に関する事務ならびに自立支援医療および精神障害者保健福祉手帳の判定などに大別されます。

どんな相談を受けつけているの？

相談内容は、①こころの健康相談、②こころの病気に関する相談、③精神医療に関する相談、④社会復帰相談、⑤アルコール・薬物関連問題に関する相談、⑥思春期精神保健相談、⑦認知症等老人精神保健相談など、精神保健全般にわたっています。

電話相談は、こころの健康づくりに関

する内容が主ですが、精神保健福祉全般にわたり、専門の相談員が対応しています。誰でも、匿名で気軽に利用できます。

通常は、まずセンターをはじめとする各種電話相談や、学校、教育委員会、児童相談所、保健所等の身近な相談機関から、センターの面接相談を紹介されるという形が多いようです。

思春期専門の相談窓口を設けているところや、外来診療、デイケアを行っているところもあります。

誰が相談にのってくれるの？

精神科医、精神保健福祉士、臨床心理技術者、保健師、看護師、作業療法士等が相談に対応しています。

実際の相談現場はどうなっているの？

センターの面接相談は予約制で、プライバシーを尊重し、個別に行われます。本人が来所せず、家族が相談に来るケースもかなりあります。必要に応じ、例えば、病気かどうかといった相談には精神科医が対応したり、保護者の問題には別の職員が対応するなど、臨機応変に行われています。一部のセンターでは、グループによる相談、デイケア等も行われています。

センター内に、ひきこもり地域支援センターが設けられ、ひきこもりの状態に

ある本人やその家族の相談にあたっているところもあります。

他機関との連絡や連携は？

センターは、学校、教育委員会、児童相談所、保健所、精神科医療機関等の精神保健関係機関との連携を重視しています。個別のケースについては、本人と保護者の同意を得て、必要に応じて連携を図っています。保護者や教師がひとりで問題を抱えこまず、専門家のアドバイスを受けることが大切です。

USER'S GUIDE

「静岡市こころの健康センター」
の場合

【うつ病に関する電話相談】
＊受付時間　月〜金13：00〜16：00
＊電話番号　054（262）3033
【面接相談】
＊予約は電話にて受付（完全予約制）
＊電話番号　054（262）3011
【夜間相談】×
【料　　金】無料
【連　絡　先】
〒420-8602　静岡市葵区柚木1014
■センターによって詳細が異なります。他市の方は、お近くの精神保健福祉センターにお問い合わせください。

親と子どもの悩みのセンター

児童家庭支援センター

〔➡p.259〕

多様化する様々な子どもの問題に対して、地域の中でよりきめ細かく対応し、子どもや家庭を支援するために、平成9年の児童福祉法改正により設置された相談機関です。夜間・緊急時の対応、一時保護などの機能も備えています。児童相談所などの関係機関と連携しつつ、子どもやその保護者、地域の住民からの様々な相談を受け付けています。料金は無料で、24時間対応しています。個人の秘密は固く守ります。

どんな相談を受けつけているの？

★子どもからの相談
・自分のからだ、性格、生活上の悩み
・家庭の悩み
・学校、地域での悩み
・友だち関係の悩み
★保護者からの相談
・子育ての不安
・発達の遅れが見られる
・問題行動が見られる
・登園、登校拒否など学校等に関する問題
・家族内での問題
★保育所・学校・地域の方々からの相談も受けつけています。

誰が相談にのってくれるの？

◆児童福祉司の資格をもつ職員が相談・支援を担当し、常勤1名および非常勤1～2名が配置されています。
◆子ども・保護者に対して、心理学的側面から援助のできる、心理療法等を担当する職員が配置されています。

実際の相談現場はどうなっているの？

相談は24時間受けつけています。電話や来所、訪問などの方法により応じています。心理職を配置しているので、必要に応じて発達診断や心理療法を行っています。

児童相談所の判断により地域での継続的な指導が必要とされた場合、センター

が受託して指導を行うという役割もあります。

　また専門機関の紹介や子育てに関する情報提供、センターの建物や機材を地域に開放、貸出しすることも行っています。

　子育て支援としては、それぞれのセンターの地域性を生かした取り組み（子育てサロン、グループ活動、講座、子育てサークルへの支援）を実施しております。

学校（教員）・その他機関との連絡や連携は？

　保護者の方々の了解を得て、必要があれば児童相談所・福祉事務所・家庭児童相談室・幼稚園・保育所・学校・保健所・保健センター・病院などの施設と連携をとります。

　なぜならば、総合的な観点から、どこが、どのような援助をすることが必要かを検討しなければならないからです。また、その子どもに携わる保護者を含めたその子どもに関わる機関や施設がチームとなり、一貫した対応をすることが問題の解決につながると考えられるからです。

　個人の秘密を守ることは、法律に定められていますので、安心してご相談ください。

家庭との連絡や連携は？

　子どもの問題は、家族の方々、家庭全体にかかわるものが大半です。保護者の方々と緊密な連絡をとりあって対処しな

ければなりません。また保護者自身が援助を必要とされている場合には、子どもとは別に、相談に応じることもあります。

メッセージ

　子どもを取り巻く人々や機関、ご家族とともに、子どもの命と人権を守ることを第一に考えています。子どもたちが健やかに育つために、子育て・家庭への支援を行います。子どもたちに関わる人々や機関がスムーズにチームワークを組むことのできるネットワークをつくることも大きな任務です。

　ひとりで悩まず、どうぞお気軽にご相談ください。

　　　　　（児童家庭支援センター岸和田）

USER'S GUIDE
「児童家庭支援センター岸和田」の場合

【電話相談】
＊受付時間　（原則）
　　　　　　平日９：30～17：30
＊電話番号　072(421)2000
【夜間相談】○（緊急時には対応いたします）
【料　　金】無料
【その他】来所相談対応可
■センターによって詳細が異なりますので、お近くの児童家庭支援センターまでお問い合わせください。

遊びの施設で気軽に相談できる

児 童 館

〔➡ p.266〕

児童館（児童センター）には、児童厚生員という子どもの遊びの指導者が毎日、子どもの指導にあたっています。児童厚生員は、児童館に来館する地域の子どもたち一人ひとりについてその実態を把握していることはもちろんですが、幼児や小・中学生とのふれあいによって、子どもの発達に応じた行動特性をよく理解しています。子どもにとっても、保護者にとっても地域内の遊びの施設で悩みを相談できる気軽な相談機関の1つといえるでしょう。

どんな相談を受けつけているの？

★子どもからの相談
・仲間はずれなど子どもの人間関係
・友だちづくり
・遊びの内容、方法
・その他日常生活で困っていること

★保護者からの相談
・しつけのあり方など子育て一般
・チック、吃音などの気になる行動
・非行防止活動
・不登校など学校生活での不適応
・引っこみ思案など非社会的行動
・健全育成活動全般

★学校関係者からの相談
・子どもの校外生活（児童館、児童センターでの活動）の実態
・不登校児の活動場所の提供

誰が相談にのってくれるの？

◆児童館長……児童館長の中には、退職校長や教職経験者、あるいは長年にわたって健全育成活動に携わっていた人々が存在し、相談にあたっています。

◆児童厚生員……毎日、児童館や児童センターで、幼児や小・中学生、あるいは幼児をもつ母親の指導にあたっている児童厚生員が相談にあたります。各地で、児童館長や児童厚生員を対象とした健全育成相談やカウンセリングに関する研修が盛んに行われており、相談者の資質が高まりつつあります。

◆保健師、保育士等……児童館によっては、特別な相談日を設けて、保健師、

保育士などの専門家による乳幼児の健康や栄養相談、しつけ相談等を受けつけています。

◆ボランティア指導員……児童館によっては、青少年相談員（指導員）や大学生などがボランティアとして子どもたちの遊びの指導にあたっていますが、児童館活動の中で子ども自身の悩みについて直接、相談指導活動をも行っています。

実際の相談現場はどうなっているの？

児童館や児童センターは、児童に遊びの場を提供するとともに、遊びを指導することによって地域社会の中で健全育成活動をしております。

児童館活動の中で、相談日として特定の日を設定しているところは少なく、必要に応じてそのつど相談を受けつけているところがほとんどです。相談の形態も「立ち話相談」「事務所など他の人が存在する場所での簡単な相談」「問題の内容によっては相談室での個別相談」、さらに「電話相談」など様々です。

しかし、児童館は相談の専門機関ではありませんので、状況によっては他の相談機関の紹介をします。

学校（教員）との連絡や連携は？

学校との連携協力が必要と考えられる場合は、保護者の承諾をいただいてから学校に連絡し、「保護者と教師、児童厚生員等の三者協力」による指導体制をとっています。

家庭との連絡や連携は？

児童館活動を通して子どもの問題を発見した場合や、相談の内容が家庭にかかわる場合等には、保護者に連絡し協力態勢をとっています。

このような児童館活動の中で、子どもたちから直接相談される場合や、保護者から相談を受ける場合もあります。

（小山一宏）

迷ったときにはまず電話してみよう

都道府県の教育相談所（室）

〔➡ p.267〕

都道府県には教育相談所が設置され、不登校、いじめ、体罰、心理的な問題など、様々な教育の問題について相談を受けています。相談時間が延長されたり、休日も受けつけている都道府県も増えたりして、保護者や子ども本人、教員などが利用しやすいようになっています。相談専門のスタッフがおり、もちろん、相談の内容については秘密が守られます。電話相談、来所相談を中心に、都道府県によっては巡回相談（移動教育相談）の形態もあります。

どんな相談を受けつけているの？

　教育に関することならば、保護者、子ども、教職員からほとんどの相談を受けつけています。

★性格・行動に関する相談

・集団になじまない

・ADHD

・無気力

・不登校

・いじめ

・反抗的、授業態度が悪い

・家庭内暴力

・怠学

・非行（家出、無断外泊、飲酒、喫煙、薬物、盗癖、性、暴力など）

・情緒不安定

★精神・からだに関する相談

・自閉症、アスペルガー症候群

・ことばの障害および遅れ

・精神疾患

・脳器質障害

・神経性習癖（夜尿、チックなど）

★知能・学業に関する相談

・知的障害

・学習障害（LD児）

・学業不振

・学習法　など

★進路・適性に関する相談

・学校選択

・転校

・障害児の進路

・一般進路

★その他

・しつけ、育て方

・家族関係

・虐待

・学校、教師との関係

・体罰

・性について

・男女交際

・友人関係　など

★このほか、教職員を対象に研究相談も行っています。

誰が相談にのってくれるの？

◆臨床心理の専門家……心理学や関連学科を専攻した心理の専門家が相談にあたっています。

◆学校経験者の相談員……教職経験のある教育の専門家が、いじめや体罰などの相談にあたっています。

◆指導主事（教育相談担当）……教師経験のある指導主事が、教師からの相談にあたっています。

実際の相談現場はどうなっているの？

　まず、電話により相談を受けつけ、電話相談の場合は、担当者が交代して相談を受けます。来所して相談することを希望する場合は、担当者と日時を打ち合わせて予約します。

　相談方法はカウンセリングや問題解決の援助・助言などですが、相談所によっては、遊戯療法、グループカウンセリング等を行っているところもあります。ま

た、不登校や家庭内暴力などの場合は、訪問相談も行っています。

学校（教員）・家庭との
連絡や連携は？

　原則的には、相談内容は「秘密の保持」ということで、外部との連絡はとりません。相談者の希望で、学校や保護者との間に立って援助してほしいという場合は、問題により、連絡をとることもあります。

（砥柄敬三）

USER'S GUIDE

「東京都教育相談センター」
の場合

【電話相談】

〔高校進級・進路・入学相談〕
03-3360-4175

〔教育相談一般・いじめ相談ホットライン〕
0120-53-8288

〔青少年リスタートプレイス〕
03-3360-4192

〔学校問題解決サポートセンター〕
03-3360-4195

【来所による教育相談】

心理の専門家による継続的な来所相談

お申込先　0120-53-8288

【所在地】

〒169-0074　東京都新宿区北新宿4-6-1

■各都道府県、各教育相談機関によって詳細が異なりますので、地域の教育委員会、お近くの教育相談機関にお問い合わせください。

身近なところにも相談機関が！
区市町村の教育相談所（室）

〔➡ p.269〕

> 区市町村には教育相談所が設置され、子ども自身の悩みや子育てに関する相談、教育に関する相談、非行に関する相談、性格・行動に関する相談、ことばに関する相談、障害に関する相談など、様々な教育の問題について相談を受けています。相談専門のスタッフがおり、もちろん、相談の内容については秘密が守られます。電話相談、来所相談を中心に、区市町村によっては巡回相談（移動教育相談）の形態もあります。

どんな相談を受けつけているの？

　教育に関することならば、保護者、子ども、教職員から、ほとんどの相談を受けつけています。

★子ども自身の悩み相談

★養育に関する相談

・子育てに対する不安

・思春期の悩み

・家庭内での虐待

★教育に関する相談

・進路適性

・学業不振

・学習障害（LD児）

・その他学校に関すること

★非行に関する相談

・家出、無断外泊、盗癖

・不良交友

・飲酒、喫煙、薬物乱用

★性格・行動に関する相談

・いじめ

・不登校（園）

・身辺自立、しつけ

・ADHD、引っこみ思案、集団不適応

・反抗

・夜尿、習癖、緘黙

・家庭内暴力

・情緒不安定

・対人関係不適応

★ことばに関する相談

★障害に関する相談

・知的障害

・自閉症、アスペルガー症候群

★保健・医療に関する相談

・神経症

・摂食障害

★その他

・家族間の悩み

誰が相談にのってくれるの？

◆臨床心理の専門家……心理学や関連学
科を専攻した心理の専門家が相談にあ
たっています。

◆学校経験者の相談員……教職経験のあ
る教育の専門家が、いじめや体罰など
の相談にあたっています。

◆言語聴覚の専門家……区市町村によっ
ては、言語指導の専門家が相談・指導
を行います。

実際の相談現場はどうなっているの？

　まず、電話により相談を受けつけ、電
話相談の場合は、その内容に詳しいもの
が交代して相談を受けます。来所して相
談することを希望する場合は、担当者と
日時を打ち合わせて予約します。

　相談方法はカウンセリングや問題解決
の援助・助言などですが、相談所によっ
ては、遊戯療法、グループカウンセリン
グ等を行っているところもあります。

学校（教員）・家庭との
連絡や連携は？

　原則的には、相談内容は「秘密の保

持」ということで、外部との連絡はとり
ません。相談者の希望で、学校や保護者
との間に立って援助してほしいという場
合は、問題により、連絡をとることもあ
ります。　　　　　　　　　（砥柄敬三）

USER'S GUIDE

「東京都新宿区立教育センター
　　　教育相談室」の場合

【電話相談】

＊受付時間　月～金 9：00～17：00
　　　　　　（土・日・祝祭日・年
　　　　　　末年始は休み）

【電話番号】03（3232）2711

【面接相談】

＊あらかじめ電話で予約が必要

＊受付時間　月～金 9：00～17：30
　　　　　　（土・日・祝祭日・年
　　　　　　末年始は休み）

【電話番号】03（3232）3071

【夜間相談】×

【料　　金】無料

【所 在 地】

〒169-0072　新宿区大久保 3-1-2
　　　　　　新宿コズミックセンター内

■新宿区内の方に限ります。上記の
ような詳細は、各教育相談機関に
よって異なりますので、地域の教
育委員会、お近くの教育相談機関
にお問い合わせください。

警察における少年相談

少年サポートセンター、警察署、交番など

〔➡ p.269〕

警察庁においては、全都道府県警察に少年サポートセンターを設置し、少年相談の専門窓口としています。少年サポートセンターでは、少年補導職員を中心に、学校、児童相談所その他の関係機関と緊密に連携しながら、少年相談、街頭補導、継続補導、立ち直り支援、被害少年支援、非行集団からの離脱支援など、総合的な非行防止・少年支援活動を行っています。少年サポートセンター以外にも、各警察署においても、随時相談を受け付けています。

どんな相談を受けつけているの？

★非行や不良行為等の問題行動に関する相談

★犯罪等の被害に関する相談

★その他、少年の非行防止や健全育成に関する相談

誰が相談にのってくれるの？

少年非行問題を取り扱った経験が豊富な少年補導職員や警察官、カウンセリング等の専門の知識を有する少年相談専門職員が中心になって、少年、保護者または教師などの関係者からの相談を受けつけ、親身に指導・助言を行っています。

平成20年現在、全国約200か所の少年サポートセンターに約1,100名の少年補導職員が所属しています。

実際の相談現場はどうなっているの？

警察本部に総合相談窓口、警察署に安全相談窓口を設置し、ストーカー、配偶者からの暴力、子どもに対する声かけ事案など犯罪等による被害の未然防止に関する相談を受け付けています。

少年サポートセンターを警察施設から民間の施設へ移転し、子どもや保護者などが相談しやすい環境の整備を行っているところも多数あります。

また、気軽に相談できるよう、フリーダイヤルの電話や電子メールでも相談に応じているところもあります。

面接による相談を希望する場合は、予約制をとっている少年サポートセンター

などもあるので、確認しておく必要があります。

相談の内容によっては、少年相談専門職員等が心理テストや個別のカウンセリングを行い、継続的に指導、支援したり、他の適当な相談機関等を紹介したり、あるいはその機関等と連携して問題解決や支援にあたることもあります。

学校（教員）との連絡や連携は？

少年や保護者等からの相談については、秘密の保持に特に配意しています。もっとも、相談者から、学校との連携について希望がある場合や問題解決のために学校との連携が必要な場合などは、少年や保護者等の意思を尊重した対応を行っています。

少年サポートセンター・警察は、具体的には次のような活動を通して、日常的に地域・学校と連携して少年の健全育成に当たっています。

★広報啓発活動

学校で非行防止教室、薬物乱用防止教室等を開催するとともに、地域住民や少年の保護者が参加する非行問題に関する座談会を開催するなどして、少年非行・犯罪被害の実態や少年警察活動についての理解を促しています。

★少年サポートチーム

個々の少年の問題状況に応じた的確な対応を行うため、学校、警察、児童相談所等の担当者からなる少年サポートチームを編成して、それぞれの専門分野に応じた役割分担のもと、少年への指導・助言を行っています。

★学校警察連絡協議会

教育委員会等と警察との間で締結した協定等に基づき、非行少年等問題を有する児童生徒に関する情報を学校と警察が相互に通知する「学校・警察連絡制度」が各地で運用されています。また、警察署の管轄区域や市区町村の区域を単位に、全都道府県で約2,100の学校警察連絡協議会が設けられています。

★スクールサポーター

警察と学校の橋渡し役として、退職警察官等を警察署などに配置し、学校からの要請に応じて学校に派遣しています。学校における少年の問題行動等への対応、巡回活動、相談活動、児童生徒の安全確保に関する助言などを行います。平成20年4月現在、40都道府県で導入され、約500人が配置されています。

家庭との連絡や連携は？

少年の非行や犯罪被害、その他の少年問題に関する相談への対応にあたっては、家庭との連携が不可欠となる場合が多くあります。その場合には、家庭と緊密に連絡をとりあうなどして、少年も含めて一緒に問題解決にあたっていくことになります。なお、相談者のニーズに応じて、少年相談専門職員や少年補導職員などが、家庭訪問を行うこともあります。

まず相談、気軽に利用

少年補導センター

〔➡ p.271〕

東京・大阪など一部では警察の管轄ですが、ほとんどは地方自治体が設置する非行防止と健全育成を図るための施設で、少年補導関係機関や民間有志者が協力して街頭補導をするほか、大学で心理学などを学んだ臨床心理士や、相談専門員が相談にもあたっています。また、相談の秘密はしっかり守られ、加害・被害の危険が強い場合には、すみやかに警察との連携を図ることもできます。被害少年のサポートシステムも充実しており、非行に限らず幅広い相談に応じています。

どんな相談を受けつけているの？

★保護者からの相談

・夜遊び、無断外泊、家出

・不良交友などの友人関係

・不登校、怠学

・万引き、バイク盗や金銭持ち出し

・家庭内暴力や暴行、傷害、恐喝などの暴力行為

・援助交際や不健全な異性交遊

・薬物乱用

・怠業、不就労

・下着盗、性的逸脱行為

・精神保健に関する問題

・しつけに関する問題

・様々な被害に関する問題　など

★子どもからの相談

・対人不適応や交友の悩み

・親子関係や家庭の悩み

・性、異性についての悩み

・学業についての悩み

・いじめ、その他の被害の悩み　など

★教師・施設指導員等からの相談

・問題行為の原因理解

・指導困難な子どもへの対応方法

・保護者との連携のとり方　など

　以上が主な相談内容ですが、センターによって、取り扱う相談の種別にかなり違いがあります。取り扱えない場合は、適切な他機関を紹介いたします。

誰が相談にのってくれるの？

　精神科医や、大学で心理学やその関連学科を卒業した臨床心理士、相談専門員

が任用されています。

　また、カウンセリングの研修を受けた教職経験者等が、非常勤で相談員をつとめることもあります。

実際の相談現場はどうなっているの？

【対象年齢】

　6歳以上20歳未満と、18歳までの機関があります。

【費　用】

　相談費用はいっさいかかりません。問題原因の診断や指導に必要な、知能・性格・職業適性などの心理検査についても、原則的に無料です。

【相談日時】

　年末年始、官公庁閉庁日の土・日曜および祝祭日以外は、毎日、相談を受けつけているところが多いですが、毎週火・木曜などのように曜日が限定されているところもあります。

　中には、毎月第1日曜、第4土曜などのように、日を決めて休日に相談できる施設もあります。

　また、毎日というところでも、8：30〜17：00、9：00〜16：00、13：00〜17：00などスタッフの配置によって差がありますので、事前にお問い合わせください。

【援　助】

　問題行動等の発生要因を心理学的、医学的、精神医学的に診断し、精神分析的

な治療をはじめ、カウンセリングや集団療法としてのグループカウンセリングなどの方法が用いられます。

　また、自分の考えを言語化することが難しい人には、遊びを通した遊戯療法や、絵、音楽などを使った芸術療法もします。

　その他、問題解決に必要な場合には、訪問指導や他の機関と協力して治療・指導にあたることもあります。

学校（教員）・家庭・その他機関との連絡や連携は？

　家庭とは密接に連携をとりますが、学校については、治療指導に大きな影響をもつ場合にのみ連携を図ります。

　都道府県によっては、ネットワークづくりが進み、青少年にかかわる相談機関が連絡協議会をつくって、積極的に連携治療・指導を行っているところもあります。　　　　　　　　　　　（竹江孝）

USER'S GUIDE

＊センターによっては、「ヤングテレホン」「いじめ110番」などの電話相談や面接相談、訪問相談を行っています。料金は無料です。
■地域によって詳細が異なりますので、お近くの少年補導センターへお問い合わせください。

地域への貢献をめざす

少 年 鑑 別 所

〔➡ p.271〕

少年鑑別所は、非行を犯した少年についての科学的な調査・診断を行う国立（法務省）の専門機関として、家庭裁判所や少年院、保護観察所〔➡p.222〕等と協力して彼らの更生を図ることを目的に活動しています。少年鑑別所にはこうした業務のほかに、地域社会の中で、非行をはじめ、いろいろな問題行動等でお困りの一般の方々や学校等からの相談も受けつけています。心理学の専門家が相談にあたっており、心理検査やカウンセリングなどを行っています。相談の内容が、外部に知られることはありません。

どんな相談を受けつけているの？

★子どもからの相談
・学校での対人関係
・不登校等の問題
・いじめの問題
・親子関係の悩み　など

★保護者からの相談
・家出、夜遊び等の不良行為
・盗みなどの非行
・浪費、金銭持ち出し等の問題行動
・怠け、不登校等の子どもの問題
・学業不振の問題
・しつけ、養育に関するもの
・家庭内暴力に関するもの
・学校での対人関係
・校内暴力に関するもの　など

★教師からの相談
・生徒理解に関するもの
・生徒への指導、援助方法　など

誰が相談にのってくれるの？

少年鑑別所に勤務する心理学、教育学等の専門家が相談にあたります。

実際の相談現場はどうなっているの？

少年鑑別所は、各都道府県庁所在地など、全国に52施設あります。相談室は少年鑑別所に併設されています。相談時間は平日の午前9時ころから午後5時くらいまでです。予約制をとっている相談室もありますので、電話等で事前に確認してください。

相談方法は、来所された方には個別に

お話をうかがいますが、必要に応じて心理検査やカウンセリング、プレイセラピー、箱庭療法等も実施いたします。また、事情があって来所が困難な場合は、電話での相談にも応じています。

　なお、精神科等の医師の受診が必要と思われる場合は、専門の治療機関を紹介することもあります。

学校（教員）との連絡や連携は？

　中学生の場合、非行を行い、少年鑑別所に入所したときに、学校の先生方とお会いする機会があります。

　少年鑑別所に一般相談の窓口があることを知っていただき、私たちの知識、経験を生徒理解、指導等に役立てていただければと思います。

家庭との連絡や連携は？

　子どもさんが直接相談に訪れるより、まず保護者の方が相談に来られることが多いのが現状です。しかし、相談機関にかかるのははじめてという方はまれで、すでにいろいろな機関をまわり、「その指導方針でいいのだろうか」「もっと早く解決できる方法はないのだろうか」といった思いをもつ方が多くいらっしゃいます。

　焦る気持ちは当然で、その気持ちを相談員が十分に汲んでくれないと感じる場合は、その気持ちを相談員に伝えてみてください。信頼できる相談機関や相談員

と出会えるだけで、気持ちは落ち着きます。そうした余裕、冷静さが、子どもにも伝わることで、子どもがこころにゆとりをもち、自分から相談室を訪れる場合がありますので、無理に相談室まで連れていこう、連れていかなければなどと急がなくとも大丈夫です。

USER'S GUIDE

「東京少年鑑別所
（ねりま青少年心理相談室）」の場合
【電話相談（予約制）】
＊受付時間　月～金（年末年始・祝祭日を除く）
　　　　　　9：00～12：00
　　　　　　13：00～17：00
【面接相談（予約制）】
＊受付時間　火～木（年末年始・祝祭日を除く）
　　　　　　9：00～12：00
　　　　　　13：00～17：00
【夜間相談】×
【料　　金】無料（ただし、テストなどを実施した場合は、実費［用紙代など］をいただくことがあります。）
【電　　話】03(3550)8802
　　　　　　（相談室直通）
■詳細は地域によって異なりますので、お近くの少年鑑別所へお問い合わせください。

221

ボランティアと協力して歩む

保 護 観 察 所

〔➡ p.274〕

保護観察所は、全国の都道府県庁所在地（北海道は札幌市、函館市、旭川市および釧路市）にあり、非行や犯罪をしたため、裁判所で処分を受けた人たちを、社会内で更生させるために指導・援助しています。保護観察所に相談等に来るのは、主に保護観察を受けている人やその親など、家族等の関係者が中心です。また、日常の業務は保護司をはじめとする多くの地域のボランティアの協力を仰ぎ、緊密な連携を保ちながら行っています。

どんな相談を受けつけているの？

保護観察中のケースでは、主に次のようなものがあります。
★少年からの相談
・親子関係の問題
・交友関係の問題
・学業の問題
・仕事の問題
・薬物嗜癖等の問題
★保護者からの相談
・家族関係の問題
・交友関係の問題
・生活習慣の問題
・非行等の問題
★教師からの相談
・学校適応の問題
・仲間関係の問題
・進学、就職の問題　など

誰が相談にのってくれるの？

◆保護観察官……非行少年の立ち直り等について専門的知識・実務経験をもつ国家公務員で、各保護観察所に配置されています。

◆保護司……「地域において社会的信望を有し、少年の更生に熱意がある」などの条件を備えた方の中から、法務大臣によって委嘱された非常勤の国家公務員ですが、実質的には民間の篤志家です。地域社会の実情に精通しており、非行少年の立ち直りのためにきめ細かな指導・援助活動を行っています。

実際の相談現場はどうなっているの？

保護観察所は、一般社会の中で、非行少年など保護観察の対象となっている人

の更生を図るために、指導をしている専門機関であることが特徴といえます。しかし、一般の相談者については、専用の窓口が置かれていませんので、保護観察を受けている人に対する対応とは違ってきます。

ただ、保護観察所の業務には、保護観察のほか、地域の「犯罪予防」に関する事項があります。この犯罪予防活動の一環として、地域において一般相談を受けています。

例えば、地方自治体が公民館等で継続的に行っている一般相談（「更生保護相談所」などの名称が使われることが多い）に、保護司や保護観察官が助言者として参加している地域も少なくありません。

その他に、それぞれの地域で保護司会や更生保護婦人会（女性の立場から犯罪予防活動を行い、更生保護業務に協力しているボランティア団体）、BBS（Big Brothers and Sisters の略称で、非行少年のよい友だちとなり、兄姉の立場からその立ち直りを助ける等の活動を行うボランティア団体）などが非行防止のための集会やグループ活動を頻繁に行い、その際に非行等の相談を受けるケース、あるいはキャンペーン期間中、保護司会やBBS等が非行問題や学校問題等の相談を受けるケースがあります。

また、常設のテレホン相談を行っているところもありますし、少年のためのスポーツ活動を実施するケースもあります。保護観察所でも、そのような活動に対し

て、助言や協力をしています。

保護司会は、地域における関係機関、団体及び地域住民との連携を強化し、相談に応ずる等のため「更生保護サポートセンター」を全国800か所以上に設置して活動しています。

メッセージ

保護観察所は、保護司等の民間篤志家とともに、犯罪・非行のない明るい社会の実現のために、様々な地域活動を展開しています。最近の少年非行の現状にかんがみ、地域や学校と連携して、少年非行の予防と非行に陥った少年の立ち直りを助ける活動に重点を置いています。

（山田憲児）

USER'S GUIDE

更生保護「ひまわりテレホン」
（奈良保護観察所）の場合

【電話相談】
＊受付時間　月〜土曜日
　　　　　　13:00〜16:00
　　　　　　（祝日を除く）
＊電話番号　0742(20)6000
【夜間相談】×
【料　　金】無料

■全国どこからでも相談を受けつけています。お気軽にご相談ください。

保護観察とは?

【保護観察の趣旨】

　保護観察とは、犯罪や非行をした人に、社会内で通常の生活をさせながら遵守事項という約束ごとを履行するよう指導し、必要な補導援護を行うことにより、その社会適応を図って改善更生に導こうとするものです。

　ただ、本人に対する指導・援助だけでは十分でない場合もあります。非行の背景を調べると、家庭環境にも放置できない問題があるなど、本人の周囲の環境に問題がある場合も少なくありません。そのような場合、家族の考えも尊重しながら、その置かれた環境を改善するべく措置を講ずることがあります。

【保護観察の種類】

　保護観察を受ける人は以下の通りです。

① 　家庭裁判所の決定で保護観察に付された少年

② 　少年院に収容され、一定期間教育を受けた後、仮退院を許された人

③ 　懲役又は禁錮刑に処せられて刑務所等の行刑施設に収容され、刑期が満了する前に仮出獄を許可された人

④ 　刑事裁判所（地方・簡易裁判所等）において、懲役又は禁錮刑の言い渡しの際、刑の全部又は一部の執行を猶予され、その期間中保護観察に付された人

⑤ 　補導処分に付され、婦人補導院から仮退院を許された人

【保護観察の実施態勢】

　保護観察の仕事は、全国50カ所に設置されている保護観察所が行っていますが、通常は専従の国家公務員である保護観察官と地域のボランティアである保護司がそれぞれの特性を生かし、協力して行っています。

　保護観察官は、心理学、教育学、社会学、その他の更生保護に関する専門知識に基づいて仕事に従事している常勤の国家公務員であり、保護司は、社会的信望を有することなど一定の要件を満たした篤志家で、法務大臣から委嘱された無給・非常勤の国家公務員です。地域社会の中で更生をめざす人々にとって、地域社会に根ざした指導・援助は欠かせないものであり、地域の実情に精通した全国約5万人の保護司と保護観察官が協力して、地域社会の安寧のために働いています。

（山田憲児）

コラム

チーム学校

　2014年5月、教育再生実行会議は第7次提言で、教師が授業に専念できる環境を整備するため、スクールカウンセラー、スクールソーシャルワーカー、部活動指導員、学校司書等の配置による「チーム学校」を提言しました。

　2015年12月には、中央教育審議会答申「チームとしての学校の在り方と今後の改善方策」が出され、「校長のリーダーシップの下、カリキュラム、日々の教育活動、学校の資源が一体的にマネジメントされ、教職員や学校内の多様な人材が、それぞれの専門性を生かして能力を発揮し、子どもたちに必要な資質・能力を確実に身に付けさせる学校」（「チームとしての学校」）を目指すことが求められました。

　これを受け、児童生徒の心理に関する支援を行うスクールカウンセラー、福祉に関する支援を行うスクールソーシャルワーカー、中学校におけるスポーツ、文化、科学等に関する教育活動に係る技術的な指導に従事する部活動指導員が法令上位置づけられました。

　さらに、次のような専門的知識・技能をもった人材が学校組織の一員として活躍している学校が徐々に増えつつあります。

- **スクールロイヤー**：学校で起こる法的問題への助言・援助。
- **学校司書**：学校図書館の職務に従事。
- **看護師**：医療的ケアに従事。
- **地域連携担当教職員**：地域人材の活用等、地域との連携・協働を担当。
- **日本語指導員**：日本語能力に課題のある児童生徒の指導。
- **ICT支援員**：ICT（情報通信技術）の活用法等の支援。
- **情報管理担当者**：ウイルス・不正アクセス対策等、情報セキュリティ担当。

　以上のように、学校内に専門性をもつ職員が配置されることで、教職員にとって、児童生徒と向き合う時間や教育活動の準備に余裕が生まれるだけでなく、児童生徒や保護者には、専門的な助言・指導を受ける機会が増えるメリットがあります。

（嶋﨑政男）

就職したい生徒のための

ハローワーク相談室
（公共職業安定所）

〔➡ p.279〕

ハローワークは、厚生労働省が設置する公共職業安定所の愛称で、仕事・就職に関する様々な相談を受けつけています。就職を希望する中・高校生に対しては、専門の相談窓口を設置し、新規卒業者対象の求人に関する情報を提供しています。また、どのような仕事を選べばよいか迷っている方には、適性検査を実施するなど自己分析のサポートもします。進路指導を担当している先生、担任の先生、保護者の方のご相談も受けつけていますので、どうぞご活用ください。

どんな相談を受けつけているの？

ハローワークというと、仕事を辞めた人、失業した人が新しい職探しのために行くところだと思われている方がいるかもしれませんが、学生の方や学校卒業後未就職の方に対する支援も手厚く実施しています。ハローワークでは、主に次のような相談を受けつけています。

★職業相談・職業指導
・具体的な職業の職務内容の説明
・どのような職業に適しているか（一般職業適性検査等の実施）
・面接試験の受け方の指導
・履歴書、応募用紙、エントリーシートの書き方の指導
・新卒者の労働市場、求人状況の説明

など

誰が相談にのってくれるの？

◆ハローワーク職員……職業経験のない新規学卒者を対象とした職業相談を専門に行うハローワークの職員です。

◆職業相談員……年少就職者等の適正な職業選択、および就職後における職場適応の促進を図ることを目的としてハローワークに設置されています。社会的信望があり、職務遂行に必要な熱意と識見を有する者が委嘱されます。

実際の相談現場はどうなっているの？

ハローワークには、学校を卒業後、就職を希望する中学生や高校生を対象とした職業相談窓口が設置されています。一

般に「学卒窓口」などと提示されています。

ここでは、就職希望者本人の適性や、能力に応じた的確な職業選択を行えるよう、随時、専門の担当職員が中学生や高校生との綿密な相談ができる体制にしています。

また、窓口での相談のほか、事業所を訪問する職場見学や職場実習を通し、実際の仕事風景を直接見たり、実体験してみたりすることによって、職業に対する正しいイメージをもてるようにしたり、新卒者を対象とした求人情報やそのほかの職業・就職に関する情報を、収集・提供したりしています。さらに、労働市場の現状の説明や、求人票の見方、採用面接での対応方法の指導など様々なことについて取り扱っています。

臨床心理士によるカウンセリングを行っているところもあります。

学校（教員）との連絡や連携は？

中学生や高校生の職業指導や職業紹介については、適宜、会議などの場を通じて連絡をとりながら学校の協力を得て実施しています。例えば、学校における進路決定（保護者を含めた就職意志の決定）を早い時期に行う、職業生活における基本的な生活習慣、生活態度、こころ構えおよび働くことの意義などについての学校における指導を、ハローワークが行う職業講話や職業相談などとあわせて行う、職業相談、職業見学などを学校行事に組み入れるなど、学校との連携のもと、就職の促進に努めています。

ジョブカフェ（若年者就職支援センター）〔➡p. 279〕

ジョブカフェは通称で、本来は「若年者のためのワンストップサービスセンター」といいます。平成15年に内閣府・厚生労働省・文部科学省・経済産業省が策定した「若者自立・挑戦プラン」の中核的施策に位置付けられたもので、若年者が雇用関連サービスを1か所でまとめて受けられるようにした施設です。

設置者は都道府県ですが、NPO法人等に運営委託する例も見られます。

就職セミナー、職場体験、カウンセリング、職業相談、職業紹介、保護者向けのセミナーなど、地域の特色を生かした様々なサービスを行っています。「カフェ」という呼び名のとおり、明るくおしゃれな雰囲気、気軽に立ち寄れる雰囲気も特徴です。

ハローワークを併設しているジョブカフェもあります。地域によってはサテライトという出張所を作ってサービスを行っているところもあります。

人権に関する相談ならどんなことでも

法　務　局

〔➡ p.284〕

全国にある法務局・地方法務局の本局（50局）および支局（265局）では、人権相談所を開設し、あらゆる人権問題について相談に応じています。先生から「体罰」を受けた、仲間から「いじめ」を受けた、親から虐待を受けているなど、どんなことでも相談をすることができます。相談は無料で、難しい手続きは何もいりませんし、また、相談内容についての秘密は厳守されます。電話でも相談することができますので、どんな悩みでもひとりで悩まないで相談してください。

どんな相談を受けつけているの？

いじめ、体罰、家庭内のもめごと、悩みごとなど、様々な人権問題について相談に応じています。皆さんが、毎日の生活を営んでいくうえで、これは人権問題ではないだろうかと感じていること、あるいは法律上どのようになるのかよくわからないことなど、どんなことでもご相談ください。

誰が相談にのってくれるの？

法務局職員や人権擁護委員が相談に応じています。

人権擁護委員は、各市町村の地域住民の中にあって、人権の擁護という仕事に理解があり、もっともふさわしい人として市町村長から推薦を受け、法務大臣が委嘱する多彩な経験や知識をもった方々です。社会事業者、教育者、報道関係者および弁護士等あらゆる分野から選ばれ、現在、約1万4,000名（うち女性委員が約5,900名）が全国に配置されています。

実際の相談現場はどうなっているの？

法務局・地方法務局および支局では、常設相談所を開設し、あるゆる人権問題について相談に応じています（電話でも相談を受けつけています）。また、市町村役場やデパートなど、特定の場所および日を決めて開設する「特設相談所」のほか、人権擁護委員が自宅で相談に応じ

る「自宅相談」もあります。

　特に、いじめ、体罰などの子どもの人権問題に関しては、その相談のために「子ども特設相談所」を開設したり、法務局・地方法務局の本局に「子どもの人権110番」などの専用電話を設置するなどして、子どもの人権問題について気軽に相談に応じることができる体制をとっています。

　相談はいずれも無料で、難しい手続きは何もいりませんし、匿名でもできます。また、相談内容についての秘密は厳守されます。相談を受けたときは、相談内容に応じて、問題解決にそった適切な対応をしています。そのうち、人権侵害の疑いがある事案については，人権侵犯の有無を確かめる調査を行い、その結果、人権侵害の事実が認められたときは、人権を侵害した者に対して反省を促すなどの適切な措置を行っています。

学校（教員）との連絡や連携は？

　例えば、子どもが学校でいじめを受けているという相談を受けたときは、子どもや保護者と十分に話し合ったうえで、学校の担任教師等に連絡し、いじめの事実の確認を求めます。そして、いじめの事実が確認された場合には、解消のための措置を講じるよう促します。

　また、学校における取組みが十分では

なく、学校の取組み姿勢に問題があると思われる場合には、いじめに対する取組み方策について学校と協議します。そして場合によっては、学校に対し具体的な方策を助言するほか、教育委員会にも的確な対応を要請するなどして、学校などと連携をとりながら問題の解決にあたることもあります。

家庭との連絡や連携は？

　相談内容が不登校などのように、家庭の問題とかかわりがある場合には、家庭とも連携をとりあいながら問題の解決にあたることもあります。　　　（山野幸成）

USER'S GUIDE

「東京法務局人権擁護部」の場合
【人権相談】
＊受付時間　毎日9：00〜17：00
　（土・日・祝祭日、年末年始を除く）
＊電話番号　0570（003）110
【子供の人権110番】
＊受付時間　毎日9：00〜17：00
　（土・日・祝祭日、年末年始を除く）
＊電話番号　0120（007）110
【夜間相談】×
【料　　金】無料
■詳細は地域によって異なりますので、お近くの法務局へお問い合わせください。

子どもの人権なら任せて！

弁 護 士 会

〔➡ p.287〕

弁護士は基本的人権の擁護と社会正義の実現を使命としており、子どもの人権の問題にも取り組みます。弁護士会はすべての都道府県にあります。子どもの人権に関する専門相談窓口を設けている会や、子どもの人権に詳しい弁護士を紹介している会もあります。また、LINE相談を行っている会もあります。いじめ、体罰、不登校、退学、学校事故などの学校に関する問題、虐待などの親子の問題、子どもの非行の問題などに悩んだときは、ぜひ問い合わせてみてください。子ども本人以外の保護者や学校の先生など周りの大人からの相談も受けつけます。

どんな相談を受けつけているの？

★子どもからの相談
・いじめの被害、加害
・不登校
・体罰など教師とのトラブル
・校則、退学、進路変更、管理教育など学校の体制
・親、親族からの虐待、施設での虐待
・両親の離婚など家族の問題についての悩みや意見表明
・その他の犯罪被害、加害
★保護者からの相談
・上記の悩みをもつ子どもの親
・学校の管理、運営への不満
・学校災害
・親同士のつきあいでの悩み
・離婚における親権など
★その他からの相談

・周りで虐待を発見した人（近所の人、親族、教育・福祉関係者など）
・学校運営に悩む教師
・上記悩みをもつ子どもの祖父母、親族
・子どもにかかわる宗教上のトラブル

誰が相談にのってくれるの？

必ず弁護士が相談にあたります。東京弁護士会では、「子どもの人権救済センター」所属の150名の弁護士（子どもの人権に詳しい弁護士）が、毎日交代で相談にあたっています。また、年数回の研修会も開催して、よりよい相談をめざしています。

実際の相談現場はどうなっているの？

東京弁護士会では平日の午後・夜間と土曜午後に、毎日、電話相談を無料で行っています。また、無料面接相談もあ

ります（ただし、代理人として受任した場合は有料となります）。他の弁護士会でも、専門窓口を設けている場合は、曜日や時間帯を限って電話・面接相談を行ったり、当番の弁護士に取り次ぐなどの対応をしています。専門窓口がなくても子どもの人権に詳しい弁護士を紹介してもらえる場合があります。日弁連のホームページから「弁護士会の子どもの人権相談窓口一覧」を探してください。なお、子どもの非行の問題については、各弁護士会の行っている少年当番弁護士・少年当番付添人制度も利用できます。

相談費用は初回無料としている弁護士会が多いようですので問い合わせてみてください。

相談にあたる弁護士は、できるだけ具体的な解決方法を相談者と一緒に考えます。なるべく相談者が自分で解決できるようなアドバイスを心がけますが、弁護士の助力が必要な場合にはそのまま受任したり、相談を継続したり、もっと適切な機関を紹介したりすることもあります。

弁護士はどんなことをしてくれるの？

例えば、退学、いじめなどの学校に関する問題について弁護士が受任すると、弁護士は、相談者とよく打ち合わせた上で、学校との交渉などの代理人活動を行います。学校への連絡をどうするか、登校継続か転校か、相手の子どもや保護者とも交渉するか、などの方針を決める際には、子ども本人の意向を十分に確認します。子どもが自分の希望を表現することを応援し、子どもに寄り添った解決を心がけます。また、学校対応は相談者が自ら行うが、今後も継続的に相談に乗ってほしい、といった希望に応えることも

可能です。

虐待などで居場所を失ってしまった子どもの支援については、児童相談所等との連携を図るほか、一部の弁護士会では、「子どものシェルター」との連携が図られている場合もあります。

弁護士費用が支払えない場合には、法テラスの民事法律扶助によって立て替えてもらうことができますし、子ども自身が保護者の協力を得られない場合（虐待など）には、日弁連の子どもに対する法律援助を利用できる場合もあります。非行の場合は、国際弁護人・付添人や日弁連の付添援助などがあります。

子どもが成長して大人になっていく過程で様々な法律問題や人権侵害に出会ったときに、子どものパートナーとして一緒に悩み、考え、問題解決に向けて支えとなってくれる弁護士を見つける助けとなれば幸いです。

（澤田稔）

USER'S GUIDE

「東京弁護士会・子どもの人権
　救済センター」の場合
【子どもの人権110番（電話相談）】
＊受付時間　　月〜金13:30〜16:30
　　　　　　　　　　　17:00〜20:00
　　　　　　　　土　　13:00〜16:00
＊電話番号　　03（3503）0110
【子どもの人権面接相談（予約制）】
＊受付時間　上記と同じ
＊03（3581）2205
■地域で詳細が異なりますので各弁護士会へお問い合わせください。

いつでもどこでも安心して相談できる

電話相談・ネット相談
（SNS 相談）
〔➡ p.290〕

1971年、いのちの電話などの電話相談の成立は、電話というメディアが単なるビジネス目的ではなく、情緒的コミュニケーションのメディアとなったと定義できます。しかも匿名が保障される電話相談は飛躍的に発展してきました。相談は従来、面接だけに限定されていましたが、孤立無援で不安の強い人たちには、優れて援助的なメディアであるとの認識を共有したのです。電話が携帯に代わり、さらにメールが加わって、文章化された大量の情報をやり取りできるようになりました。リアルタイムのチャットが普及し、最近ではSNS 相談の開設も広まり、人と関わるのが苦手な若者たちが、ネットで相談する傾向が顕著になりました。

そこで電子媒体を利用する相談の多様性について考察してみましょう。出産・育児から高齢者ケアまでライフサイクル全般にわたります。

どんな相談を受けつけているの？

★【行政】【専門機関】：教育委員会などの「いじめ相談」、児童相談所などの「児童相談」、警察の「ヤング・テレフォン」。「医療相談」「精神保健相談」「婦人相談」など。

★【民間】：社会福祉法人、弁護士会、NPO による「チャイルドライン」「子どもの人権110番」「いのちの電話」「児童虐待防止センター」「保育・子

育て相談」「思春期相談（不登校、引きこもりなど）」「離婚相談」「障がい者相談」など。

★【当事者】：自助グループで「アルコール・薬物依存相談」「有終支援相談」など。

誰が相談にのってくれるの？

【行政】【専門機関】の場合は、たいてい専任職員カウンセラーによる相談で、専門的助言ないし情報提供が中心です。

【民間】は専門家と、適性があり研修を受けたボランティア相談員が協働しているところが多いようです。

【当事者】は、薬物依存や難病などを

自ら、ないしは身内に抱えている相談員が中心。同じ目線で不安や悲しみとじっくりつきあうことが中心です。「適性」ということばを使いましたが、専門性だけでは"適性"とは言えず、一方当事者あるいはボランティアは経験者だから、ただちに適性とは言えません。厳しいスーパービジョンを受けつつ自己理解を深める研修と適性評価による認定が必要です。

実際の相談現場はどうなっているの？

電話相談といっても、それぞれ特性があります。行政や専門機関は正確な情報や対処の方法を指示してくれますが、心身の病気や障害が遷延化している利用者にとっての期待は、治療や問題解決ではなく、喪失をじっくり受けとめる役割が大切です。電話相談にはすでに治療を受けている人が多く、その役割は、専門性よりもじっくりと不安を受けとめることに意味があります。ただセカンドオピニオンを求めている場合、適切な紹介が必要です。

電話相談について結論的に言えば、専門的知識や情報を伝えることよりも不安や悲しみと寄り添うことが何より重要であると考えます。ただ電話相談は安心して相談ができるために、常習的通話者

（常連）を作りやすいのです。つまり依存性を助長する傾向があることに注意する必要があります。

ネット相談については比較的若い世代が使いやすいようです。筆者が属する組織では2007年に東京で開始しましたが、今日全国に拡大しました。これは『いのちの電話みんなのインターネット相談』と呼んでいます。ただ電話とは違って文字だけを媒体とするコミュニケーションは、気持ちを伝えるのが困難ですが、孤独で関係づくりのできない若い利用者にとっては相性のよいメディアです。背景に心の病のある人たちとのメール対応については専門家の助言が必要でしょう。

学校（教員）・家庭との連絡や連携は？

匿名による電話相談、ことに連絡・連携に際してはプライバシーが保障されることです。匿名が原則ですから、危機的な場合以外は、連絡などによる介入はすべきではありません。一般論としては、話が筒抜けになるような「連携」は電話相談にはなじみません。本人の了解を得て、しかも「適切な紹介」をすること、さらに紹介先ではていねいに受けとめることが大切です。

（斎藤友紀雄）

一番近くにある

学校の中にある相談機関

〔➡p.292〕

スクールカウンセラー、「心の教室相談員」、メンタルサポーターなど、相談の専門家が学校に配置されたり、スクールソーシャルワーカーやスクールロイヤー等、福祉や法律に関する問題の専門家による相談体制も整備されつつあります。こうした相談システムは、何よりも「身近にある」ことが利点です。子どもは休み時間に相談に訪れることができますし、保護者は都合にあわせて相談時間を選択することが可能です。相談の秘密厳守等もしっかりしているので、安心して相談することができます。

どんな相談を受けつけているの？

★子どもからの相談
- 学習や生活上の悩み
- 友人関係のトラブルやいじめ問題
- 学習方法や進路選択
- 不登校、非行、習癖等の問題　など

★保護者からの相談
- しつけ等の子育て一般
- 不登校等の子どもの問題
- 家庭生活や家族関係の問題
- 学校への不満や苦情　など

★教師からの相談
- 児童・生徒理解に関すること
- 児童・生徒への指導、援助の方法
- 問題の理解や事例研究
- 保護者との連携の進め方　など

誰が相談にのってくれるの？

◆スクールカウンセラー……子どもの問題について専門的な知識や経験をもつ、臨床心理士・精神科医・大学教授が任用されています。

◆「心の教室相談員」……実施要項には「教職経験者や青少年団体指導者などの地域の人材」と示され、元PTA会長、青少年委員、児童委員、保護司、スポーツ団体指導者、大学院生等、多様な人材が活躍しています。

◆メンタルサポーター等……大学院生や心理学専攻の学生等、子どもと年齢差の少ない人が活動している例が多いようです。退職校長等が嘱託員として相談員をつとめることもあります。

◆教師（教育相談担当）……各地で教師を対象とした教育相談の研修会が活発に行われています。各学校には教育相談に堪能な教師が続々と育っています。こうした教師を中心に、子どもだけでなく、保護者を対象とした教育相談が盛んに実施されています。

実際の相談現場はどうなっているの？

学校外の専門家は、１か月ごとの来校予定日が決まっているので、相談者はこの日にあわせて相談に訪れます。随時受けつけてもらえますが、予約制をとっている学校もあるので、確認しておく必要があります。

通常は、休み時間や放課後を利用して、子どもからの相談に応じていますが、保護者や教師からの相談も増えています。相談時間や相談場所についても柔軟に対応してもらえます。

相談方法は個別カウンセリングが中心ですが、同じ悩みをもつ者と一緒に行うグループカウンセリングや、遊びや運動を通した遊戯（運動）療法等が用いられることもあります。

学校（教員）との連絡や連携は？

相談する側から「学校との連携」を望む場合、あるいはカウンセラー等がその必要性を強く感じる場合を除き、原則的には「相談の秘密保持」が尊重されます。

しかし実際には、「学校の中にある相談機関」としてのメリットを生かすには、学校との連携はむしろ積極的に進める必要があります。管理職等への報告を義務づけているところがあるのは、こうした背景があるからです。

家庭との連絡や連携は？

子どもの相談内容が家庭の問題にかかわる場合には、家庭との連携が重要になります。

また、不登校や非行問題等の指導にあたっては、家庭と緊密な連絡をとりあいながら問題解決にあたることになります。

なお、家庭訪問指導や家庭での相談に応じてもらえることもあります。

（嶋﨑政男）

USER'S GUIDE

「○○区立△△中学校」の場合

【受付時間】毎週火曜 8：30～16：30
【相談方法】電話／面接／手紙
【夜間相談】×
【料　　金】無料
【相 談 者】臨床心理士／ガイダンスカウンセラーなど
【そ の 他】相談の受付は、担任・養護教諭等を通してもできます。お気軽にお問い合わせください。

生活全般を多面的にサポートする
発達障害者支援センター

〔➡ p.299〕

発達障害者支援センターは、平成16年12月に公布された「発達障害者支援法」に基づき都道府県等が設置しており、発達障害児・者に様々な支援を提供するところです。主な業務は、発達障害の早期からの発見と発達支援、学校教育における発達障害児への支援、成人の発達障害者への就労や生活支援などです。発達障害を専門とするケースワーカーや臨床心理士などが相談にあたり、病院や学校、福祉事務所、就労援助機関などと連携して対応してくれます。

どんな相談を受けつけているの？

　発達障害者支援センターは、国の補助を受けて都道府県等が実施しているもので、具体的な運営は委託を受けた社会福祉法人等が行っています。自閉症、アスペルガー症候群、LD や ADHD などの発達障害のある人（疑いがある人）、その家族、幼稚園や学校の担任教師など、発達障害者本人とその関係者に対して、様々な相談支援などを実施しています。

　センターの相談事業には大きく3つがあります。1つめは、相談支援です。子どもから大人までの発達障害者とその家族などを対象に、日々の生活にかかわる様々な相談（生活リズム、身辺自立、コミュニケーション、行動上の問題、学校や職場での悩みなど）、福祉制度や関係機関（医療、教育、福祉、労働など）の紹介に関する情報提供を行っています。特に、発達障害の専門的な診断および発達支援を行う病院や専門指導機関などの紹介をしてくれます。2つめの事業に、子どもの発達支援、生活上の困難さを軽減するための支援があります。これは、センターの職員が、子どもの状況を把握した上で、保育所、幼稚園、学校、施設等を訪問し、保育士や教師と連携してその子に適した保育・教育がなされるようにコーディネイトします。また、必要に応じて本人や家族と話し合い、療育目標の設定や療育プログラムづくりを行っています。3つめは、就労支援事業です。働きたい人、または、今働いているが困っているなどの相談に応じます。問題や課題点を整理し、改善のための支援を

236

就労関係機関と連携して行います。同時に、発達障害者を雇用している事業所からの相談にも応じています。

誰が相談にのってくれるの？

発達障害を専門とするケースワーカーや臨床心理士、福祉指導員、保育士などが相談を受けています。他の専門機関との連携を重視しているので、専門医療機関など、相談者や内容にふさわしい場所を紹介します。

実際の相談現場はどうなっているの？

センターの相談は、通常、平日の9時〜17時という場合がほとんどです。

電話やeメールでの相談と面接相談があります。面接相談の場合は、事前に電話やFAX、eメール、郵便などで予約や申し込みが必要です。センターでは、プライバシー保護のため個別相談室において面接します（電話やeメールでの相談でも秘密厳守されます）。そこでは、インテーク面接（初回）で、学校や家庭などの生活・学習・行動面の困難さについて詳しく聴取し、必要がある場合は、心理検査や調査などを行って問題を多角的に把握します。人間関係、学校や家庭環境などもあわせて聴き取り、問題の所在を整理し、支援に向けたプランを本人や家族、関係者と一緒に考えます。また、必要に応じて、センターの職員が自宅や学校などに訪問して相談しています。支援ニーズに応じて、医療や福祉、教育、労働などの専門機関での相談につなげたり、センター職員が一緒にそうした機関に出向いて相談者の思いを代弁したり、共に考え支援してくれます。

学校（教員）との連絡や連携は？

本人や保護者と相談・了解の上で、学校を訪問したり、教師と定期的に情報交換を行い支援にあたります。

家庭との連絡や連携は？

子どもの発達支援や障害の軽減のために、適切な家庭環境や育児、指導などが求められます。そうした相談などに応えて、保護者に具体的な子どもへの対応や環境設定などを助言するため、積極的に家庭と連絡をとります。また、発達障害者本人に加えて、家族の健康な生活を保障する支援が必要となってくる場合が多くみられます。そうした要請に応えて、センターと家庭の連絡は密にとられます。

メッセージ

センターの名称は「自閉症・発達障害支援センター」としているところもあります。インターネットでホームページを開設しているセンターが多いです。場所が不明なときは、地域の役所に問い合わせてください。

（橋本創一）

237

妊娠から子育てまでの切れ目のない支援
子育て世代包括支援センター

〔➡ p.308〕

子育て世代包括支援センターは、母子保健法改正（平成29年4月施行）によって市町村に設置の努力義務が規定された施設です（法律上の名称は「母子健康包括支援センター」）。国は、「ニッポン一億総活躍プラン」（平成28年6月2日閣議決定）において、子育て世代包括支援センターを平成32（2020）年度末までに全国展開することを掲げました。子育て世代包括支援センターでは、地域の特性に応じた「妊娠期から子育て期にわたる切れ目のない支援」を提供することを目的とし、妊娠・出産・子育てに関する各種の相談に応じ、情報提供・助言・保健指導などを行います。

どんな相談を受けつけているの？

子育て世代包括支援センターのおもな役割は次のとおりです。

① 妊産婦・乳幼児等の実情を把握すること
② 妊娠・出産・子育てに関する各種の相談に応じ、必要な情報提供・助言・保健指導を行うこと
③ 支援プランを策定すること
④ 保健医療又は福祉の関係機関との連絡調整を行うこと

妊娠・出産・育児に関する様々な悩みや問題に対する相談窓口として、妊産婦や子育て家庭の個別ニーズを把握したうえで、情報提供やきめ細かな支援を行います。妊娠届の受理・母子健康手帳の交付も行います。

〈相談内容の例〉

★妊娠・出産
・妊娠中の生活
・妊娠中や産後の体やこころの変化
・予定外の妊娠、望んでいない妊娠
・健診や出産の費用
・育てる自信がない
・赤ちゃんと生活するための準備

★育児
・子どもが泣いてばかり
・子育てがつらい
・子どもをかわいく思えない
・授乳
・子どもの体重

・離乳の進め方、離乳食

・上（下）の子を大切にできない

・発育の遅れ、病気、障害

・子どもの預かりサービス

・子育て世代の交流の場

・夫婦間の問題

・就学、進学　など

誰が相談にのってくれるの？

　保健師、助産師、ソーシャルワーカー、保育士、教育相談員、療育相談員など、母子保健・子育て支援の専門家が相談にあたります。

実際の相談現場はどうなっているの？

　相談員が、面接や電話相談等を通じ、安心して妊娠・出産・育児ができるよう、相談に応じています。相談は無料で、秘密は守られます。妊娠届出時に面接相談を行い、支援プランを作成するセンターもあります。支援プランでは、妊婦の状況をもとに妊娠中の過ごし方のめあてを設定し、今後利用できる保健福祉サービスの紹介を行います。

　その他、子育て世代包括支援センターでは、〈出産後〉母子のケアや育児のサポート、乳幼児健康診査、新生児訪問等による保健指導・支援、生後4か月までに乳児のいる全家庭を訪問しての情報提供や養育環境把握、養育支援が特に必要な家庭に対して、その居宅を訪問し、養育に関する指導・助言等を行うことによ

り、当該家庭の適切な養育の実施を確保、〈子育て期〉子育て中の親子が相互交流を行う場所における相談、情報提供等（地域子育て支援拠点事業）、家庭での養育が一時的に困難になった子どもについての不定期の預かりサービス、児童虐待の発生予防、早期発見・早期対応、子どもの保護・支援・保護者支援、疾病や障害のある子どもの支援など、幅広い業務を展開しています。

家庭との連絡や連携は？

　地域のつながりが希薄化するなか、妊産婦や母親の孤立感、負担感が高まっています。子育て世代包括支援センターでは、こうした方々のためのワンストップ相談窓口としての役割が期待されています。必要に応じて家庭訪問を行うこともあります。

USER'S GUIDE

「千葉市母子健康包括支援センター」の場合

【受付時間】月〜金8：30〜17：30
　　　　　　（祝日・年末年始を除く）

【相談場所】

・中央保健福祉センター健康課

・花見川保健福祉センター健康課　他

■詳細は地域によって異なりますので、お近くの市町村へお問い合わせください。

239

Q&A

Q 相談機関ってたくさんあるけどどこを選べばいいの?

A 【保護者の方へ】　相談機関を選ぶ第1の基準は、続けて通うのに便利かどうかということです。通うのに数時間かかるのでは大変です。心理的な問題は解決までに時間がかかる場合が少なくありません。1年程度は通う可能性を考えて、相談機関を選ぶほうがいいでしょう。なお、実利的な知恵ですが、最初の段階で3か所程度の相談機関を巡ってみるのもいいかもしれません。3か所ともまったく異なった意見を出すことは考えられませんから、その中で、似た対応をしてくれそうな機関のうち、より自分の問題解決に役立ちそうな専門家を選ぶという方法もあるでしょう（これができるのは、都会でいくつもの相談機関が身近にある場合に限りますが……）。先々、相談機関や相談担当者を変えたいと思ったとき、自分の中で一定の基準ができていますので、自分にあった専門家を楽に選ぶことができるからです。

【先生方へ】　教師の場合は、都道府県・区市町村内の相談機関や医療機関についてあらかじめ調べ、校内関係者が利用可能な機関の一覧表を作成しておくといいでしょう。そして、校内関係者の誰もが活用できるようにしておきます。また、相談機関の概略だけでなく、その機関の実情に詳しい校内関係者の氏名も記載しておくと便利です。

　学校との連携スタイルは相談機関によってまちまちですが、心理的な問題では、機関よりも個人の力量によるところもあります。機関を紹介するのではなく、自分が信頼できる人に紹介するわけです。連携にあたっては人と人との信頼関係が物をいう場合が少なくありませんし、お互いが知り合いであるということは、先々、連携をしていくうえで大きな要因となるでしょう。ですから、ある機関の事情に詳しい方が校内にいれば、そこを紹介するときの窓口になってもらったり、教師自身が相談に行くときのお手伝いをしてもらったりと、何かと都合がいいはずです。

Q　子どもが相談機関に行きたがらなくて困っています

A　思春期以降の相談や自宅に閉じこもりがちな場合、また保護者への反発が強い場合には、子ども自身が相談機関に行きたがらないことも少なくありません。けれども相談機関側にとって、実際に子どもと会わないで相談を進めるのは心配な面があります。その意味で、医療機関の多くは、子どもが来診しない限り診察を行わないのが普通です。ただし、教育相談機関や児童相談所などでは、子どもに関する相談であれば誰からの相談でも受けつけます。子どもが相談に行きたがらない場合には、まずは、これらの機関で保護者が継続して相談を受けることから始めたほうがいいでしょう。保護者が相談機関に通っているうちに、子どもへの接し方が変わって保護者自身が安定してくるようになります。すると、子ども自身も保護者との関係がよくなってきますし、心理的な問題が保護者の力によって回復してくる場合も珍しくありません。

　子どもは、保護者面接が進むにしたがって、保護者の態度を変化させた相談機関に対して興味をもつようになります。その結果、その相談機関への来所が始まることもあります。なお、相談の効果を上げる意味で、子どもが相談を拒否していても、保護者が子どもの悩みを解決するために相談機関に通っていることだけは伝えておくほうがいいでしょう。

Q　継続して相談したいのですが……

A　電話相談などでは一度限りの相談の場合が多いものです。けれども、対面相談では継続していくことが前提となっています。数か月間は相談を続けてみないと、相談の効果が見えてこない場合も少なくありません。継続相談ができるのでしたら、ぜひ同じ担当者と続けて相談をしていきたいものです。

　もちろん、医療機関では、曜日や時間で担当者が代わったり、児童相談所などでは「心理テストをする人」「医師」「ソーシャルワーカー」と分業になっていて、互いが

連携しながら1つの事例にあたる場合もあります。継続して同じ担当者に相談したければ、その旨を担当者に申し出てみてください。これは電話相談でも同様です。カウンセラーの都合がいい日時にあわせて電話することによって、同じ担当者に継続相談できるかもしれません。

Q 相談者（カウンセラー）に不満があります

A カウンセリング場面で、相談担当者に疑問をもったり、訳もなく腹が立ってきたりする場合は少なくありません。順調に進んでいても、そのような気持ちになることがよくあります。そんなときは、抱えている疑問や腹立ちを、相談場面で正直に話すのがいいでしょう。相談担当者や医師が腹を立てるようでしたら、それはプロとはいえません。相談担当者にとって、その種の話は、問題解決に役立てやすい話でもあります。なぜなら、担当者に腹が立つということは、担当者に対する期待の裏返しであるからです。「自分がどのようになりたいのか」「そのために相談担当者にどのようにしてほしいのか」をわかってもらうことは、カウンセリングではとても大切なことなのです。

Q 相談者（カウンセラー）を変えたいのですが……

A どうしても自分にはあわないと感じるなら、そのことを相談担当者に伝え、「別の相談者に変えてほしい」と申し出るといいでしょう。ただ、突然それをいうのではなく、前もって相手に不満をもっていることを伝えてから、別の相談者か別の機関の相談者を紹介してもらうように相談してみてください。相談者も人気商売ですので、がっかりするのが本心ですが、カウンセリングの場合は機関よりもあくまで個人の力が大きいのです。自分にあっていると思うカウンセラーが、自分にとっての世界一優れた相談者なのです。

Q 複数の相談機関を利用しても大丈夫ですか？

A　本来は、現在通っている相談機関に、「複数の相談機関を利用している」と正直に伝えるほうがいいのです。けれども、それが難しいならば、少なくとも新しく訪れた相談機関には、今まで別の相談機関にかかり現在もカウンセリングを継続していると、話しておくべきです。これは一般論になりますが、カウンセラーが今までの相談経過を聞いて、頭から否定するような対応をする場合には、あまり信用おけません。基本的に、カウンセリングを2か所で同時並行することがいいとはいえませんが、片方が医療機関、片方が心理のカウンセリングという場合には、扱うことが違うので構わないと思います。ですが、「複数の相談機関を利用している」ことを両機関が了解しておくほうが、何かと都合がいいはずです。

Q 相談機関とうまくつき合うにはどうすればいいの？

A　【保護者の方へ】　保護者自身は、相談の中で「問題としたいことは何か」「その問題を解決した状態とはどのようなことか」「どんな援助がほしいのか」ということを、明確にしていくよう心がけたいものです。相談担当者というのはあくまでも、保護者の方の努力を援助するのが仕事です。保護者に代わって、魔法のような力で問題を解決してくれるものではありません。また、保護者としての問題点や欠点を指摘しつづけたり、この方法でしか解決しないようなアドバイスを与えたりする相談者は、むしろ力量のない相談者です。「相談していると気持ちが落ち着いてくる」、「元気や自信がもてるようになる」……という相談者が、自分にとって優れた相談者なのです。そのような相談者に出会ったら、相談はできるだけ継続するようにしてください。1回きりの面接よりも、相談を続けさせてくれる相談者が力量のある人です。この機関よりもあそこが優れているとか、あのカウンセラーよりもこのカウンセラーが優れているとかはありません。カウンセリングや相談は"継続が力なり"なのですから。

【先生方へ】　相談機関に子どもを紹介したら、それで問題が解決したわけではありません。むしろ、問題解決の始まりといえます。専門的な問題解決の部分については相談機関にお願いするにしても、「学校でできることは何か」と常に考えつづける必要があるからです。相談機関と連携する必要も出てくるでしょう。しかし優れた相談機関ほど、守秘義務を厳格に守ります。ですから、守秘義務を侵さぬようにしながら連携をとらなければなりません。少なくとも保護者には、前もって、相談機関と連絡をとりあっていいかどうかを尋ねる必要があるでしょう。そして、実際に連絡をとるときには、学校での本人の状況や、教師が考える事例理解と指導方針を伝えて、「対応についてどう思うか」とだけ尋ねるようにします。相談機関の情報を引き出そうとするのではなく、学校での情報を示しながら、対応策の具体的なアドバイスをもらうようにしましょう。

（小林正幸）

全国相談機関一覧

児 童 相 談 所

●児童相談所虐待対応ダイヤル「189」(いちはやく)

　「虐待かも……」と思った時などに、すぐに児童相談所に通告・相談ができる全国共通の電話番号です。児童相談所虐待対応ダイヤル「189」に電話をかけると、発信した電話の市内局番等から（携帯電話等からの発信はコールセンターを通じて）当該地域を特定し、管轄の児童相談所に電話を転送します（一部のIP電話はつながりません）。

　通告・相談は匿名で行うことができ、通告・相談をした人、その内容に関する秘密は守られます。子どもや保護者、地域の人たちのSOSの声をいちはやくキャッチするため、2019年12月3日より通話料が無料化されています。

(2020年7月1日現在)

都道府県名等	名　称	〒	住　所	電話番号
北海道	中央児童相談所	064 - 8564	札幌市中央区円山西町2 - 1 - 1	011 - 631 - 0301
	旭川児童相談所	070 - 0040	旭川市10条通11	0166 - 23 - 8195
	稚内分室	097 - 0002	稚内市潮見1 - 11	0162 - 32 - 6171
	帯広児童相談所	080 - 0801	帯広市東1条南1 - 1 - 2	0155 - 22 - 5100
	釧路児童相談所	085 - 0805	釧路市桜ヶ岡1 - 4 - 32	0154 - 92 - 3717
	函館児童相談所	040 - 8552	函館市中島町37 - 8	0138 - 54 - 4152
	北見児童相談所	090 - 0061	北見市東陵町36 - 3	0157 - 24 - 3498
	岩見沢児童相談所	068 - 0828	岩見沢市鳩が丘1 - 9 - 16	0126 - 22 - 1119
	室蘭児童相談所	050 - 0082	室蘭市寿町1 - 6 - 12	0143 - 44 - 4152
青　森	中央児童相談所	038 - 0003	青森市石江字江渡5 - 1	017 - 781 - 9744
	弘前児童相談所	036 - 8356	弘前市下銀町14 - 2	0172 - 36 - 7474
	八戸児童相談所	039 - 1101	八戸市大字尻内町字鴨田7	0178 - 27 - 2271
	五所川原児童相談所	037 - 0046	五所川原市栄町10	0173 - 38 - 1555
	七戸児童相談所	039 - 2574	上北郡七戸町字蛇坂55 - 1	0176 - 60 - 8086
	むつ児童相談所	035 - 0073	むつ市中央1 - 1 - 8	0175 - 23 - 5975
岩　手	福祉総合相談センター	020 - 0015	盛岡市本町通3 - 19 - 1	019 - 629 - 9600
	宮古児童相談所	027 - 0075	宮古市和見町9 - 29	0193 - 62 - 4059
	一関児童相談所	021 - 0027	一関市竹山町5 - 28	0191 - 21 - 0560
宮　城	中央児童相談所	981 - 1217	名取市美田園2 - 1 - 4	022 - 784 - 3583
	東部児童相談所	986 - 0850	石巻市あゆみ野5 - 7	0225 - 95 - 1121

	気仙沼支所	988 - 0066	気仙沼市東新城3 - 3 - 3	0226 - 21 - 1020
	北部児童相談所	989 - 6161	大崎市古川駅南2 - 4 - 3	0229 - 22 - 0030
秋　田	中央児童相談所	010 - 1602	秋田市新屋下川原町1 - 1	018 - 862 - 7311
	北児童相談所	018 - 5601	大館市十二所字平内新田237 - 1	0186 - 52 - 3956
	南児童相談所	013 - 8503	横手市旭川1 - 3 - 46	0182 - 32 - 0500
山　形	福祉相談センター	990 - 0031	山形市十日町1 - 6 - 6	023 - 627 - 1195
	庄内児童相談所	997 - 0013	鶴岡市道形町49 - 6	0235 - 22 - 0790
福　島	中央児童相談所	960 - 8002	福島市森合町10 - 9	024 - 534 - 5101
	県中児童相談所	963 - 8540	郡山市麓山1 - 1 - 1	024 - 935 - 0611
	白河相談室	961 - 0074	白河市字郭内127	0248 - 22 - 5648
	会津児童相談所	965 - 0003	会津若松市一箕町大字八幡字門田1 - 3	0242 - 23 - 1400
	南会津相談室	967 - 0004	南会津町田島字天道沢甲2542 - 2	0241 - 63 - 0309
	浜児童相談所	970 - 8033	いわき市自由が丘38 - 15	0246 - 28 - 3346
	南相馬相談室	975 - 0031	南相馬市原町区錦町1 - 30	0244 - 26 - 1135
茨　城	中央児童相談所	310 - 0005	水戸市水府町864 - 16	029 - 221 - 4150
	日立児童相談所	317 - 0072	日立市弁天町3 - 4 - 7	0294 - 22 - 0294
	鉾田児童相談所	311 - 1517	鉾田市鉾田1367 - 3	0291 - 33 - 4119
	土浦児童相談所	300 - 0812	土浦市下高津3 - 14 - 5	029 - 821 - 4595
	筑西児童相談所	308 - 0841	筑西市二木成615	0296 - 24 - 1614
栃　木	中央児童相談所	320 - 0071	宇都宮市野沢町4 - 1	028 - 665 - 7830
	県南児童相談所	328 - 0042	栃木市沼和田町17 - 22	0282 - 24 - 6121
	県北児童相談所	329 - 2723	那須塩原市南町7 - 20	0287 - 36 - 1058
群　馬	中央児童相談所	379 - 2166	前橋市野中町360 - 1	027 - 261 - 1000
	北部支所	377 - 0027	渋川市金井394	0279 - 20 - 1010
	西部児童相談所	370 - 0829	高崎市高松町6	027 - 322 - 2498
	東部児童相談所	373 - 0033	太田市西本町41 - 34	0276 - 31 - 3721
埼　玉	中央児童相談所	362 - 0013	上尾市上尾村1242 - 1	048 - 775 - 4152
	南児童相談所	333 - 0848	川口市芝下1 - 1 - 56	048 - 262 - 4152
	川越児童相談所	350 - 0838	川越市宮元町33 - 1	049 - 223 - 4152
	所沢児童相談所	359 - 0042	所沢市並木1 - 9 - 2	04 - 2992 - 4152
	熊谷児童相談所	360 - 0014	熊谷市箱田5 - 12 - 1	048 - 521 - 4152
	越谷児童相談所	343 - 0033	越谷市恩間402 - 1	048 - 975 - 4152

	草加児童相談所	340 - 0035	草加市西町425 - 2	048 - 920 - 4152
千　葉	中央児童相談所	263 - 0016	千葉市稲毛区天台1 - 10 - 3	043 - 253 - 4101
	市川児童相談所	272 - 0026	市川市東大和田2 - 8 - 6	047 - 370 - 1077
	柏児童相談所	277 - 0831	柏市根戸445 - 12	04 - 7131 - 7175
	銚子児童相談所	288 - 0813	銚子市台町2183	0479 - 23 - 0076
	東上総児童相談所	297 - 0029	茂原市高師3007 - 6	0475 - 27 - 1733
	君津児童相談所	299 - 1151	君津市中野4 - 18 - 9	0439 - 55 - 3100
東　京	児童相談センター★	169 - 0074	新宿区北新宿4 - 6 - 1	03 - 5937 - 2302
	北児童相談所	114 - 0002	北区王子6 - 1 - 12	03 - 3913 - 5421
	品川児童相談所	140 - 0001	品川区北品川3 - 7 - 21	03 - 3474 - 5442
	立川児童相談所★	190 - 0012	立川市曙町3 - 10 - 19	042 - 523 - 1321
	江東児童相談所	135 - 0051	江東区枝川3 - 6 - 9	03 - 3640 - 5432
	杉並児童相談所	167 - 0052	杉並区南荻窪4 - 23 - 6	03 - 5370 - 6001
	小平児童相談所	187 - 0002	小平市花小金井1 - 31 - 24	042 - 467 - 3711
	八王子児童相談所	193 - 0931	八王子市台町3 - 17 - 30	042 - 624 - 1141
	足立児童相談所	123 - 0872	足立区江北3 - 8 - 12	03 - 3854 - 1181
	多摩児童相談所	206 - 0024	多摩市諏訪2 - 6	042 - 372 - 5600
神奈川	中央児童相談所	252 - 0813	藤沢市亀井野3119	0466 - 84 - 1600
	平塚児童相談所	254 - 0075	平塚市中原3 - 1 - 6	0463 - 73 - 6888
	鎌倉三浦地域児童相談所	238 - 0006	横須賀市日の出町1 - 4 - 7	046 - 828 - 7050
	小田原児童相談所	250 - 0042	小田原市荻窪350 - 1	0465 - 32 - 8000
	厚木児童相談所	243 - 0004	厚木市水引2 - 3 - 1	046 - 224 - 1111
新　潟	中央児童相談所	950 - 0121	新潟市江南区亀田向陽4 - 2 - 1	025 - 381 - 1111
	長岡児童相談所	940 - 0857	長岡市沖田1 - 237	0258 - 35 - 8500
	上越児童相談所	943 - 0807	上越市春日山町3 - 4 - 17	025 - 524 - 3355
	新発田児童相談所	957 - 8511	新発田市豊町3 - 3 - 2	0254 - 26 - 9131
	南魚沼児童相談所	949 - 6680	南魚沼市六日町620 - 2	025 - 770 - 2400
富　山	富山児童相談所	930 - 0964	富山市東石金町4 - 52	076 - 423 - 4000
	高岡児童相談所	933 - 0045	高岡市本丸町12 - 12	0766 - 21 - 2124
石　川	中央児童相談所	920 - 8557	金沢市本多町3 - 1 - 10	076 - 223 - 9553
	七尾児童相談所	926 - 0031	七尾市古府町そ部8番1	0767 - 53 - 0811
福　井	総合福祉相談所	910 - 0026	福井市光陽2 - 3 - 36	0776 - 24 - 5138

	敦賀児童相談所	914 - 0074	敦賀市角鹿町1 - 32	0770 - 22 - 0858
山　梨	中央児童相談所	400 - 0005	甲府市北新1 - 2 - 12	055 - 254 - 8617
	都留児童相談所	402 - 0054	都留市田原3 - 5 - 24	0554 - 45 - 7838
長　野	中央児童相談所	380 - 0872	長野市大字南長野妻科144	026 - 238 - 8010
	松本児童相談所	390 - 1401	松本市波田9986	0263 - 91 - 3370
	飯田児童相談所	395 - 0157	飯田市大瀬木1107 - 54	0265 - 25 - 8300
	諏訪児童相談所	392 - 0131	諏訪市湖南3248 - 3	0266 - 52 - 0056
	佐久児童相談所	385 - 0022	佐久市岩村田3152 - 1	0267 - 67 - 3437
岐　阜	中央子ども相談センター	502 - 0854	岐阜市鷺山向井2563 - 79	058 - 273 - 1111
	西濃子ども相談センター	503 - 0852	大垣市禾森町5 - 1458 - 10	0584 - 78 - 4838
	中濃子ども相談センター	505 - 8508	美濃加茂市古井町下古井2610 - 1	0574 - 25 - 3111
	東濃子ども相談センター	507 - 8708	多治見市上野町5 - 68 - 1	0572 - 23 - 1111
	飛騨子ども相談センター	506 - 0032	高山市千島町35 - 2	0577 - 32 - 0594
静　岡	中央児童相談所	426 - 0026	藤枝市岡出山2 - 2 - 25	054 - 646 - 3570
	賀茂児童相談所	415 - 0016	下田市中531 - 1	0558 - 24 - 2038
	東部児童相談所	410 - 8543	沼津市髙島本町1 - 3	055 - 920 - 2085
	富士児童相談所	416 - 0906	富士市本市場441 - 1	0545 - 65 - 2141
	西部児童相談所	438 - 8622	磐田市見付3599 - 4	0538 - 37 - 2810
愛　知	中央児童・障害者相談センター	460 - 0001	名古屋市中区三の丸2 - 6 - 1	052 - 961 - 7250
	海部児童・障害者相談センター	496 - 8535	津島市西柳原町1 - 14	0567 - 25 - 8118
	知多児童・障害者相談センター	475 - 0902	半田市宮路町1 - 1	0569 - 22 - 3939
	西三河児童・障害者相談センター	444 - 0860	岡崎市明大寺本町1 - 4	0564 - 27 - 2779
	豊田加茂児童・障害者相談センター	471 - 0024	豊田市元城町3 - 17	0565 - 33 - 2211
	新城設楽児童・障害者相談センター	441 - 1326	新城市字中野6 - 1	0536 - 23 - 7366
	東三河児童・障害者相談センター	440 - 0806	豊橋市八町通5 - 4	0532 - 54 - 6465
	一宮児童相談センター	491 - 0917	一宮市昭和1 - 11 - 11	0586 - 45 - 1558
	春日井児童相談センター	480 - 0304	春日井市神屋町713 - 8	0568 - 88 - 7501

	刈谷児童相談センター	448－0851	刈谷市神田町1－3－4	0566－22－7111
三　重	北勢児童相談所	510－0894	四日市市大字泊村977－1	059－347－2030
	鈴鹿児童相談所	513－0809	鈴鹿市西条5－117	059－382－9794
	中勢児童相談所	514－0113	津市一身田大古曽694－1	059－231－5666
	南勢志摩児童相談所	516－8566	伊勢市勢田町628－2	0596－27－5143
	伊賀児童相談所	518－8533	伊賀市四十九町2802	0595－24－8060
	紀州児童相談所	519－3695	尾鷲市坂場西町1－1	0597－23－3435
滋　賀	中央子ども家庭相談センター	525－0072	草津市笠山7－4－45	077－562－1121
	彦根子ども家庭相談センター	522－0043	彦根市小泉町932－1	0749－24－3741
	大津・高島子ども家庭相談センター	520－0801	大津市におの浜4－4－5	077－548－7768
京　都	家庭支援総合センター	605－0862	京都市東山区清水4－185－1	075－531－9600
	宇治児童相談所	611－0033	宇治市大久保町井ノ尻13－1	0774－44－3340
	京田辺支所	610－0332	京田辺市興戸小モ詰18－1	0774－68－5520
	福知山児童相談所	620－0881	福知山市字堀小字内田1939－1	0773－22－3623
大　阪	中央子ども家庭センター★	572－0838	寝屋川市八坂町28－5	072－828－0161
	池田子ども家庭センター	563－0041	池田市満寿美町9－17	072－751－2858
	吹田子ども家庭センター	564－0072	吹田市出口町19－3	06－6389－3526
	東大阪子ども家庭センター	577－0809	東大阪市永和1－7－4	06－6721－1966
	富田林子ども家庭センター	584－0031	富田林市寿町2－6－1 大阪府南河内府民センタービル内	0721－25－1131
	岸和田子ども家庭センター	596－0043	岸和田市宮前町7－30	072－445－3977
兵　庫	中央こども家庭センター	673－0021	明石市北王子町13－5	078－923－9966
	洲本分室	656－0021	洲本市塩屋2－4－5	0799－26－2075
	西宮こども家庭センター	662－0862	西宮市青木町3－23	0798－71－4670
	尼崎駐在（※電話は西宮こども家庭センターに転送されます）	661－0024	尼崎市三反田町1－1－1	06－6423－0801
	川西こども家庭センター	666－0017	川西市火打1－22－8	072－756－6633
	丹波分室	669－3309	丹波市柏原町柏原688	0795－73－3866
	姫路こども家庭センター	670－0092	姫路市新在家本町1－1－58	079－297－1261
	豊岡こども家庭センター	668－0063	豊岡市正法寺446	0796－22－4314
奈　良	中央こども家庭相談センター	630－8306	奈良市紀寺町833	0742－26－3788

	高田こども家庭相談センター	635 - 0095	大和高田市大中17 - 6	0745 - 22 - 6079
和歌山	子ども・女性・障害者相談センター	641 - 0014	和歌山市毛見1437 - 218	073 - 445 - 5312
	紀南児童相談所	646 - 0011	田辺市新庄町3353 - 9	0739 - 22 - 1588
	新宮分室	647 - 8551	新宮市緑ヶ丘2 - 4 - 8	0735 - 21 - 9634
鳥　取	中央児童相談所	680 - 0901	鳥取市江津318 - 1	0857 - 23 - 6080
	米子児童相談所	683 - 0052	米子市博労町4 - 50	0859 - 33 - 1471
	倉吉児童相談所	682 - 0021	倉吉市宮川町2 - 36	0858 - 23 - 1141
島　根	中央児童相談所	690 - 0823	松江市西川津町3090 - 1	0852 - 21 - 3168
	隠岐相談室	685 - 8601	隠岐郡隠岐の島町港町塩口24	08512 - 2 - 9706
	出雲児童相談所	693 - 0051	出雲市小山町70	0853 - 21 - 0007
	浜田児童相談所	697 - 0005	浜田市上府町イ2591	0855 - 28 - 3560
	益田児童相談所	698 - 0041	益田市高津4 - 7 - 47	0856 - 22 - 0083
岡　山	中央児童相談所	700 - 0807	岡山市北区南方2 - 13 - 1	086 - 235 - 4152
	倉敷児童相談所	710 - 0052	倉敷市美和1 - 14 - 31	086 - 421 - 0991
	井笠相談室	714 - 8502	笠岡市六番町2 - 5	0865 - 69 - 1680
	高梁分室	716 - 8585	高梁市落合町近似286 - 1	0866 - 21 - 2833
	高梁分室新見相談室	718 - 8550	新見市高尾2400	0866 - 21 - 2833
	津山児童相談所	708 - 0004	津山市山北288 - 1	0868 - 23 - 5131
広　島	西部こども家庭センター	734 - 0003	広島市南区宇品東4 - 1 - 26	082 - 254 - 0381
	東部こども家庭センター	720 - 0838	福山市瀬戸町山北291 - 1	084 - 951 - 2340
	北部こども家庭センター	728 - 0013	三次市十日市東4 - 6 - 1	0824 - 63 - 5181
山　口	中央児童相談所	753 - 0814	山口市吉敷下東4 - 17 - 1	083 - 902 - 2189
	岩国児童相談所	740 - 0016	岩国市三笠町1 - 1 - 1	0827 - 29 - 1513
	周南児童相談所	745 - 0836	周南市慶万町2 - 13	0834 - 21 - 0554
	宇部児童相談所	755 - 0033	宇部市琴芝町1 - 1 - 50	0836 - 39 - 7514
	下関児童相談所	751 - 0823	下関市貴船町3 - 2 - 2	083 - 223 - 3191
	萩児童相談所	758 - 0041	萩市江向531 - 1	0838 - 22 - 1150
徳　島	中央こども女性相談センター	770 - 0942	徳島市昭和町5 - 5 - 1	088 - 622 - 2205
	南部こども女性相談センター	774 - 0011	阿南市領家町野神319	0884 - 22 - 7130
	西部こども女性相談センター	777 - 0005	美馬市穴吹町穴吹字明連23	0883 - 53 - 3110
香　川	子ども女性相談センター	760 - 0004	高松市西宝町2 - 6 - 32	087 - 862 - 8861
	西部子ども相談センター	763 - 0082	丸亀市土器町東8 - 526	0877 - 24 - 3173

愛　媛	福祉総合支援センター	790 - 0811	松山市本町7 - 2	089 - 922 - 5040
	東予子ども・女性支援センター	792 - 0825	新居浜市星原町14 - 38	0897 - 43 - 3000
	南予子ども・女性支援センター	798 - 0060	宇和島市丸之内3 - 1 - 19	0895 - 22 - 1245
高　知	中央児童相談所	781 - 5102	高知市大津甲770 - 1	088 - 866 - 6791
	幡多児童相談所	787 - 0050	四万十市渡川1 - 6 - 21	0880 - 37 - 3159
福　岡	福岡児童相談所	816 - 0804	春日市原町3 - 1 - 7	092 - 586 - 0023
	久留米児童相談所	830 - 0047	久留米市津福本町281	0942 - 32 - 4458
	田川児童相談所	826 - 0041	田川市大字弓削田188	0947 - 42 - 0499
	大牟田児童相談所	836 - 0027	大牟田市西浜町4 - 1	0944 - 54 - 2344
	宗像児童相談所	811 - 3436	宗像市東郷5 - 5 - 3	0940 - 37 - 3255
	京築児童相談所	828 - 0021	豊前市大字八屋2007 - 1	0979 - 84 - 0407
佐　賀	中央児童相談所	840 - 0851	佐賀市天祐1 - 8 - 5	0952 - 26 - 1212
	北部児童相談所	847 - 0012	唐津市大名小路3 - 1	0955 - 73 - 1141
長　崎	長崎こども・女性・障害者支援センター	852 - 8114	長崎市橋口町10 - 22	095 - 844 - 6166
	佐世保こども・女性・障害者支援センター	857 - 0034	佐世保市万徳町10 - 3	0956 - 24 - 5080
熊　本	中央児童相談所	861 - 8039	熊本市東区長嶺南2 - 3 - 3	096 - 381 - 4451
	八代児童相談所	866 - 8555	八代市西片町1660	0965 - 33 - 3247
大　分	中央児童相談所	870 - 0889	大分市荏隈5丁目	097 - 544 - 2016
	中津児童相談所	871 - 0024	中津市中央町1 - 10 - 22	0979 - 22 - 2025
宮　崎	中央児童相談所	880 - 0032	宮崎市霧島1 - 1 - 2	0985 - 26 - 1551
	都城児童相談所	885 - 0017	都城市年見町14 - 1 - 1	0986 - 22 - 4294
	延岡児童相談所	882 - 0803	延岡市大貫町1 - 2845	0982 - 35 - 1700
鹿児島	中央児童相談所	891 - 0175	鹿児島市桜ヶ丘6 - 12	099 - 264 - 3003
	大島児童相談所	894 - 0012	奄美市名瀬小俣町20 - 2	0997 - 53 - 6070
	大隅児童相談所	893 - 0011	鹿屋市打馬2 - 16 - 6	0994 - 43 - 7011
沖　縄	中央児童相談所	903 - 0804	那覇市首里石嶺町4 - 404 - 2	098 - 886 - 2900
	八重山分室	907 - 0002	石垣市真栄里438 - 1　　　　　（八重山福祉保健所内）	0980 - 88 - 7801
	宮古分室	906 - 0007	宮古島市平良東仲宗根476	0980 - 75 - 6505
	コザ児童相談所	904 - 2143	沖縄市知花6 - 34 - 6	098 - 937 - 0859

札幌市	札幌市児童相談所	060 - 0007	札幌市中央区北7条西26	011 - 622 - 8630
仙台市	仙台市児童相談所	981 - 0908	仙台市青葉区東照宮1 - 18 - 1	022 - 219 - 5111
さいたま市	北部児童相談所	330 - 0071	さいたま市浦和区上木崎4 - 4 - 10	048 - 711 - 2416
	南部児童相談所	330 - 0071	さいたま市浦和区上木崎4 - 4 - 10	048 - 711 - 2416
千葉市	千葉市児童相談所	261 - 0003	千葉市美浜区高浜3 - 2 - 3	043 - 277 - 8880
世田谷区	世田谷区児童相談所	156 - 0043	世田谷区松原6 - 41 - 7	03 - 6379 - 0697
荒川区	荒川区子ども家庭総合センター	116 - 0002	荒川区荒川1 - 50 - 17	03 - 3802 - 3765
江戸川区	江戸川区児童相談所	132 - 0021	江戸川区中央3 - 4 - 18	03 - 5678 - 1810
横浜市	中央児童相談所	232 - 0024	横浜市南区浦舟町3 - 44 - 2	045 - 260 - 6510
	西部児童相談所	240 - 0001	横浜市保土ケ谷区川辺町5 - 10	045 - 331 - 5471
	南部児童相談所	235 - 0045	横浜市磯子区洋光台3 - 18 - 29	045 - 831 - 4735
	北部児童相談所	224 - 0032	横浜市都筑区茅ケ崎中央32 - 1	045 - 948 - 2441
川崎市	こども家庭センター	212 - 0058	川崎市幸区鹿島田1 - 21 - 9	044 - 542 - 1234
	中部児童相談所	213 - 0013	川崎市高津区末長1 - 3 - 9	044 - 877 - 8111
	北部児童相談所	214 - 0038	川崎市多摩区生田7 - 16 - 2	044 - 931 - 4300
相模原市	相模原市児童相談所	252 - 0206	相模原市中央区淵野辺2 - 7 - 2	042 - 730 - 3500
横須賀市	横須賀市児童相談所	238 - 8525	横須賀市小川町16	046 - 820 - 2323
新潟市	新潟市児童相談所	951 - 8133	新潟市中央区川岸町1 - 57 - 1	025 - 230 - 7777
金沢市	金沢市児童相談所	921 - 8171	金沢市富樫3 - 10 - 1	076 - 243 - 4158
静岡市	静岡市児童相談所	420 - 0947	静岡市葵区堤町914 - 417	054 - 275 - 2871
浜松市	浜松市児童相談所	430 - 0929	浜松市中区中央1 - 12 - 1	053 - 457 - 2703
名古屋市	名古屋市中央児童相談所	466 - 0858	名古屋市昭和区折戸町4 - 16	052 - 757 - 6111
	名古屋市西部児童相談所	454 - 0875	名古屋市中川区小城町1 - 1 - 20	052 - 365 - 3231
	名古屋市東部児童相談所	458 - 0801	名古屋市緑区鳴海町字小森48 - 5	052 - 899 - 4630
京都市	京都市児童相談所	602 - 8155	京都市上京区竹屋町通千本東入主税町910 - 25	075 - 801 - 2929
	京都市第二児童相談所	612 - 8434	京都市伏見区深草加賀屋敷町24 - 26	075 - 612 - 2727
大阪市	大阪市こども相談センター	540 - 0003	大阪市中央区森ノ宮中央1 - 17 - 5	06 - 4301 - 3100
	大阪市南部こども相談センター	547 - 0026	大阪市平野区喜連西6 - 2 - 55	06 - 6718 - 5050
堺　市	堺市子ども相談所	590 - 0808	堺市堺区旭ヶ丘中町4 - 3 - 1（堺市立健康福祉プラザ3階）	072 - 245 - 9197

神戸市	こども家庭センター	650 - 0044	神戸市中央区東川崎町1 - 3 - 1	078 - 382 - 2525
明石市	明石こどもセンター	674 - 0068	明石市大久保町ゆりのき通1 - 4 - 7	078 - 918 - 5281
岡山市	岡山市こども総合相談所	700 - 8546	岡山市北区鹿田町1 - 1 - 1	086 - 803 - 2525
広島市	広島市児童相談所	732 - 0052	広島市東区光町2 - 15 - 55	082 - 263 - 0694
北九州市	子ども総合センター	804 - 0067	北九州市戸畑区汐井町1 - 6	093 - 881 - 4556
福岡市	こども総合相談センター	810 - 0065	福岡市中央区地行浜2 - 1 - 28	092 - 832 - 7100
熊本市	熊本市児童相談所	862 - 0971	熊本市中央区大江5 - 1 - 50	096 - 366 - 8181

※アミ掛けをした児童相談所は、一時保護所を設置する児童相談所
※★の付いている児童相談所は、一時保護所を2か所設置する児童相談所
児童相談所数：220か所（2020年7月1日現在）
一時保護所数：144か所（2020年7月1日現在）

家庭児童相談室

＊住んでいる地域によって窓口が異なりますので、各区・市役所の福祉関係担当課へ
お問い合わせください。

福 祉 事 務 所

＊福祉六法（生活保護法、児童福祉法、母子及び寡婦福祉法、老人福祉法、身体障害
者福祉法及び知的障害者福祉法）に定める援護、育成又は更生の措置に関する事務
を司る社会福祉行政機関です。都道府県及び市（特別区を含む）は設置が義務付け
られており、町村は任意で設置することができます。
＊全国に福祉事務所は1,250か所あります（2020年4月1日現在）。
＊住んでいる地域によって窓口が異なりますので、各市町村の福祉担当課へお問い合
わせください。

保 健 セ ン タ ー

＊健康相談、保健指導、健康診査など、地域保健に関する事業を地域住民に対して行
うための施設です。地域保健法に基づいて多くの市町村に設置されています。

＊全国に保健センターは2,468か所あります（2020年4月1日現在、厚生労働省健康局健康課地域保健室調べ）。

＊住んでいる地域によって窓口が異なりますので、各市町村の保健担当課へお問い合わせください。

保　　健　　所

＊子どもの健康相談・健康診断・保健指導を行うほか、身体に障害のある子どもや長期療養の必要な子どもへの相談・指導を行います。

＊全国に保健所は590（本所469、支所121）か所あります（2020年4月1日現在、厚生労働省健康局健康課地域保健室調べ）。

＊厚生労働省サイト中の「保健所管轄区域案内」（下記URL）で、都道府県・市区町村別の保健所一覧を見ることができます。

【URL】https：//www.mhlw.go.jp/stf/seisakunitsuite/bunya/kenkou_iryou/kenkou/hokenjo/

＊住んでいる地域によって窓口が異なりますので、各区市町村の担当課へお問い合わせください。

精神保健福祉センター

＊厚生労働省のサイトで、全国一覧を見ることができます。

【URL】https：//www.mhlw.go.jp/kokoro/support/mhcenter.html（2020年7月1日現在）

都道府県名	名　称	〒	住　所	電話番号
北海道	北海道立精神保健福祉センター	003 - 0027	札幌市白石区本通16丁目北6 - 34	011 - 864 - 7121
	札幌市精神保健福祉センター	060 - 0042	札幌市中央区大通西19丁目　WEST19　4階	011 - 622 - 0556
青　森	青森県立精神保健福祉センター	038 - 0031	青森市三内字沢部353 - 92	017 - 787 - 3951
岩　手	岩手精神保健福祉センター	020 - 0015	盛岡市本町通3 - 19 - 1	019 - 629 - 9617
宮　城	宮城県精神保健福祉センター	989 - 6117	大崎市古川旭5 - 7 - 20	0229 - 23 - 0302

	仙台市精神保健福祉 総合センター （はあとぽーと仙台）	980 - 0845	仙台市青葉区荒巻字三居沢1 - 6	022 - 265 - 2191
秋　田	秋田県精神保健福祉センター	010 - 0001	秋田市中通2 - 1 - 51	018 - 831 - 3946
山　形	山形県精神保健福祉センター	990 - 0021	山形市小白川町2 - 3 - 30	023 - 624 - 1217
福　島	福島県精神保健福祉センター	960 - 8012	福島市御山町8 - 30	024 - 535 - 3556
茨　城	茨城県精神保健福祉センター	310 - 0852	水戸市笠原町993 - 2	029 - 243 - 2870
栃　木	栃木県精神保健福祉センター	329 - 1104	宇都宮市下岡本町2145 - 13	028 - 673 - 8785
群　馬	群馬県こころの健康センター	379 - 2166	前橋市野中町368	027 - 263 - 1166
埼　玉	埼玉県立精神保健 福祉センター	362 - 0806	北足立郡伊奈町大字小室818 - 2	048 - 723 - 3333
	さいたま市こころの 健康センター	330 - 0071	さいたま市浦和区上木崎4 - 4 - 10	048 - 762 - 8548
千　葉	千葉県精神保健福祉センター	260 - 0801	千葉市中央区仁戸名町666 - 2	043 - 263 - 3891
	千葉市こころの健康センター	261 - 0003	千葉市美浜区高浜2 - 1 - 16	043 - 204 - 1582
東　京	東京都立中部総合 精神保健福祉センター	156 - 0057	世田谷区上北沢2 - 1 - 7	03 - 3302 - 7575
	東京都立多摩総合 精神保健福祉センター	206 - 0036	多摩市中沢2 - 1 - 3	042 - 376 - 1111
	東京都立精神保健 福祉センター	110 - 0015	台東区下谷1 - 1 - 3	03 - 3844 - 2212
神奈川	神奈川県精神保健 福祉センター	233 - 0006	横浜市港南区芹が谷2 - 5 - 2	045 - 821 - 8822
	横浜市こころの健康 相談センター	231 - 0021	横浜市中区日本大通18 KRC ビル6階	045 - 671 - 4455
	川崎市精神保健福祉センター	210 - 0005	川崎市川崎区東田町8 パレール三井ビル12階	044 - 200 - 3195
	相模原市精神保健 福祉センター	252 - 5277	相模原市中央区富士見6 - 1 - 1 ウェルネスさがみはら7階	042 - 769 - 9818
新　潟	新潟県精神保健福祉センター	950 - 0994	新潟市中央区上所2 - 2 - 3	025 - 280 - 0111
	新潟市こころの健康センター	951 - 8133	新潟市中央区川岸町1 - 57 - 1	025 - 232 - 5560
富　山	富山県心の健康センター	939 - 8222	富山市蜷川459 - 1	076 - 428 - 1511
石　川	石川県こころの健康センター	920 - 8201	金沢市鞍月東2 - 6	076 - 238 - 5761
福　井	福井県精神保健福祉センター	910 - 0005	福井市光陽2 - 3 - 36	0776 - 24 - 5135
山　梨	山梨県立精神保健 福祉センター	400 - 0005	甲府市北新1 - 2 - 12 山梨県福祉プラザ3階	055 - 254 - 8644

長　野	長野県精神保健福祉センター	380 - 0928	長野市若里7 - 1 - 7	026 - 227 - 1810
岐　阜	岐阜県精神保健福祉センター	502 - 0854	岐阜市鷺山向井2563 - 18 岐阜県障がい者総合相談センター内	058 - 231 - 9724
静　岡	静岡県精神保健福祉センター	422 - 8031	静岡市駿河区有明町2 - 20	054 - 286 - 9245
	静岡市こころの健康センター	420 - 0821	静岡市葵区柚木1014	054 - 262 - 3011
	浜松市精神保健福祉センター	430 - 0929	浜松市中区中央1 - 12 - 1 静岡県浜松総合庁舎	053 - 457 - 2709
愛　知	愛知県精神保健福祉センター	460 - 0001	名古屋市中区三の丸3 - 2 - 1	052 - 962 - 5377
	名古屋市精神保健 福祉センター	453 - 0024	名古屋市中村区名楽町4 - 7 - 18	052 - 483 - 2095
三　重	三重県こころの健康センター	514 - 8567	津市桜橋3 - 446 - 34	059 - 223 - 5241
滋　賀	滋賀県立精神保健 福祉センター	525 - 0072	草津市笠山8 - 4 - 25	077 - 567 - 5010
京　都	京都府精神保健福祉 総合センター	612 - 8416	京都市伏見区竹田流池町120	075 - 641 - 1810
	京都市こころの健康 増進センター	604 - 8845	京都市中京区壬生仙念町30	075 - 314 - 0355
大　阪	大阪府こころの健康 総合センター	558 - 0056	大阪市住吉区万代東3 - 1 - 46	06 - 6691 - 2811 06 - 6691 - 2818
	大阪市こころの健康センター	534 - 0027	大阪市都島区中野町5 - 15 - 21 都島センタービル3階	06 - 6922 - 8520 06 - 6923 - 0936
	堺市こころの健康センター	590 -0808	堺市堺区旭ヶ丘中町4 - 3 - 1 健康福祉プラザ	072 - 245 - 9192
兵　庫	兵庫県立精神保健 福祉センター	651 - 0073	神戸市中央区脇浜海岸通1 - 3 - 2	078 - 252 - 4980
	神戸市精神保健福祉センター	650 - 0044	神戸市中央区橘通3 - 4 - 1 神戸市立総合福祉センター3階	078 - 371 - 1900
奈　良	奈良県精神保健福祉センター	633 - 0062	桜井市粟殿1000	0744 - 47 - 2251
和歌山	和歌山県精神保健 福祉センター	640 - 8319	和歌山市手平2 - 1 - 2	073 - 435 - 5194
鳥　取	鳥取県立精神保健 福祉センター	680 - 0901	鳥取市江津318 - 1	0857 - 21 - 3031
島　根	島根県立心と体の 相談センター	690 - 0011	松江市東津田町1741 - 3	0852 - 32 - 5905
岡　山	岡山県精神保健福祉センター	700 - 0985	岡山市北区厚生町3丁目3番1号	086 - 201 - 0850
	岡山市こころの健康センター	700 - 8546	岡山市北区鹿田町1 - 1 - 1	086 - 803 - 1273

広　島	広島県立総合精神保健 福祉センター	731 - 4311	安芸郡坂町北新地2 - 3 - 77	082 - 884 - 1051
	広島市精神保健福祉センター	730 - 0043	広島市中区富士見町11 - 27	082 - 245 - 7746
山　口	山口県精神保健福祉センター	747 - 0801	山口市吉敷下東4 - 17 - 1	083 - 902 - 2672
徳　島	徳島県精神保健福祉センター	770 - 0855	徳島市新蔵町3 - 80	088 - 625 - 0610
香　川	香川県精神保健福祉センター	760 - 0068	高松市松島町1 - 17 - 28	087 - 804 - 5565
愛　媛	愛媛県心と体の健康センター	790 - 0811	松山市本町7 - 2 愛媛県総合保健福祉センター内	089 - 911 - 3880
高　知	高知県立精神保健 福祉センター	780 - 0850	高知市丸ノ内2 - 4 - 1	088 - 821 - 4966
福　岡	福岡県精神保健福祉センター	816 - 0804	春日市原町3 - 1 - 7	092 - 582 - 7500
	北九州市立精神保健 福祉センター	802 - 8560	北九州市小倉北区馬借1 - 7 - 1	093 - 522 - 8729
	福岡市精神保健福祉センター	810 - 0073	福岡市中央区舞鶴2 - 5 - 1	092 - 737 - 8825
佐　賀	佐賀県精神保健福祉センター	845 - 0001	小城市小城町178 - 9	0952 - 73 - 5060
長　崎	長崎こども・女性・障害 者支援センター障害者 支援部精神保健福祉課	852 - 8114	長崎市橋口町10 - 22	095 - 844 - 5132
熊　本	熊本県精神保健福祉センター	862 - 0920	熊本市東区月出3 - 1 - 120	096 - 386 - 1255
	熊本市こころの健康センター	862 - 0971	熊本市中央区大江5 - 1 - 1 ウェルパルくまもと3階	096 - 366 - 1171
大　分	大分県精神保健福祉センター	870 - 1155	大分市大字玉沢字平石908	097 - 541 - 5276
宮　崎	宮崎県精神保健福祉センター	880 - 0032	宮崎市霧島1 - 1 - 2	0985 - 27 - 5663
鹿児島	鹿児島県精神保健 福祉センター	890 - 0021	鹿児島市小野1 - 1 - 1 ハートピア鹿児島2階	099 - 218 - 4755
沖　縄	沖縄県立総合精神保健 福祉センター	901 - 1104	島尻郡南風原町宮平212 - 3	098 - 888 - 1443

児童家庭支援センター

＊全国児童家庭支援センター協議会のサイトで、各施設の特徴やURL（リンク有り）
などの情報を見ることができます。

【URL】http://www4.ttn.ne.jp/~e-jikasen/entrance.html 　　（2020年7月1日現在）

都道府県名	名　称	〒	住　所	電話番号
北海道	興正こども家庭支援センター	001 - 0904	札幌市北区新琴似4条9 - 1 - 1	011 - 765 - 1000
	エンゼルキッズこども家庭支援センター	061 - 1121	北広島市中央4 - 5 - 7	011 - 372 - 8341
	十勝こども家庭支援センター	080 - 0809	帯広市東9条南21 - 1 - 9	0155 - 22 - 3322
	児童家庭支援センターくるみ	041 - 0803	函館市亀田中野町38 - 11	0138 - 46 - 5095
	日高子ども家庭支援センター	057 - 0026	浦河郡浦河町字向別470	0146 - 24 - 4050
	美深子ども家庭支援センター	098 - 2214	中川郡美深町字敷島283	01656 - 9 - 2500
	釧路こども家庭支援センター	085 - 0011	釧路市旭町16 - 5	0154 - 32 - 1150
	子ども家庭支援センターオホーツク	099 - 0702	紋別郡遠軽町生田原伊吹46 - 3	0158 - 45 - 3211
	光が丘子ども家庭支援センター	068 - 0827	岩見沢市春日町2 - 3 - 7	0126 - 22 - 4486
	羊ヶ丘児童家庭支援センター	062 - 0051	札幌市豊平区月寒東1条17 - 4 - 33	011 - 854 - 2415
	札幌南こども家庭支援センター	061 - 2286	札幌市南区藤野6条2 - 427 - 4	011 - 591 - 2200
	札幌乳児院児童家庭支援センター	003 - 0859	札幌市白石区川北2254 - 1	011 - 879 - 6264
	いぶり・ひだか児童家庭支援センターしずく	053 - 0804	苫小牧市元町2 - 4 - 3	0144 - 84 - 3780
青　森	児童支援センター太陽	036 - 8154	弘前市豊原1 - 1 - 3	0172 - 33 - 3611
岩　手	児童家庭支援センター大洋	022 - 0006	大船渡市立根町字下欠125 - 15	0192 - 21 - 3130
宮　城	旭が丘学園児童家庭支援センター	988 - 0076	気仙沼市舘山2 - 2 - 32	0226 - 22 - 6677
山　形	児童家庭支援センターシオン	997 - 1117	鶴岡市下川字窪畑1 - 288	0235 - 68 - 5477
	子ども家庭支援センターチェリー	991 - 0002	寒河江市字下河原224 - 1	0237 - 84 - 7111

福　島	白河学園児童家庭支援 センター	961 - 0984	白河市和尚壇山2 - 9	0248 - 21 - 5212
	ほしくま児童家庭支援 センター	963 - 8001	郡山市大町2 - 15 - 2 ハート調剤ビル2階	024 - 983 - 8375
茨　城	同仁会児童家庭支援センター	318 - 0011	高萩市肥前町1 - 80	0293 - 22 - 2471
	子ども家庭支援センター 「どうしん」	300 - 0061	土浦市並木3 - 18 - 5	029 - 824 - 3715
栃　木	児童家庭支援センター ちゅうりっぷ	329 - 1412	さくら市喜連川1025	028 - 686 - 2220
	児童家庭支援センター 「にこにこ広場」	321 - 0974	宇都宮市竹林町945 - 1	028 - 623 - 4152
群　馬	児童家庭支援ホーム希望館	370 - 0803	高崎市大橋町210	027 - 322 - 5622
	児童家庭支援センター こども家庭相談室	373 - 0025	太田市熊野町7 - 15	0276 - 22 - 4754
埼　玉	愛泉こども家庭センター	347 - 8510	加須市土手2 - 15 - 57	0480 - 62 - 2433
	児童家庭支援センター シャローム	350 - 1249	日高市高麗川1 - 5 - 28	042 - 989 - 1535
	らんざん学園児童家庭 支援センター	355 - 0221	比企郡嵐山町大字菅谷字東原 264 - 1	0493 - 53 - 6611
千　葉	子ども未来サポートセンター ほうゆう	262 - 0013	千葉市花見川区犢橋町675	043 - 215 - 2001
	ファミリーセンター ヴィオラ	292 - 0201	木更津市真里谷1879 - 2	0438 - 53 - 3453
	子山こども家庭 支援センター	298 - 0003	いすみ市深堀689 - 1	0470 - 63 - 1919
	児童家庭支援センター旭ヶ丘	264 - 0025	千葉市若葉区都賀1 - 1 - 1	043 - 214 - 8633
	児童家庭支援センターふたば	263 - 0016	千葉市稲毛区天台3 - 4 - 1	043 - 285 - 5634
	児童家庭支援センター オリーブ	270 - 0111	松戸市根木内145	047 - 340 - 1151
	子ども未来サポートセンター やちよ	276 - 0022	八千代市上高野157	047 - 409 - 5551
	子ども家庭支援センター 「オレンジ」	294 - 0813	南房総市谷向116 - 2 南房総市三芳保健福祉センター2階	0470 - 28 - 4288
	児童家庭支援センター・ こうのだい	272 - 0827	市川市国府台2 - 9 - 13	047 - 374 - 7716
	望みの門 ピーターパンの家	299 - 1607	富津市湊773 - 1	0439 - 67 - 8816

	子ども家庭支援センター「K'orange」	273 - 0113	鎌ヶ谷市道野辺中央5 - 1 - 76　3階	047 - 497 - 8860
神奈川	しゃんぐりらこども家庭支援センター	212 - 0033	川崎市幸区東小倉6 - 1	044 - 520 - 3608
	かわさきさくら児童家庭支援センター	214 - 0003	川崎市多摩区菅稲田堤1 - 12 - 11	044 - 944 - 3981
	児童家庭支援センターおおいけ	241 - 0001	横浜市旭区上白根町914 - 7	045 - 951 - 4935
	はくさん児童家庭支援センター	215 - 0014	川崎市麻生区白山1 - 1 - 5	044 - 712 - 4073
	あいせん児童家庭支援センター	210 - 0851	川崎市川崎区浜町2 - 22 - 16	044 - 201 - 4772
	杜の郷子ども家庭支援センター	245 - 0012	横浜市泉区中田北2 - 12 - 22	045 - 806 - 0722
	児童家庭支援センターみなと	231 - 0862	横浜市中区山手町68	045 - 663 - 2759
	子ども家庭支援センターむつみの木	232 - 0041	横浜市南区睦町1 - 17 - 4	045 - 325 - 8828
	児童家庭支援センターかわわ	224 - 0057	横浜市都筑区川和町967	045 - 953 - 5056
	のばこども家庭支援センター	234 - 0056	横浜市港南区野庭631	045 - 840 - 5092
	まぎぬ児童家庭支援センター	216 - 0035	川崎市宮前区馬絹1899	044 - 863 - 7855
	児童家庭支援センターうぃず	246 - 0022	横浜市瀬谷区三ツ境11 - 7　丸松ビル1階	045 - 489 - 9090
	こども家庭支援センターゆいの木	235 - 0036	横浜市磯子区中原2 - 5 - 9	045 - 349 - 4069
	こども家庭支援センターくらき	244 - 0816	横浜市戸塚区上倉田町1563 - 1	045 - 390 - 0086
	こども家庭支援センターさくらの木	236 - 0053	横浜市金沢区能見台通16 - 25	045 - 355 - 0006
	こども家庭支援センターいずみ	221 - 0825	横浜市神奈川区反町4 - 27 - 16　3HEARTS ビル5階	045 - 755 - 7145
	児童家庭支援センターみたけ	227 - 0047	横浜市青葉区みたけ台26 - 53	045 - 979 - 2266
	児童家庭支援センターらいく	220 - 0045	横浜市西区伊勢町1 - 65 - 1F	045 - 334 - 8040

	こども家庭支援センター つるみらい	230 - 0051	横浜市鶴見区鶴見中央4 - 7 - 15 - 403	045 - 503 - 3633
山　梨	子ども家庭支援センター テラ	400 - 0856	甲府市伊勢3 - 8 - 11	055 - 222 - 8012
静　岡	静岡恵明学園児童家庭 支援センター	411 - 0801	三島市谷田1039 - 2	055 - 983 - 0555
	静岡恵明学園児童家庭 支援センター	411 - 0801	三島市谷田1039 - 2	055 - 983 - 0555
	児童家庭支援センター はるかぜ	425 - 0052	焼津市田尻58	054 - 656 - 3456
	浜松市児童家庭支援センター	430 - 0856	浜松市中区中島3 - 25 - 12 マ・メゾン中島101	053 - 467 - 1600
	誠信会児童家庭支援センター 「パラソル」	417 - 0808	富士市一色168 - 1	0545 - 37 - 1010
長　野	下伊那こども家庭支援 センター「こっこ」	399 - 3202	下伊那郡豊丘村大字神稲4461 - 1	0265 - 35 - 8080
	松代児童相談センター	381 - 1221	長野市松代町東条字腰巻108 - 2	026 - 214 - 5955
	けいあい地域子育て 支援相談室	387 - 0021	千曲市稲荷山3842 - 1	026 - 214 - 1165
	児童家庭支援センター つつじ	391 - 0001	茅野市ちの3502 - 1 ベルビア3階	0266 - 75 - 1108
	松本児童家庭支援センター あいく	390 - 0802	松本市旭2 - 11 - 30	0263 - 88 - 3030
石　川	ファミリーステーション いなみえん	922 - 0412	加賀市片山津温泉井6	0761 - 75 - 8889
	児童家庭支援センター あすなろ子育て広場	927 - 0035	鳳珠郡穴水町志ヶ浦15字1 - 3	0768 - 52 - 4141
	こども家庭支援センター 金沢	921 - 8105	金沢市平和町3 - 23 - 5	076 - 243 - 8341
	育松園児童家庭 支援センター	923 - 0977	小松市鶴見町ら2-4	0761 - 58 - 1927
福　井	児童家庭支援センター 一陽	915 - 0853	越前市行松町26 - 2 - 2	0778 - 43 - 5514
	児童家庭支援センター白梅	917 - 0025	小浜市木崎14 - 1 - 1　2階	0770 - 56 - 5870
	あわら児童家庭支援センター	910 - 4124	あわら市田中々3 - 25 - 7	0776 - 78 - 7933
	おくえつ児童家庭支援センター めぐみ	912 - 0053	大野市春日65 - 92	0779 - 69 - 1467

262

岐　阜	子ども家庭支援センターぎふ「はこぶね」	502 - 0065	岐阜市長良森町1 - 11	058 - 296 - 2172
	子ども家庭支援センター麦の穂	509 - 9131	中津川市千旦林1468 - 1	0573 - 68 - 6858
	大野子ども家庭支援センターこころ	501 - 0515	揖斐郡大野町桜大門541 - 1	0585 - 35 - 2329
	ひだ子ども家庭支援センターぱすてる	506 - 0058	高山市山田町831 - 43	0577 - 37 - 1061
	子ども家庭支援センターとも	501 - 3932	関市稲口778 - 1	0575 - 24 - 1061
愛　知	子ども家庭支援センターさくら	457 - 0014	名古屋市南区呼続4 - 26 - 37	052 - 821 - 7867
三　重	児童家庭支援センターまお	510 - 0894	四日市市泊村954	059 - 340 - 0022
	児童家庭支援センターあかり	518 - 0721	名張市朝日町1263 - 3	0595 - 42 - 8331
	児童家庭支援センターたるみ	514 - 0821	津市垂水1300 - 30	090 - 1744 - 2960
	児童家庭支援センターわかぎ	516 - 0032	伊勢市倭町30 - 1	0596 - 63 - 6205
	児童家庭支援センターみだ	513 - 0056	鈴鹿市上箕田1 - 6 - 3	059 - 373 - 6025
滋　賀	こばと子ども家庭支援センター	520 - 0027	大津市錦織1 - 14 - 25	077 - 522 - 2910
京　都	中丹こども家庭センター	625 - 0026	舞鶴市字泉源寺立田223	0773 - 62 - 1141
	山城こども家庭センターだいわ	619 - 0243	相楽群精華町南稲八妻笛竹37	0774 - 98 - 3846
大　阪	児童家庭支援センター岸和田	597 - 0101	貝塚市三ヶ山138 - 2	072 - 421 - 2000
	児童家庭支援センター博愛社	532 - 0028	大阪市淀川区十三元今里3 - 1 - 72	06 - 6301 - 0375
	子ども家庭支援センター清心寮（リーフ）	591 - 8035	堺市北区東上野芝町2 - 499	072 - 252 - 3521
兵　庫	神戸少年の町子ども家庭支援センター	655 - 0872	神戸市垂水区塩屋町梅木谷720	078－751 - 0123
	児童家庭支援センターキャンディ	661 - 0974	尼崎市若王寺3 - 16 - 3	06 - 6491 - 1811
	児童家庭支援センターすみれ	671 - 1102	姫路市広畑区蒲田370 - 1	079 - 238 - 4445

		神戸真生塾子ども家庭支援センター	650－0004	神戸市中央区中山手通7－25－38	078－341－6492
		児童家庭支援センターすずらん	679－5165	たつの市新宮町光都1－6－1	0791－58－1145
		児童家庭支援センター虹の丘	675－1202	加古川市八幡町野村617－4	079－438－2725
		児童家庭支援センターリボン	669－5112	朝来市山東町大内522－1	079－676－5035
		子そだてサポートひかり	665－0841	宝塚市御殿山2－1－67	0797－81－2775
		児童家庭支援センターしらゆり	651－1144	神戸市北区大脇台12－1	078－594－7785
奈　良		児童家庭支援センターあすか	633－0053	桜井市谷265－4	0744－44－5800
		児童家庭支援センターてんり	632－0018	天理市別所町715－3	0743－63－8162
和歌山		和歌山児童家庭支援センターきずな	640－0115	和歌山市つつじが丘7－2－1	073－460－8044
鳥　取		子ども家庭支援センター「希望館」	680－0061	鳥取市立川町5－417	0857－27－4153
		児童家庭支援センター米子みその	683－0841	米子市上後藤4－2－36	0859－21－5085
		児童家庭支援センターくわの実	682－0023	倉吉市山根583－3　　サンヴェルツェⅠ　1階	0858－24－6306
岡　山		児童家庭支援センタークムレ	712－8062	倉敷市水島北幸町2－4	086－446－2210
		児童家庭支援センター「どんぐり」	703－8261	岡山市中区海吉206	086－237－7373
広　島		児童家庭支援センターまごころ	722－0022	尾道市栗原町1268－1	0848－24－0556
		児童家庭支援センター明日葉	737－0862	呉市狩留賀町3－5	0823－27－5371
		児童家庭支援センターコスモス	739－0452	廿日市市丸石1－1－12	0829－54－2112
山　口		子ども家庭支援センター海北	747－0064	防府市大字高井686	0835－26－1152
		こども家庭支援センター清光	754－1277	山口市阿知須1448	0836－65－1188
		なかべこども家庭支援センター紙風船	751－9847	下関市古屋町1－2－56	083－250－8721
		こども家庭支援センターぽけっと	745－0801	周南市久米1347	0834－25－0605
		はるかこどもの相談センター	740－0022	岩国市山手町1－1－10－101	0827－28－5516

香　川	児童家庭支援センター けいあい	769 - 2705	東かがわ市白鳥956	0879 - 25 - 6067
徳　島	こども家庭支援センター ひかり	771 - 0131	徳島市川内町大松837 - 1	088 - 666 - 2828
愛　媛	こども家庭支援センター みどり	798 - 0003	宇和島市住吉町1 - 6 - 16	0895 - 26 - 2282
高　知	児童家庭支援センター ひだまり	789 - 1201	高岡郡佐川町甲1110 - 1	0889 - 20 - 0203
	児童家庭支援センター 高知みその	780 - 0062	高知市新本町1 - 7 - 30	088 - 872 - 6488
	児童家庭支援センター わかくさ	787 - 0155	四万十市下田2211	0880 - 33 - 0258
	児童家庭支援センター 高知ふれんど	780 - 0062	高知市新本町1 - 7 - 30	088 - 803 - 5550
	児童家庭支援センター ぷらうらんど	781 - 6410	安芸郡田野町字上ノ岡4462 - 58	0887 - 37 - 9915
福　岡	双葉学園児童家庭 支援センター	803 - 0273	北九州市小倉南区長行東3 - 13 - 28	093 - 451 - 2800
	子ども家庭支援センター あまぎやま	837 - 0905	大牟田市大字甘木1158	0944 - 58 - 6636
	福岡市子ども家庭支援センター 「SOS子どもの村」	810 - 0054	福岡市中央区今川2 - 14 - 3 サンビル2階	092 - 737 - 8655
	福岡市子ども家庭支援センター はぐはぐ	811 - 1362	福岡市南区長住3 - 2 - 6 第3エスポワール長住1階	092 - 408 - 1985
佐　賀	子ども家庭支援センター 和合	841 - 0204	三養基郡基山町大字宮浦823 - 2	0942 - 50 - 9606
長　崎	県央児童家庭支援センター ラポール	856 - 0811	大村市原口町591 - 2	0957 - 55 - 9431
	みなみやまてこども家 庭支援センター びいどろ	850 - 0931	長崎市南山手16 - 33	095 - 893 - 5231
熊　本	キッズ・ケア・センター	864 - 0041	荒尾市荒尾4110	0968 - 62 - 0222
大　分	光の園子ども家庭 支援センター	874 - 0838	別府市荘園8組	0977 - 27 - 0874
	児童家庭支援センター 「和（やわらぎ）」	871 - 0153	中津市大字大貞383 - 34	0979 - 53 - 7666
	児童家庭支援センター 「ゆずりは」	870 - 0025	大分市顕徳町1 - 13 - 17 大分中央ホールディングスビル2階	097 - 574 - 8525

宮　崎	こども家庭支援センター つぼみ	880－0841	宮崎市吉村町沖ノ原甲1543	0985－24－2756
	児童家庭支援センター ゆうりん	885－0085	都城市平塚町2880	0986－45－2140
鹿児島	児童家庭支援センター つながり	893－0064	鹿児島県鹿屋市西原2－29－16	0944－45－7300
沖　縄	児童家庭支援センターなごみ	905－0014	名護市城2－3－5　1階	0980－54－8531
	児童家庭支援センター はりみず	906－0006	宮古島市平良字西仲宗根745－5	0980－79－0939

児　童　館

＊全国に児童館は4,477施設あります（厚生労働省「平成30年社会福祉施設等調査」）。
＊県立等の大型児童館のみを載せています。
＊詳細は、各都道府県・区市町村役場の担当課へお問い合わせください。

(2020年7月1日現在)

都道府県名	名　称	〒	住　所	電話番号
秋　田	県児童会館	010－0955	秋田市山王中島町1－2	018－865－1161
岩　手	県立児童館いわて子どもの森	028－5134	二戸郡一戸町奥中山西田子1468－2	0195－35－3888
茨　城	県立児童センターこどもの城	311－1301	東茨城郡大洗町磯浜町8249－4	029－266－3044
栃　木	県子ども総合科学館	321－0151	宇都宮市西川田町567	028－659－5555
群　馬	ぐんまこどもの国児童会館	373－0054	太田市長手町480	0276－25－0055
新　潟	県立こども自然王国	945－1505	柏崎市高柳町高尾30－33	0257－41－3355
富　山	県こどもみらい館	939－0311	射水市黒河県民公園太閤山ランド内	0766－56－9000
石　川	いしかわ子ども交流センター	921－8101	金沢市法島町11－8	076－243－6501
	いしかわ子ども交流 センター小松館	923－0302	小松市符津町念佛3－1	0761－43－1075
	いしかわ子ども交流 センター七尾館	926－0024	七尾市古屋敷町カ10－3	0767－53－3396
福　井	県児童科学館エンゼル ランドふくい	919－0475	坂井市春江町東太郎丸3－1	0776－51－8000
	県こども家族館	919－2107	大飯郡おおい町成海1－1－1	0770－77－3211

愛　知	県児童総合センター	480 - 1101	長久手市茨ケ廻間乙1533 - 1 愛・地球博記念公園内	0561 - 63 - 1110
三　重	県立みえこどもの城	515 - 0054	松阪市立野町1291 中部台運動公園内	0598 - 23 - 7735
滋　賀	県立びわ湖こどもの国	520 - 1232	高島市安曇川町北船木2981	0740 - 34 - 1392
大　阪	府立大型児童館ビッグバン	590 - 0115	堺市南区茶山台1 - 9 - 1	072 - 294 - 0999
兵　庫	県立こどもの館	671 - 2233	姫路市太市中915 - 49	0792 - 67 - 1153
山　口	県児童センター	753 - 0811	山口市維新公園4 - 5 - 1	083 - 923 - 4633
香　川	さぬきこどもの国	761 - 1402	高松市香南町由佐3209	087 - 879 - 0500
愛　媛	えひめこどもの城	791 - 1135	松山市西野町乙108 - 1	089 - 963 - 3300

都道府県の教育相談所（室）

（2012年6月現在）

都道府 県　名	名　　称	〒	住　所	電話番号
北海道	道立教育研究所	069 - 0834	江別市文京台東町42	011 - 386 - 4511
	道立特別支援教育センター	064 - 0944	札幌市中央区円山西町2 - 1 - 1	011 - 612 - 6211
青　森	県総合学校教育センター	030 - 0123	青森市大矢沢野田80 - 2	017 - 764 - 1997
	県総合社会教育センター	030 - 0111	青森市荒川藤戸119 - 7	017 - 739 - 1251
岩　手	県立総合教育センター	025 - 0395	花巻市北湯口2 - 82 - 1	0198 - 27 - 2711
宮　城	県総合教育センター	981 - 1217	名取市美田園2 - 1 - 4	022 - 784 - 3541
秋　田	県総合教育センター	010 - 0101	潟上市天王追分西29 - 76	018 - 873 - 7200
山　形	県教育センター	994 - 0021	天童市山元犬倉津2515	023 - 654 - 2155
福　島	県教育センター	960 - 0101	福島市瀬上町五月田16	024 - 553 - 3141
茨　城	県教育研修センター	309 - 1722	笠間市平町1410	0296 - 78 - 2121
栃　木	県総合教育センター	320 - 0002	宇都宮市瓦谷町1070	028 - 665 - 7200
群　馬	県総合教育センター	372 - 0031	伊勢崎市今泉町1 - 233 - 2	0270 - 26 - 9211
埼　玉	県立総合教育センター	361 - 0021	行田市富士見町2 - 24	048 - 556 - 6164
千　葉	県子どもと親の サポートセンター	263 - 0043	千葉市稲毛区小仲台5 - 10 - 2	043 - 207 - 6028
	県総合教育センター	261 - 0014	千葉市美浜区若葉2 - 13	043 - 276 - 1166
東　京	都教育相談センター	169 - 0074	新宿区北新宿4 - 6 - 1	03 - 3360 - 4181

神奈川	県立総合教育センター	252 - 0813	藤沢市亀井野2547 - 4	0466 - 81 - 8521
新 潟	県立教育センター	950 - 2144	新潟市西区曽和100 - 1	025 - 263 - 1094
富 山	県総合教育センター	930 - 0866	富山市高田525	076 - 444 - 6161
石 川	県教育センター	921 - 8153	金沢市高尾町ウ31 - 1	076 - 298 - 3515
福 井	県教育総合研究所	918 - 8045	坂井市春江町江留上緑8 - 1	0776 - 58 - 2150
山 梨	県総合教育センター	406 - 0801	笛吹市御坂町成田1456	055 - 262 - 5571
長 野	県総合教育センター	399 - 0711	塩尻市片丘南唐沢6342 - 4	0263 - 53 - 8800
岐 阜	県総合教育センター	500 - 8384	岐阜市薮田南5 - 9 - 1	058 - 271 - 3325
静 岡	県総合教育センター	436 - 0294	掛川市富部456	0537 - 24 - 9700
愛 知	県総合教育センター	470 - 0151	愛知郡東郷町諸輪上鉾68	0561 - 38 - 2211
三 重	県総合教育センター	514 - 0007	津市大谷町12	059 - 226 - 3706
滋 賀	県総合教育センター	520 - 2321	野州市北桜978	077 - 588 - 2311
京 都	府総合教育センター	612 - 0064	京都市伏見区桃山毛利長門西町	075 - 612 - 3266
大 阪	府教育センター	558 - 0011	大阪市住吉区苅田4 - 13 - 23	06 - 6692 - 1882
兵 庫	県立教育研修所	673 - 1421	加東市山国2006 - 107	0795 - 42 - 3100
奈 良	県立教育研究所	636 - 0343	磯城郡田原本町秦庄22 - 1	0744 - 33 - 8900
和歌山	県教育センター学びの丘	646 - 0011	田辺市新庄町3353 - 9	0739 - 26 - 3511
鳥 取	県教育センター	680 - 0941	鳥取市湖山町北5 - 201	0857 - 28 - 2321
島 根	県教育センター	690 - 0873	松江市内中原町255 - 1	0852 - 22 - 5859
岡 山	県総合教育センター	716 - 1241	加賀郡吉備中央町吉川7545 - 11	0866 - 56 - 9101
広 島	県立教育センター	739 - 0144	東広島市八本松南1 - 2 - 1	082 - 428 - 2631
山 口	やまぐち総合教育支援センター	754 - 0893	山口市秋穂二島1062	083 - 987 - 1160
徳 島	県立総合教育センター	779 - 0108	板野郡板野町犬伏字東谷1 - 7	088 - 672 - 5000
香 川	県教育センター	761 - 8031	高松市郷東町587 - 1	087 - 813 - 0955
愛 媛	県総合教育センター	791 - 1136	松山市上野町甲650	089 - 963 - 3111
高 知	県教育センター	781 - 5103	高知市大津乙181	088 - 866 - 3890
福 岡	県教育センター	811 - 2401	糟屋郡篠栗町高田268	092 - 947 - 0079
佐 賀	県教育センター	840 - 0214	佐賀市大和町大字川上	0952 - 62 - 5211
長 崎	県教育センター	856 - 0834	大村市玖島1 - 24 - 2	0957 - 53 - 1131
熊 本	県立教育センター	861 - 0543	山鹿市小原	0968 - 44 - 6611
大 分	県教育センター	870 - 1124	大分市旦野原847 - 2	097 - 569 - 0118
宮 崎	県教育研修センター	880 - 0835	宮崎市阿波岐原町前浜4276 - 729	0985 - 24 - 3122

| 鹿児島 | 県総合教育センター | 891 - 1393 | 鹿児島市宮之浦町862 | 099 - 294 - 2311 |
| 沖　縄 | 県立総合教育センター | 904 - 2174 | 沖縄市与儀3 - 11 - 1 | 098 - 933 - 7555 |

区市町村の教育相談所（室）

＊お住まいの地域の教育委員会にお問い合わせください。

警察関連の少年相談電話

● 【警察相談専用電話】＃9110

全国どこからでも、電話を発信した地域を管轄する警察本部などの相談窓口につながる全国共通の電話番号です（ただし、ダイヤル回線や一部の IP 電話からはつながりません）。

＊下表の少年相談電話のほかに、都道府県の警察本部に、ストーカー、DV、児童虐待、少年非行その他困りごとの総合電話相談があります。受付時間は各都道府県によって異なりますのでご確認ください。

（2020年7月1日現在）

都道府県名	名　称	電話番号
北 海 道	少年相談110番	0120 - 677 - 110
青　　森	ヤングテレホン	0120 - 58 - 7867
岩　　手	ヤング・テレホン・コーナー	019 - 651 - 7867
宮　　城	少年相談電話	022 - 222 - 4970
秋　　田	少年相談「やまびこ電話」	018 - 824 - 1212
山　　形	ヤングテレホンコーナー	023 - 642 - 1777
福　　島	ヤングテレホン	024 - 526 - 1189
茨　　城	少年相談コーナー水戸	029 - 231 - 0900
栃　　木	ヤングテレホン	0120 - 87 - 4152
群　　馬	少年育成センター	027 - 221 - 1616
埼　　玉	ヤングテレホンコーナー	048 - 861 - 1152

千　葉	ヤング・テレホン	0120 - 783 - 497
東　京	ヤング・テレホン・コーナー	03 - 3580 - 4970
神 奈 川	ユース・テレホン・コーナー	045 - 641 - 0045
新　潟	新潟少年サポートセンター	025 - 285 - 4970
富　山	ヤングテレホンコーナー	0120 - 873 - 415
石　川	ヤングテレホン	0120 - 497 - 556
福　井	ヤングテレホン	0120 - 783 - 214
山　梨	ヤングテレホンコーナー	055 - 235 - 4444
長　野	ヤングテレホン	026 - 232 - 4970
岐　阜	ヤングテレホンコーナー	0120 - 783 - 800
静　岡	少年相談専用電話	0120 - 783 - 410
愛　知	ヤングテレホン	052 - 951 - 7867
三　重	少年相談110番	0120 - 41 - 7867
滋　賀	大津少年サポートセンター	077 - 521 - 5735
京　都	ヤングテレホン	075 - 551 - 7500
大　阪	少年相談（グリーンライン）	06 - 6944 - 7867
兵　庫	少年相談室「ヤングトーク」	0120 - 786 - 109
奈　良	ヤング・いじめ110番	0742 - 22 - 0110
和 歌 山	ヤングテレホン・いじめ110番	073 - 425 - 7867
鳥　取	ヤングテレホン	0857 - 29 - 0808
島　根	ヤングテレホン	0120 - 786 - 719
岡　山	ヤングテレホン・いじめ110番	086 - 231 - 3741
広　島	ヤングテレホン広島	082 - 228 - 3993
山　口	ヤングテレホン・やまぐち	0120 - 49 - 5150
徳　島	ヤングテレホン	088 - 625 - 8900
香　川	少年相談専用電話	087 - 837 - 4970
愛　媛	少年相談（警察本部代表）	089 - 934 - 0110
高　知	ヤングテレホン	088 - 822 - 0809
福　岡	ハートケア中央	092 - 588 - 7830
佐　賀	ヤングテレホン	0120 - 29 - 7867
長　崎	ヤングテレホン	0120 - 786 - 714
熊　本	肥後っ子テレホン	0120 - 02 - 4976

大　分	ヤングテレホン	097 - 532 - 3741
宮　崎	ヤングテレホン	0985 - 23 - 7867
鹿児島	ヤングテレホン	099 - 252 - 7867
沖　縄	ヤングテレホンコーナー	0120 - 276 - 556

少 年 補 導 セ ン タ ー

＊詳細は、お近くの自治体までお問い合わせください。

少 年 鑑 別 所
（法務少年支援センター）

＊法務省のサイトで、全国一覧を見ることができます。
【URL】http：//www.moj.go.jp/kyousei1/kyousei_k06-1.html　　（2020年7月1日現在）

都道府県名	名　称	〒	住　所	電話番号
北海道	法務少年支援センターさっぽろ	007 - 0802	札幌市東区東苗穂2条1 - 1 - 25	011 - 787 - 0111
	法務少年支援センターはこだて	042 - 0944	函館市金堀町6 - 15	0138 - 30 - 7877
	法務少年支援センターくしろ	085 - 0834	釧路市弥生1 - 5 - 22	0154 - 41 - 5877
	旭川法務少年支援センター（青少年心理相談室）	078 - 8231	旭川市豊岡1条1 - 3 - 24	0166 - 31 - 5511
青　森	法務少年支援センターあおもり	030 - 0853	青森市金沢1 - 5 - 38	017 - 723 - 6677
宮　城	法務少年支援センター仙台（ふるじろ心の相談室）	984 - 0825	仙台市若林区古城3 - 27 - 17	022 - 286 - 2322
岩　手	法務少年支援センターいわて（月が丘相談室）	020 - 0121	盛岡市月が丘2 - 14 - 1	019 - 647 - 2205
山　形	やまがた法務少年支援センター（小白川青少年心理相談室）	990 - 0021	山形市小白川町5 - 21 - 25	023 - 642 - 3445

秋　田	秋田法務少年支援センター	010－0973	秋田市八橋本町6－3－5	018－865－1222
福　島	法務少年支援センター福島	960－8254	福島市南沢又字原町越4－14	024－557－7020
茨　城	法務少年支援センターみと（青少年問題相談室）	310－0045	水戸市新原1－15－15	029－251－4816
栃　木	うつのみや法務少年支援センター	320－0851	宇都宮市鶴田町574－1	028－648－5686
群　馬	法務少年支援センターぐんま	371－0035	前橋市岩神町4－5－7	027－233－7552
埼　玉	さいたま法務少年支援センター（非行防止相談室ひいらぎ）	330－0063	さいたま市浦和区高砂3－16－36	048－862－2051
千　葉	千葉法務少年支援センター	263－0016	千葉市稲毛区天台1－12－9	043－251－4970
東　京	東京法務少年支援センター（ねりま青少年心理相談室）	179－0084	練馬区氷川台2－11－7	03－3550－8802
	東京西法務少年支援センター（もくせいの杜心理相談室）	196－0035	昭島市もくせいの杜2－1－1	042－500－5295
神奈川	よこはま法務少年支援センター（青少年心理相談室）	233－0003	横浜市港南区港南4－2－1	045－845－2333
新　潟	新潟法務少年支援センター	951－8133	新潟市中央区川岸町1－53－2	025－265－1622
山　梨	法務少年支援センター甲府	400－0055	甲府市大津町2075の1	055－241－7747
長　野	法務少年支援センター長野（善光寺下の青少年心理相談室）	380－0803	長野市三輪5－46－14	026－237－1123
静　岡	法務少年支援センター静岡	422－8021	静岡市駿河区小鹿2－27－7	054－281－3220
石　川	金沢法務少年支援センター（小立野青少年相談室）	920－0942	金沢市小立野5－2－14	076－222－4542
福　井	法務少年支援センターふくい	910－0001	福井市大願寺3－4－20	0776－23－5558
岐　阜	ぎふ法務少年支援センター	502－0851	岐阜市鷺山1769－20	058－232－1123
愛　知	愛知法務少年支援センター	464－8585	名古屋市千種区北千種1－6－6	052－721－8439
富　山	富山法務少年支援センター	939－8263	富山市才覚寺162－2	076－428－2266
三　重	三重法務少年支援センター（あのつ青少年相談室）	514－0043	津市南新町12－12	059－222－7080

滋　賀	法務少年支援センター おうみ （こころの相談室おうみ）	520 - 0867	大津市大平1 - 1 - 2	077 - 537 - 1023
京　都	法務少年支援センター 京都 （かもがわ教育相談室）	606 - 8307	京都市左京区吉田上阿達町37	075 - 751 - 7115
大　阪	大阪法務少年支援センター	590 - 0014	堺市堺区田出井町8 - 30	072 - 228 - 5383
兵　庫	神戸法務少年支援センター	652 - 0015	神戸市兵庫区下祇園町40 - 7	078 - 351 - 0771
奈　良	奈良法務少年支援センター （やまと青少年支援室）	630 - 8102	奈良市般若寺町3	0742 - 22 - 4830
和歌山	わかやま法務少年支援 センター	640 - 8127	和歌山市元町奉行丁2 - 1	087 - 834 - 7112
鳥　取	鳥取法務少年支援センター （青少年相談室）	680 - 0007	鳥取市湯所町2 - 417	0857 - 23 - 4443
島　根	島根法務少年支援センター （くにびき青少年心の サポートセンター）	690 - 0873	松江市内中原町195	0852 - 23 - 3944
岡　山	おかやま法務少年支援 センター （みしま心の相談室）	701 - 0206	岡山市南区箕島2512 - 2	086 - 281 - 1112
広　島	広島法務少年支援センター （非行問題相談室）	730 - 0823	広島市中区吉島西3 - 15 - 8	082 - 543 - 5775
山　口	法務少年支援センター 山口 （すこやか青少年心理相談室）	753 - 0074	山口市中央4 - 7 - 5	083 - 922 - 6701
徳　島	徳島法務少年支援センター	770 - 0816	徳島市助任本町5 - 40	088 - 652 - 4115
香　川	法務少年支援センター 高松	760 - 0071	高松市藤塚町3 - 7 - 28	087 - 834 - 7112
愛　媛	松山法務少年支援センター （青少年心の相談室）	791 - 8069	松山市吉野町3860	089 - 952 - 2846
高　知	法務少年支援センター こうち	780 - 0065	高知市塩田町19 - 13	088 - 872 - 9330
福　岡	法務少年支援センター ふくおか	815 - 0042	福岡市南区若久6 - 75 - 2	092 - 541 - 5288
	法務少年支援センター こくら （こころの相談室）	802 - 0837	北九州市小倉南区葉山町1 - 1 - 7	093 - 963 - 2156
佐　賀	さが法務少年支援センター	840 - 0856	佐賀市新生町1 - 10	0952 - 27 - 3277

長　崎	法務少年支援センター ながさき （浦上青少年相談室）	852 - 8114	長崎市橋口町4 - 3	095 - 847 - 2460
熊　本	法務少年支援センター くまもと	860 - 0082	熊本市西区池田1 - 9 - 27	096 - 325 - 4700
大　分	法務少年支援センター 大分 （思春期さぽ～と）	870 - 0016	大分市新川町1 - 5 - 28	097 - 538 - 4152
宮　崎	宮崎法務少年支援センター （思春期ひむか相談室）	880 - 0014	宮崎市鶴島2 - 16 - 5	0985 - 22 - 7830
鹿児島	法務少年支援センター かごしま	890 - 0081	鹿児島市唐湊3 - 3 - 5	099 - 254 - 7830
沖　縄	なは法務少年支援センター （波之上こころの相談所）	900 - 0036	那覇市西3 - 14 - 20	098 - 868 - 4650

保 護 観 察 所

＊法務省のサイトで、全国一覧（各機関のサイトへのリンク有り）を見ることができます。

【URL】http：//www.moj.go.jp/hogo1/soumu/hogo_hogo01-01.html

（2019年11月現在）

都道府県名	名　称	〒	住　所	電話番号
北海道	札幌保護観察所	060 - 0042	北海道札幌市中央区大通西12丁目 札幌第三合同庁舎	011 - 261 - 9225
	室蘭駐在官事務所	050 - 0081	北海道室蘭市日の出町1 - 18 - 21 室蘭法務総合庁舎	0143 - 44 - 6730
	函館保護観察所	040 - 8550	北海道函館市新川町25 - 18 函館地方合同庁舎	0138 - 26 - 0431
	旭川保護観察所	070 - 0901	北海道旭川市花咲町4 旭川法務総合庁舎	0166 - 51 - 9376
	稚内駐在官事務所	097 - 0001	北海道稚内市末広5 - 6 - 1 稚内地方合同庁舎	0162 - 33 - 1144
	沼田駐在官事務所 （沼田町就業支援センター）	078 - 2202	北海道雨竜郡沼田町南一条3 - 9 - 21	0164 - 36 - 2010

	釧路保護観察所	085 - 8535	北海道釧路市幸町10 - 3 釧路地方合同庁舎	0154 - 23 - 3200
	帯広駐在官事務所	080 - 0805	北海道帯広市東五条南9 - 1 - 1 帯広法務総合庁舎	0155 - 23 - 5716
	北見駐在官事務所	090 - 0065	北海道北見市寿町4 - 2 - 16 北見法務総合庁舎	0157 - 61 - 8027
	網走駐在官事務所	093 - 0031	北海道網走市台町1 - 4 - 15 網走法務総合庁舎	0152 - 43 - 3619
青　森	青森保護観察所	030 - 0861	青森県青森市長島1 - 3 - 25 青森法務総合庁舎	017 - 776 - 6419
岩　手	盛岡保護観察所	020 - 0023	岩手県盛岡市内丸8 - 20 盛岡法務合同庁舎	019 - 624 - 3395
宮　城	仙台保護観察所	980 - 0812	宮城県仙台市青葉区片平1 - 3 - 1 仙台法務総合庁舎	022 - 221 - 1451
秋　田	秋田保護観察所	010 - 0951	秋田県秋田市山王7 - 1 - 2 秋田地方法務合同庁舎	018 - 862 - 3903
山　形	山形保護観察所	990 - 0046	山形県山形市大手町1 - 32 山形法務総合庁舎	023 - 631 - 2277
福　島	福島保護観察所 （福島自立更生促進センター）	960 - 8017	福島県福島市狐塚17 福島法務合同庁舎	024 - 534 - 2246
	いわき駐在官事務所	970 - 8026	福島県いわき市平字八幡小路42 いわき法務総合庁舎	0246 - 25 - 8744
茨　城	水戸保護観察所	310 - 0061	茨城県水戸市北見町1 - 11 水戸地方合同庁舎	029 - 221 - 3942
	ひたちなか駐在官事務所 （茨城就業支援センター）	312 - 0033	茨城県ひたちなか市大字市毛858 - 82	029 - 354 - 2601
栃　木	宇都宮保護観察所	320 - 0036	栃木県宇都宮市小幡2 - 1 - 11 宇都宮地方法務合同庁舎	028 - 621 - 2391
群　馬	前橋保護観察所	371 - 0026	群馬県前橋市大手町3 - 2 - 1 前橋法務総合庁舎	027 - 237 - 5010
埼　玉	さいたま保護観察所	330 - 0063	埼玉県さいたま市浦和区高砂3 - 16 - 58 さいたま法務総合庁舎	048 - 861 - 8287
千　葉	千葉保護観察所 （千葉みなと庁舎）	260 - 8513	千葉県千葉市中央区中央港1 - 11 - 3 千葉地方合同庁舎	043 - 204 - 7791
東　京	東京保護観察所	100 - 0013	東京都千代田区霞が関1 - 1 - 1 中央合同庁舎6号館Ａ棟	03 - 3597 - 0120
	立川支部	190 - 0014	東京都立川市緑町6番地の3 立川第二法務総合庁舎	042 - 521 - 4231

神奈川	横浜保護観察所	231 - 0001	神奈川県横浜市中区北仲通5 - 57 横浜第二合同庁舎	045 - 201 - 3006
	小田原駐在官事務所	250 - 0012	神奈川県小田原市本町2 - 3 - 24 納税センター・青色会館	0465 - 22 - 8590
新 潟	新潟保護観察所	951 - 8104	新潟県新潟市中央区西大畑町5191 新潟地方法務総合庁舎	025 - 222 - 1531
	上越駐在官事務所	943 - 0834	新潟県上越市西城町2 - 9 - 20 高田法務総合庁舎	025 - 523 - 7877
山 梨	甲府保護観察所	400 - 0032	山梨県甲府市中央1 - 11 - 8 甲府法務総合庁舎	055 - 235 - 7144
長 野	長野保護観察所	380 - 0846	長野県長野市旭町1108 長野法務総合庁舎	026 - 234 - 1993
	飯田駐在官事務所	395 - 0051	長野県飯田市高羽町6 - 1 - 5 飯田高羽合同庁舎	0265 - 22 - 2633
静 岡	静岡保護観察所	420 - 0853	静岡県静岡市葵区追手町9 - 45 静岡地方法務合同庁舎	054 - 253 - 0191
	浜松駐在官事務所	430 - 0929	静岡県浜松市中区中央1 - 12 - 4 浜松合同庁舎	053 - 456 - 7525
	沼津駐在官事務所	410 - 0831	静岡県沼津市市場町9 - 1 沼津合同庁舎	055 - 931 - 2037
岐 阜	富山保護観察所	939 - 8202	富山県富山市西田地方町2 - 9 - 16 富山法務合同庁舎	076 - 421 - 5620
石 川	金沢保護観察所	920 - 0024	石川県金沢市西念3 - 4 - 1 金沢駅西合同庁舎	076 - 261 - 0058
	七尾駐在官事務所	926 - 0818	石川県七尾市馬出町ハ1 七尾法務総合庁舎	0767 - 53 - 5974
福 井	福井保護観察所	910 - 0019	福井県福井市春山1 - 1 - 54 福井春山合同庁舎	0776 - 22 - 2858
岐 阜	岐阜保護観察所	500 - 8812	岐阜県岐阜市美江寺町2 - 7 - 2 岐阜法務総合庁舎別館	058 - 265 - 2651
愛 知	名古屋保護観察所	460 - 8524	愛知県名古屋市中区三の丸4 - 3 - 1 名古屋法務合同庁舎	052 - 951 - 2949
	豊橋駐在官事務所	440 - 0884	愛知県豊橋市大国町111 豊橋地方合同庁舎	0532 - 54 - 4011
三 重	津保護観察所	514 - 0032	三重県津市中央3 - 12 津法務総合庁舎	059 - 227 - 6671
	四日市駐在官事務所	510 - 0068	三重県四日市市三栄町4 - 21 四日市法務合同庁舎	059 - 354 - 3664

滋 賀	大津保護観察所	520 - 0044	滋賀県大津市京町3 - 1 - 1 大津びわ湖合同庁舎	077 - 524 - 6683
京 都	京都保護観察所	602 - 0032	京都府京都市上京区烏丸通今出川上る岡松町255	075 - 441 - 5141
大 阪	大阪保護観察所	540 - 0008	大阪府大阪市中央区大手前4 - 1 - 76 大阪合同庁舎第4号館	06 - 6949 - 6240
	堺支部	590 - 0078	大阪府堺市堺区南瓦町2 - 29 堺地方合同庁舎	072 - 221 - 0037
兵 庫	神戸保護観察所	650 - 0016	兵庫県神戸市中央区橘通1 - 4 - 1 神戸法務総合庁舎	078 - 351 - 4004
	姫路駐在官事務所	670 - 0947	兵庫県姫路市北条1 - 250 姫路法務総合庁舎	079 - 282 - 2267
	尼崎駐在官事務所	660 - 0892	兵庫県尼崎市東難波町4 - 18 - 36 尼崎地方合同庁舎	06 - 6481 - 4503
奈 良	奈良保護観察所	630 - 8213	奈良県奈良市登大路町1 - 1 奈良地方法務合同庁舎	0742 - 23 - 4869
和歌山	和歌山保護観察所	640 - 8143	和歌山県和歌山市二番丁3 和歌山地方合同庁舎	073 - 436 - 2501
鳥 取	鳥取保護観察所	680 - 0842	鳥取県鳥取市吉方109 鳥取第三地方合同庁舎	0857 - 22 - 3518
	米子駐在官事務所	683 - 0067	鳥取県米子市東町124 - 16 米子地方合同庁舎	0859 - 34 - 7001
島 根	松江保護観察所	690 - 0841	島根県松江市向島町134 - 10 松江地方合同庁舎	0852 - 21 - 3767
岡 山	岡山保護観察所	700 - 0807	岡山県岡山市北区南方1 - 8 - 1 岡山法務総合庁舎	086 - 224 - 5661
	津山駐在官事務所	708 - 0022	岡山県津山市山下46 - 42	0868 - 24 - 4868
広 島	広島保護観察所	730 - 0012	広島県広島市中区上八丁堀2 - 31 広島法務総合庁舎	082 - 221 - 4495
	福山駐在官事務所	720 - 0031	広島県福山市三吉町1 - 7 - 2 福山法務合同庁舎	084 - 921 - 7793
山 口	山口保護観察所	753 - 0088	山口県山口市中河原町6 - 16 山口地方合同庁舎2号館	083 - 922 - 1337
	下関駐在官事務所	750 - 0025	山口県下関市竹崎町4 - 6 - 1 下関地方合同庁舎	083 - 232 - 8549
徳 島	徳島保護観察所	770 - 0851	徳島県徳島市徳島町城内6 - 6 徳島地方合同庁舎	088 - 622 - 4359

香　川	高松保護観察所	760 - 0033	香川県高松市丸の内1 - 1 高松法務合同庁舎	087 - 822 - 5445
愛　媛	松山保護観察所	790 - 0001	愛媛県松山市一番町4 - 4 - 1 松山法務総合庁舎	089 - 941 - 9983
	宇和島駐在官事務所	798 - 0036	愛媛県宇和島市天神町4 - 40 宇和島地方合同庁舎	0895 - 24 - 3991
高　知	高知保護観察所	780 - 0850	高知県高知市丸ノ内1 - 4 - 1 高知法務総合庁舎	088 - 873 - 5118
福　岡	福岡保護観察所	810 - 0044	福岡県福岡市中央区六本松4 - 2 - 3	092 - 761 - 6736
	北九州支部	803 - 0813	福岡県北九州市小倉北区城内5 - 1 小倉合同庁舎	093 - 561 - 6340
	（北九州自立更生促進 センター）	803 - 0801	福岡県北九州市小倉北区西港町103 - 2	093 - 562 - 3146
	飯塚駐在官事務所	820 - 0018	福岡県飯塚市芳雄町13 - 6 飯塚合同庁舎	0948 - 22 - 4775
佐　賀	佐賀保護観察所	840 - 0041	佐賀県佐賀市城内2 - 10 - 20 佐賀合同庁舎	0952 - 24 - 4291
長　崎	長崎保護観察所	850 - 0033	長崎県長崎市万才町8 - 16 長崎法務合同庁舎	095 - 822 - 5175
	佐世保駐在官事務所	857 - 0801	長崎県佐世保市祇園町21 - 1 佐世保法務合同庁舎	0956 - 23 - 3181
熊　本	熊本保護観察所	862 - 0971	熊本県熊本市中央区大江3 - 1 - 53 熊本第二合同庁舎	096 - 366 - 8080
	八代駐在官事務所	866 - 0863	熊本県八代市西松江城町11 - 11 八代法務合同庁舎	0965 - 32 - 0387
大　分	大分保護観察所	870 - 8523	大分県大分市荷揚町7 - 5 大分法務総合庁舎	097 - 532 - 2053
宮　崎	宮崎保護観察所	880 - 0802	宮崎県宮崎市別府町1 - 1 宮崎法務総合庁舎	0985 - 24 - 4345
鹿児島	鹿児島保護観察所	892 - 0816	鹿児島県鹿児島市山下町13 - 10 鹿児島地方法務合同庁舎	099 - 226 - 1556
	奄美駐在官事務所	894 - 0033	鹿児島県奄美市名瀬矢之脇町1 - 2 奄美法務合同庁舎	0997 - 52 - 0944
沖　縄	那覇保護観察所	900 - 0022	沖縄県那覇市樋川1 - 15 - 15 那覇第一地方合同庁舎	098 - 853 - 2945
	宮古島駐在官事務所	906 - 0013	沖縄県宮古島市平良字下里1016 平良地方合同庁舎	0980 - 72 - 4780

石垣駐在官事務所	907 - 0004	沖縄県石垣市字登野城55 - 4 石垣地方合同庁舎	0980 - 82 - 4770

ハローワーク（公共職業安定所）相談室

＊詳細は、各都道府県の労働局職業安定課までお問い合わせください。

ジョブカフェ（若年者就職支援センター）

＊ジョブカフェは通称で、本来は「若年者のためのワンストップサービスセンター」といいます。平成15年に内閣府・厚生労働省・文部科学省・経済産業省が策定した「若者自立・挑戦プラン」の中核的施策に位置付けられたもので、若年者が雇用関連サービスを1か所でまとめて受けられるようにした施設です。

＊就職セミナー、職場体験、カウンセリング、職業相談、職業紹介、保護者向けのセミナーなど、地域の特色を生かしたさまざまなサービスを行っています。「カフェ」という呼び名のとおり、明るくおしゃれな雰囲気、気軽に立ち寄れる雰囲気も特徴です。

＊ハローワークを併設しているジョブカフェもあります。

＊地域によってはサテライトという出張所を作ってサービスを行っているところもあります。

＊経済産業省のサイトで、全国一覧（各機関のサイトへのリンク有り）を見ることができます。

【URL】https：//www.meti.go.jp/policy/jobcafe/jobcafe_all.html

（2020年7月1日現在）

都道府県名	名　称	〒	住　所	電話番号
北海道	ジョブカフェ北海道	060 - 0004	札幌市中央区北4条西5丁目 大樹生命札幌共同ビル7階	011 - 209 - 4510
青　森	ジョブカフェあおもり	030 - 0803	青森市安方1 - 1 - 40 青森県観光物産館アスパム3階	017 - 731 - 1311
岩　手	ジョブカフェいわて	020 - 0024	盛岡市菜園1 - 12 - 18 盛岡菜園センタービル5階	019 - 621 - 1171

宮　城	みやぎジョブカフェ	980 - 8485	仙台市青葉区中央1 - 2 - 3 仙台マークワン12階	022 - 264 - 4510
秋　田	あきた就職活動支援センター	010 - 1413	秋田市御所野地蔵田3 - 1 - 1 秋田テルサ3階	018 - 826 - 1735
山　形	山形県若者就職支援センター「山形プラザ」	990 - 0828	山形市双葉町1 - 2 - 3 山形テルサ1階	0120 - 695 - 018
	山形県若者就職支援センター「庄内プラザ」	998 - 0044	酒田市中町1 - 4 - 10	0120 - 219 - 766
福　島	ふるさと福島就職情報センター	960 - 8053	福島県福島市三河南町1 - 20 コラッセふくしま2階	024 - 525 - 0047
茨　城	ジョブカフェいばらき	310 - 0011	水戸市三の丸1 - 7 - 41	029 - 300 - 1916
	ジョブカフェけんぽく	313 - 0013	常陸太田市山下町4119	0294 - 80 - 3366
	ジョブカフェひたち	317 - 0073	日立市幸町1 - 21 - 2	0294 - 27 - 7172
	ジョブカフェろっこう	311 - 1517	鉾田市鉾田1367 - 3	0291 - 34 - 2061
	ジョブカフェけんなん	300 - 0051	土浦市真鍋5 - 17 - 26	029 - 825 - 3410
	ジョブカフェけんせい	308 - 0841	筑西市二木成615	0296 - 23 - 3811
栃　木	とちぎジョブモール	321 - 0964	栃木県宇都宮市駅前通り1 - 3 - 1	028 - 623 - 3226
群　馬	ジョブカフェぐんま 高崎センター	370 - 0052	高崎市旭町34 - 5 高崎駅西口旭町ビル3階	027 - 330 - 4510
	ジョブカフェぐんま 東毛サテライト	376 - 0031	桐生市本町6 - 372 - 2	0277 - 20 - 8228
	ジョブカフェぐんま 北毛サテライト	378 - 0044	沼田市下之町888	0278 - 20 - 1155
埼　玉	ヤングキャリア センター埼玉	336 - 0027	さいたま市南区沼影1 - 10 - 1 ラムザタワー3階	048 - 826 - 5601
千　葉	ジョブカフェちば	273 - 0005	船橋市本町1 - 3 - 1 フェイスビル9階	047 - 426 - 8471
東　京	東京しごとセンター	102 - 0072	千代田区飯田橋3 - 10 - 3 東京しごとセンター3階	03 - 5211 - 1571
神奈川	かながわ 若者就職支援センター	220 - 0004	横浜市西区北幸1 - 11 - 15 横浜 ST ビル5階	045 - 410 - 3357
山　梨	ジョブカフェやまなし	400 - 0035	甲府市飯田1 - 1 - 20　JA 会館5階	055 - 233 - 4510
新　潟	ジョブカフェながおか	940 - 0062	長岡市大手通2 - 2 - 6 ながおか市民センター3階	0258 - 38 - 6181
	ジョブカフェにいがた	950 - 0901	新潟市中央区弁天2 - 2 - 18 新潟 KS ビル2階	025 - 240 - 3013

	ジョブカフェじょうえつ	943 - 0832	上越市本町3 - 4 - 1 センバンビル2階	025 - 520 - 9115
長　野	ジョブカフェ信州 　　　松本センター	390 - 0815	松本市深志1 - 4 - 25 松本フコク生命駅前ビル1・2階	0263 - 39 - 2250
	ジョブカフェ信州 　　　長野分室	380 - 0835	長野市新田町1485 - 1 もんぜんぷら座4階	026 - 228 - 0320
富　山	ヤングジョブとやま	930 - 0805	富山市湊入船町9 - 1 とやま自遊館2階	076 - 445 - 1996
石　川	ジョブカフェ石川 　　　金沢センター	920 - 0935	金沢市石引4 - 17 - 1 石川県本多の森庁舎	076 - 235 - 4513
	ジョブカフェ石川 　　　能登サテライト	926 - 0046	七尾市神明町1　ミナ．クル3階	0767 - 53 - 7070
	ジョブカフェ石川 　　　加賀サテライト	923 - 0924	小松市三日市18 - 1 三日市きまっし☆プラザ2階	0761 - 21 - 2223
福　井	ふくいジョブステー ション	918 - 8580	福井市西木田2 - 8 - 1 福井商工会議所ビル	0776 - 32 - 4510
	ミニジョブステーショ ン敦賀	914 - 0037	敦賀市道口19 - 2 - 1 敦賀産業技術専門学院	0770 - 23 - 5416
	ミニジョブステーショ ン小浜	917 - 0078	小浜市大手町4 - 1 小浜市働く婦人の家1階	0770 - 52 - 3542
愛　知	ヤング・ジョブ・あい ち（Y．J．A）	460 - 0008	名古屋市中区錦2 - 14 - 25 ヤマイチビル9階	052 - 232 - 2351
岐　阜	岐阜地域人材チャレン ジセンター 　　ジンチャレ！岐阜	500 - 8384	岐阜市薮田南5 - 14 - 12 岐阜県シンクタンク庁舎2階	058 - 278 - 1149
静　岡	しずおかジョブステー ション東部	410 - 0801	沼津市大手町1 - 1 - 3 沼津商連ビル2階	055 - 951 - 8229
	しずおかジョブステー ション中部	420 - 0851	静岡市駿河区南町14 - 1 水の森ビル3階	054 - 284 - 0027
	しずおかジョブステー ション西部	430 - 0929	浜松市中区中央1 - 12 - 1 浜松総合庁舎	053 - 454 - 2523
三　重	おしごと広場みえ	514 - 0009	津市羽所町700　アスト津3階	059 - 222 - 3309
大　阪	OSAKAしごとフィー ルド	540 - 0031	大阪市中央区北浜東3 - 14 エル・おおさか2・3階	06 - 4794 - 9198
	JOBカフェSAKAI	590 - 0077	堺市堺区田出井町2 - 1 サンスクエア堺A棟1階	072 - 238 - 4600
	JOBカフェすいた	564 - 0082	吹田市片山町1 - 1 メロード吹田一番館2階	06 - 6310 - 5866

兵　庫	若者しごと倶楽部 （ジョブカフェひょうご）	650 - 0044	神戸市中央区東川崎町1 - 1 - 3 神戸クリスタルタワー12階	078 - 366 - 3731
京　都	京都ジョブパーク	601 - 8047	京都市南区東九条下殿田町70 （新町通九条下ル） 京都テルサ西館3階	075 - 682 - 8915
	北京都ジョブパーク	620 - 0045	福知山市駅前町400 市民交流プラザふくちやま4階	0773 - 22 - 3815
滋　賀	しがジョブパーク	525 - 0025	草津市西渋川1 - 1 - 14 行岡第一ビル4階	077 - 563 - 0301
奈　良	ならジョブカフェ （ヤングコーナー）	630 - 8325	奈良市西木辻町93 - 6 エルトピア奈良内	0742 - 23 - 5730
和歌山	ジョブカフェわかやま	640 - 8033	和歌山市本町1 - 22	073 - 402 - 5757
鳥　取	ふるさと鳥取県定住機構	680 - 0846	鳥取市扇町115 - 1 鳥取駅前第一生命ビル1階	0857 - 24 - 4740
島　根	ジョブカフェしまね 松江センター	690 - 0003	松江市朝日町478 - 18 松江テルサ3階	0852 - 28 - 0691
	浜田ブランチ	697 - 0034	浜田市相生町1391 - 8 いわみぷらっと内	0855 - 25 - 1600
岡　山	おかやま若者就職支援 センター	700 - 0901	岡山市北区本町6 - 36 第1セントラルビル7階	086 - 236 - 1515
広　島	ひろしましごと館	730 - 0011	広島市中区基町12 - 8	082 - 224 - 0121
山　口	山口しごとセンター	754 - 0014	山口市小郡高砂町1 - 20	083 - 976 - 1145
徳　島	ジョブカフェとくしま	770 - 0831	徳島市寺島本町西1 - 61 徳島駅クレメントプラザ5階 とくしまジョブステーション内	088 - 602 - 1188
愛　媛	ジョブカフェ　愛work	790 - 0012	松山市湊町3 - 4 - 6　松山銀天 街ショッピングビル GET！4階	089 - 913 - 8686
高　知	ジョブカフェこうち	780 - 0841	高知市帯屋町2 - 1 - 35	088 - 802 - 1533
	幡多サテライト	787 - 0015	四万十市右山五月町8 - 13 アピアさつき1階	0880 - 34 - 7730
福　岡	若者就職支援センター	810 - 0001	福岡市中央区天神1 - 4 - 2 エルガーラオフィス12階	092 - 720 - 8830
	北九州ブランチ	802 - 0001	北九州市小倉北区浅野3 - 8 - 1 AIM ビル2階　若者ワークプラザ内	093 - 531 - 4510
	筑豊ブランチ	820 - 0040	飯塚市吉原町6 - 1　あいタウン2階	0948 - 23 - 1143
	筑後ブランチ	830 - 8520	久留米市城南町15 - 3	0942 - 33 - 4435

佐　賀	ジョブカフェ SAGA	840 - 0826	佐賀市白山2 - 2 - 7　KITAJIMA ビル2階	0952 - 27 - 1870
長　崎	フレッシュワーク長崎	852 - 8108	長崎市川口町13 - 1　長崎西洋館3F	095 - 843 - 6640
	フレッシュワーク佐世保	857 - 0041	佐世保市木場田町3 - 25　県北振興局1階	0956 - 24 - 7431
熊　本	ジョブカフェくまもと	862 - 0950	熊本市中央区水前寺1 - 4 - 1　水前寺駅ビル2階	096 - 382 - 5451
大　分	ジョブカフェおおいた	870 - 0035	大分市中央町3 - 6 - 11　ガレリア竹町内	097 - 533 - 8878
	ジョブカフェおおいた　別府サテライト	874 - 8588	別府市中央町7 - 8	0977 - 27 - 5988
	ジョブカフェおおいた　中津サテライト	871 - 8510	中津市殿町1383 - 1　中津商工会議所内	0979 - 22 - 1207
	ジョブカフェおおいた　日田サテライト	877 - 8686	日田市三本松2 - 2 - 16	0973 - 23 - 6898
	ジョブカフェおおいた　佐伯サテライト	876 - 0845	佐伯市内町1 - 7	0972 - 23 - 8730
宮　崎	ヤング JOB サポートみやざき	880 - 0811	宮崎市錦町1 - 10　宮崎グリーンスフィア壱番館3階	0985 - 23 - 7260
	ヤング JOB サポートみやざき　延岡サテライト	882 - 0872	延岡市愛宕町2 - 15	0982 - 35 - 2116
鹿児島	キャッチワークかごしま	892 - 0842	鹿児島市東千石町1 - 38　鹿児島商工会議所(アイム)ビル3階	099 - 216 - 9001
沖　縄	沖縄県キャリアセンター	900 - 0021	那覇市泉崎1 - 20 - 1　グッジョブセンターおきなわ内	098 - 866 - 5465

法務局（子どもの人権110番）

＊法務省のサイトで、全国の法務局・支所の一覧（各機関のサイトへのリンク有り）を見ることができます。

【URL】http：//www.moj.go.jp/MINJI/minji10.html

＊法務省の人権擁護機関では、人権相談をインターネットでも受け付けています。上記サイト中の「インターネット人権相談窓口」の相談フォームに氏名、住所、年齢、相談内容等を記入して送信すると、最寄りの法務局から後日、メール・電話等により回答がきます。

●子どもの人権110番フリーダイヤル　0120-007-110（平日8：30〜17：15）

（2020年7月1日現在）

都道府県名	名　称	〒	住　所	電話番号
北海道	札幌法務局	060-0808	札幌市北区北8条西2-1-1　札幌第1合同庁舎	011-728-0780
	函館地方法務局	040-8533	函館市新川町25-18　函館地方合同庁舎	0138-26-5686
	旭川地方法務局	078-8502	旭川市宮前1条3-3-15　旭川合同庁舎	0166-37-7838
	釧路地方法務局	085-8522	釧路市幸町10-3	0154-31-3110
宮　城	仙台法務局	980-8601	仙台市青葉区春日町7-25　仙台第3法務総合庁舎	022-225-6070
	塩竈支局	985-0043	塩竈市袖野田町3-20	022-366-1200
	古川支局	989-6117	大崎市古川旭6-3-1	0229-22-1200
	石巻支局	986-0861	石巻市蛇田字新大埣98-1	0225-94-1200
福　島	福島地方法務局	960-0103	福島市本内字南長割1-3　福島地方法務局分室内	024-536-1155
山　形	山形地方法務局	990-0041	山形市緑町1-5-48　山形地方合同庁舎	023-634-9110
岩　手	盛岡地方法務局	020-0045	盛岡市盛岡駅西通1-9-15　盛岡第二合同庁舎	019-626-2655
秋　田	秋田地方法務局	010-0951	秋田市山王7-1-3　秋田合同庁舎	018-888-4080
青　森	青森地方法務局	030-8511	青森市長島1-3-5　青森第二合同庁舎	017-776-9113

東　京	東京法務局	102 - 8225	千代田区九段南1 - 1 - 15 九段第2合同庁舎12階	03 - 5363 - 3075
神奈川	横浜地方法務局	231 - 8411	横浜市中区北仲通5 - 57 横浜第2合同庁舎	045 - 226 - 5582
埼　玉	さいたま地方法務局	338 - 8513	さいたま市中央区下落合5 - 12 - 1 さいたま第2法務総合庁舎	048 - 859 - 3515
千　葉	千葉地方法務局	260 - 8518	千葉市中央区中央港1 - 11 - 3	043 - 247 - 9666
茨　城	水戸地方法務局	310 - 0011	水戸市三の丸1 - 1 - 42	029 - 231 - 5500
栃　木	宇都宮地方法務局	320 - 8515	宇都宮市小幡2 - 1 - 11	028 - 627 - 3737
群　馬	前橋地方法務局	371 - 8535	前橋市大手町2 - 3 - 1 前橋地方合同庁舎	027 - 243 - 0760
静　岡	静岡地方法務局	420 - 8650	静岡市葵区追手町9 - 50 静岡地方合同庁舎	054 - 275 - 3070
山　梨	甲府地方法務局	400 - 8520	甲府市丸の内1 - 1 - 18 甲府合同庁舎	055 - 252 - 0110
長　野	長野地方法務局	380 - 0846	長野市旭町1108	026 - 232 - 8110
新　潟	新潟地方法務局	951 - 8504	新潟市中央区西大畑町5191 新潟法務総合庁舎	025 - 229 - 0110
愛　知	名古屋法務局	460 - 8513	名古屋市中区三の丸2 - 2 - 1 名古屋合同庁舎第1号館	052 - 952 - 8110
三　重	津地方法務局	514 - 8503	津市丸之内26 - 8　津合同庁舎	059 - 224 - 3535
岐　阜	岐阜地方法務局	500 - 8729	岐阜市金竜町5 - 13	058 - 240 - 5510
福　井	福井地方法務局	910 - 8504	福井市春山1 - 1 - 54 福井春山合同庁舎	0776 - 26 - 9777
石　川	金沢地方法務局	921 - 8505	金沢市新神田4 - 3 - 10 金沢新神田合同庁舎	076 - 292 - 7843
富　山	富山地方法務局	930 - 0856	富山市牛島新町11 - 7 富山合同庁舎	076 - 441 - 1161
大　阪	大阪法務局	540 - 8544	大阪市中央区谷町2 - 1 - 17 大阪第2法務合同庁舎	06 - 6942 - 1183
京　都	京都地方法務局	602 - 8577	京都市上京区荒神口通河原町東 入上生洲町197	075 - 231 - 2000
兵　庫	神戸地方法務局	650 - 0042	神戸市中央区波止場町1 - 1 神戸第2地方合同庁舎	078 - 393 - 0118
奈　良	奈良地方法務局	630 - 8301	奈良市高畑町552 奈良第2法務総合庁舎	0742 - 23 - 5734

滋　賀	大津地方法務局	520 - 8516	大津市京町3 - 1 - 1 　　大津びわ湖合同庁舎	077 - 522 - 1060
和歌山	和歌山地方法務局	640 - 8552	和歌山市二番丁3 　　和歌山地方合同庁舎	073 - 425 - 2704
広　島	広島法務局	730 - 8536	広島市中区上八丁堀6 - 30	082 - 228 - 4710
山　口	山口地方法務局	753 - 8577	山口市中河原町6 - 16 　　山口地方合同庁舎2号館	083 - 920 - 1234
岡　山	岡山地方法務局	700 - 8616	岡山市北区南方1 - 3 - 58	086 - 224 - 5657
鳥　取	鳥取地方法務局	680 - 0011	鳥取市東町2 - 302 　　鳥取第2地方合同庁舎	0857 - 27 - 3751
島　根	松江地方法務局	690 - 0001	松江市東朝日町192 - 3	0852 - 26 - 7867
香　川	高松法務局	760 - 8508	高松市丸の内1 - 1	087 - 821 - 7862
徳　島	徳島地方法務局	770 - 8512	徳島市徳島町城内6 - 6 　　徳島地方合同庁舎	088 - 622 - 8110
高　知	高知地方法務局	780 - 8509	高知市栄田町2 - 2 - 10 　　高知よさこい咲都合同庁舎	088 - 822 - 6505
愛　媛	松山地方法務局	790 - 8505	松山市宮田町188 - 6 　　松山地方合同庁舎	089 - 932 - 0877
福　岡	福岡法務局	810 - 8513	福岡市中央区舞鶴3 - 5 - 25	092 - 739 - 4175
佐　賀	佐賀地方法務局	840 - 0041	佐賀市城内2 - 10 - 20	0952 - 28 - 7110
長　崎	長崎地方法務局	850 - 8507	長崎市万才町8 - 16	095 - 827 - 7831
大　分	大分地方法務局	870 - 8513	大分市荷揚町7 - 5 　　大分法務総合庁舎	097 - 532 - 0122
熊　本	熊本地方法務局	862 - 0971	熊本市中央区大江3 - 1 - 53 　　熊本第2合同庁舎	096 - 364 - 0415
鹿児島	鹿児島地方法務局	890 - 8518	鹿児島市鴨池新町1 - 2	099 - 259 - 7830
宮　崎	宮崎地方法務局	880 - 8513	宮崎市別府町1 - 1 　　宮崎法務総合庁舎	0985 - 20 - 8747
沖　縄	那覇地方法務局	900 - 8544	那覇市樋川1 - 15 - 15 　　那覇第1地方合同庁舎	098 - 853 - 4460

弁　護　士　会

〔子どもの人権救済に関する各弁護士会の無料相談機関（常設専用窓口）〕

＊下表以外の弁護士会においても、子どもに関する相談を実施しています。また、有料になる場合もあります。詳細はお近くの弁護士会にご確認ください。

＊日本弁護士連合会のサイトで、全国の弁護士会の情報を見ることができます。

【URL】http://www.nichibenren.or.jp/

（2019年5月現在）

都道府県名	名　称	〒	住所	電話番号	相談実施方法等
北海道	札幌弁護士会「子どもの権利110番」	060－0001	札幌市中央区北1条西10丁目　札幌弁護士会館7階	011－281－5110	電話 平日木曜の16：00〜18：00は事前受付不要で直接弁護士につながる
秋　田	秋田弁護士会「子どもの人権に関する無料法律相談」	010－0951	秋田市山王6－2－7	018－896－5599	電話連絡のうえ、面談
東　京	東京弁護士会「子どもの人権110番」	100－0013	千代田区霞が関1－1－3 弁護士会館	電話相談：03－3503－0110	電話と面談 （※まずは電話でご相談ください） 電話相談： 平日　13：30〜16：30 　　　　17：00〜20：00 土曜　13：00〜16：00 面談相談： 水曜　13：30〜16：30 土曜　13：00〜16：00
	第二東京弁護士会「子どもの悩みごと相談」	100－0013	千代田区霞が関1－1－3 弁護士会館	03－3581－1885	電話と面談 毎週火・木・金曜（祝日を除く） 15：00〜19：00 （面接は前日17時までに要予約。受付は人権課：03－3581－2257）
神奈川	神奈川県弁護士会「子どもの人権相談」	231－0021	横浜市中区日本大通9	045－211－7700	電話と面談 毎週木曜13：15〜16：15 （事前予約の上、45分の面談。面談が空いている時間で電話対応）

埼　玉	埼玉弁護士会「子ども弁護士ホットライン」	330 - 0063	さいたま市浦和区高砂4 - 7 - 20	048 - 837 - 8668	電話毎週火・木曜（祝日を除く）15：00〜18：00
静　岡	静岡県弁護士会［静岡支部］「子どもの権利相談」	420 - 0853	静岡市葵区追手町10 - 80　静岡地方裁判所構内	054 - 252 - 0008（会代表）	電話と面談平日9：00〜12：00　　　13：00〜17：00（担当委員〔子どもの権利委員会委員〕へ取り次ぎ、弁護士から折り返し連絡）
	静岡県弁護士会［浜松支部］「子どもの権利相談」	430 - 0929	浜松市中区中央1 - 9 - 1　静岡県西部法律会館	053 - 455 - 3009（支部代表）	
	静岡県弁護士会［沼津支部］「子どもの権利相談」	410 - 0832	沼津市御幸町24 - 6静岡県東部法律会館	055 - 931 - 1848（支部代表）	
山　梨	山梨県弁護士会「子ども人権常設相談」	400 - 0032	甲府市中央1 - 8 - 7	055 - 235 - 7202（会代表）	電話と面談平日9：30〜17：00
長　野	長野県弁護士会「子どもの人権相談」	380 - 0872	長野市妻科432	026 - 232 - 2104（会代表）	電話と面談平日9：00〜17：00
新　潟	新潟県弁護士会「子どものなやみごと相談」	951 - 8126	新潟市中央区学校町通1 - 1　新潟地方裁判所構内	0120 - 66 - 6310	電話と面談平日9：00〜17：00（担当委員会〔子どもの権利委員会〕へ取り次ぎ）
大　阪	大阪弁護士会「子ども何でも相談」	530 - 0047	大阪市北区西天満1 - 12 - 5	06 - 6364 - 6251	電話毎週水曜15：00〜17：00第2木曜18：00〜20：00（相談担当弁護士が待機）
京　都	京都弁護士会「子どもの権利110番」	604 - 0971	京都市中京区富小路通丸太町下ル	075 - 231 - 2378	電話と面談毎週金曜15：00〜17：00（受付は16：30まで）
兵　庫	兵庫県弁護士会「子どもの悩みごと相談」	650 - 0016	神戸市中央区橘通1 - 4 - 3	078 - 341 - 8227	面談（電話で予約）平日9：00〜17：00

愛 知	愛知県弁護士会「子どもの人権相談」	460 - 0001	名古屋市中区三の丸1 - 4 - 2	052 - 586 - 7831	電話と面談 毎週土曜9：20〜16：25 （祝日・年末年始除く）
岐 阜	岐阜県弁護士会「子どもの悩みごと相談」	500 - 8811	岐阜市端詰町22	058 - 265 - 2850	電話 平日9：00〜17：00 （当番の弁護士にかけ直して、相談）
石 川	金沢弁護士会「子どもの悩みごと相談」	920 - 0937	金沢市丸の内7 - 36	076 - 221 - 0831	電話 毎週木曜12：30〜16：30 （専用電話に当番の弁護士が待機〔弁護士会に設置〕）
広 島	広島弁護士会「子ども電話相談」	730 - 0012	広島市中区上八丁堀2 - 73	090 - 5262 - 0874	電話 平日16：00〜19：00 （祝日・年末年始等除く）
島 根	島根県弁護士会「子どもの権利相談」	690 - 0886	松江市母衣町55 - 4 松江商工会議所ビル7階	0852 - 21 - 3450	面談 　（申し込みがあるつど弁護士会事務局で受付をし、子どもの権利委員会委員へつなぐ）
香 川	香川県弁護士会「子どもの権利110番」	760 - 0033	高松市丸の内2 - 22	087 - 822 - 3693 （会代表）	電話と面談 月〜金 9：00〜12：00 13：00〜17：00 （事務局で受付後、相談対応可能な弁護士に連絡し、弁護士から電話をかけ直して相談）
福 岡	福岡県弁護士会「子どもの人権110」	810 - 0043	福岡市中央区六本松4 - 2 - 5	092 - 752 - 1331	電話 毎週土曜12：30〜15：30 （専用の電話番号に、相談担当弁護士が待機）
長 崎	長崎県弁護士会「子ども担当弁護士制度」	850 - 0875	長崎市栄町1 - 25 長崎MSビル4階	095 - 824 - 3903 （会代表）	面談 （随時、弁護士会事務局で法律相談申込を受付。担当弁護士が相談申込者に直接電話して、相談日を調整後、法律事務所で面談を実施）

熊　本	熊本県弁護士会「子どもの人権相談」	860－0078	熊本市京町1－13－11	096－325－0913（会代表）	電話と面談第3土曜日14：00～16：00（時間内であれば、面接も予約不要）

いのちの電話

＊一般社団法人日本いのちの電話連盟のサイトで、全国の「いのちの電話」の一覧
　（各サイトへのリンク有り）が掲載されています。

【URL】https://www.inochinodenwa.org/lifeline.php

＊詳細はお近くのセンターまでお問い合わせください。

＊外国語での相談やエイズ相談、心理面接を行っているところもあります。

（2020年7月1日現在）

都道府県名	名　称	電話番号	受付時間等
北海道	社会福祉法人　旭川いのちの電話	0166－23－4343	月～木9：30～15：30金・土・祝日24時間
	社会福祉法人　北海道いのちの電話	011－231－4343	24時間
青　森	NPO法人　あおもりいのちの電話	0172－33－7830	12：00～21：00
秋　田	NPO法人　秋田いのちの電話	018－865－4343	月～金12：00～20：30土・日・祝日12：00～17：00
岩　手	社会福祉法人　盛岡いのちの電話	019－654－7575	月～土12：00～21：00日12：00～18：00
宮　城	社会福祉法人　仙台いのちの電話	022－718－4343	24時間
山　形	社会福祉法人　山形いのちの電話	023－645－4343	13：00～22：00
福　島	社会福祉法人　福島いのちの電話	024－536－4343	10：00～22：00
群　馬	社会福祉法人　群馬いのちの電話	027－221－0783	9：00～24：00第2・4金24時間
栃　木	社会福祉法人　栃木いのちの電話	028－643－7830	24時間
	社会福祉法人　足利いのちの電話	0284－44－0783	15：00～21：00
茨　城	社会福祉法人　茨城いのちの電話	029－855－1000	24時間
	社会福祉法人　茨城いのちの電話・水戸	029－255－1000	
埼　玉	社会福祉法人　埼玉いのちの電話	048－645－4343	24時間
千　葉	社会福祉法人　千葉いのちの電話	043－227－3900	24時間

東　京	社会福祉法人　東京いのちの電話	03 - 3264 - 4343	24時間
	NPO法人　東京多摩いのちの電話	042 - 327 - 4343	10：00〜21：00 第3金10：00〜日21：00
	NPO法人　東京英語いのちの電話	03 - 5774 - 0992	9：00〜23：00（English only）
神奈川	社会福祉法人　川崎いのちの電話	044 - 733 - 4343	24時間
	社会福祉法人　横浜いのちの電話	045 - 335 - 4343	24時間 （下記については、水10：00〜 21：00、金19：00〜21：00、土 12：00〜21：00） Spanish：045 - 336 - 2477 Portuguese：045 - 336 - 2488
山　梨	NPO法人　山梨いのちの電話	055 - 221 - 4343	火〜土16：00〜22：00
静　岡	社会福祉法人　静岡いのちの電話	054 - 272 - 4343	12：00〜21：00
	社会福祉法人　浜松いのちの電話	053 - 473 - 6222	日〜火・祝日10：00〜21：00 水〜土10：00〜24：00 第2・4土24時間 Portuguese：金
新　潟	社会福祉法人　新潟いのちの電話	025 - 288 - 4343	24時間
岐　阜	NPO法人　岐阜いのちの電話	058 - 277 - 4343	日16：00〜22：00 月〜土19：00〜22：00
長　野	社会福祉法人　長野いのちの電話	026 - 223 - 4343	11：00〜22：00
	社会福祉法人　長野いのちの電話・松本	0263 - 29 - 1414	11：00〜22：00
愛　知	社会福祉法人　名古屋いのちの電話協会	052 - 931 - 4343	24時間
三　重	NPO法人　三重いのちの電話協会	059 - 221 - 2525	18：00〜23：00
滋　賀	NPO法人　滋賀いのちの電話	077 - 553 - 7387	金〜日10：00〜22：00
京　都	社会福祉法人　京都いのちの電話	075 - 864 - 4343	24時間
奈　良	社会福祉法人　奈良いのちの電話協会	0742 - 35 - 1000	24時間
大　阪	社会福祉法人　関西いのちの電話	06 - 6309 - 1121	24時間
兵　庫	社会福祉法人　神戸いのちの電話	078 - 371 - 4343	月〜金8：30〜20：30 （土、第2・4金8：30〜翌日 8：30） （土、第2・4金が祝日の場合 は、8：30〜16：00、20：30〜 翌日8：30）
	社会福祉法人　はりまいのちの電話	079 - 222 - 4343	14：00〜1：00
和歌山	社会福祉法人　和歌山いのちの電話協会	073 - 424 - 5000	10：00〜22：00
鳥　取	社会福祉法人　鳥取いのちの電話	0857 - 21 - 4343	12：00〜21：00

島　根	社会福祉法人　島根いのちの電話	0852 – 26 – 7575	月～金９：00～22：00 土９：00～翌日22：00
岡　山	社会福祉法人　岡山いのちの電話協会	086 – 245 – 4343	24時間
広　島	社会福祉法人　広島いのちの電話	082 – 221 – 4343	24時間
山　口	NPO法人　山口いのちの電話	0836 – 22 – 4343	16：30～22：30
香　川	社会福祉法人　香川いのちの電話協会	087 – 833 – 7830	24時間 FAX：087 – 861 – 4343
愛　媛	社会福祉法人　愛媛いのちの電話	089 – 958 – 1111	12：00～24：00
高　知	NPO法人　高知いのちの電話	088 – 824 – 6300	9：00～21：00
福　岡	社会福祉法人　北九州いのちの電話	093 – 653 – 4343	24時間
	社会福祉法人　福岡いのちの電話	092 – 741 – 4343	24時間
佐　賀	社会福祉法人　佐賀いのちの電話	0952 – 34 – 4343	24時間
長　崎	社会福祉法人　長崎いのちの電話	095 – 842 – 4343	9：00～22：00 第１・３土24時間
熊　本	社会福祉法人　熊本いのちの電話	096 – 353 – 4343	24時間
大　分	社会福祉法人　大分いのちの電話	097 – 536 – 4343	24時間
鹿児島	社会福祉法人　鹿児島いのちの電話協会	099 – 250 – 7000	24時間
沖　縄	社会福祉法人　沖縄いのちの電話	098 – 888 – 4343	10：00～23：00

学校の中にある相談機関

＊各学校によって詳細が異なりますので、各学校や各地域の教育委員会までお問い合わせください。

＊スクールカウンセラー、スクールソーシャルワーカー、スクールロイヤー等については、p.225、p.234を参照ください。

教 育 委 員 会

＊都道府県の教育委員会のみを載せています。　　　　　　　　（2020年7月1日現在）

都道府県名	名　称	〒	住　所	電話番号
北海道	北海道教育委員会	060 - 8544	札幌市中央区北3条西7	011 - 231 - 4111
青　森	青森県教育委員会	030 - 8540	青森市長島1 - 1 - 1	017 - 722 - 1111
岩　手	岩手県教育委員会	020 - 8570	盛岡市内丸10 - 1	019 - 629 - 6106
宮　城	宮城県教育委員会	980 - 8423	仙台市青葉区本町3 - 8 - 1	022 - 211 - 3614
秋　田	秋田県教育委員会	010 - 8580	秋田市山王3 - 1 - 1	018 - 860 - 5111
山　形	山形県教育委員会	990 - 8570	山形市松波2 - 8 - 1	023 - 630 - 2906
福　島	福島県教育委員会	960 - 8688	福島市杉妻町2 - 16	024 - 521 - 1111
茨　城	茨城県教育委員会	310 - 8588	水戸市笠原町978 - 6	029 - 301 - 5143
栃　木	栃木県教育委員会	320 - 8501	宇都宮市塙田1 - 1 - 20	028 - 623 - 3354
群　馬	群馬県教育委員会	371 - 8570	前橋市大手町1 - 1 - 1	027 - 226 - 4521
埼　玉	埼玉県教育委員会	330 - 9301	さいたま市浦和区高砂3 - 15 - 1	048 - 830 - 6615
千　葉	千葉県教育委員会	260 - 8667	千葉市中央区市場町1 - 1	043 - 223 - 4015
東　京	東京都教育委員会	163 - 8001	新宿区西新宿2 - 8 - 1	03 - 5320 - 6733
神奈川	神奈川県教育委員会	231 - 8509	横浜市中区日本大通33	045 - 210 - 1111
新　潟	新潟県教育委員会	950 - 8570	新潟市中央区新光町4 - 1	025 - 280 - 5587
富　山	富山県教育委員会	930 - 8501	富山市新総曲輪1 - 7	076 - 444 - 3430
石　川	石川県教育委員会	920 - 8575	金沢市鞍月1 - 1	076 - 225 - 1811
福　井	福井県教育委員会	910 - 8580	福井市大手3 - 17 - 1	0776 - 21 - 1111
山　梨	山梨県教育委員会	400 - 8504	甲府市丸の内1 - 6 - 1	055 - 223 - 1741
長　野	長野県教育委員会	380 - 8570	長野市南長野幅下692 - 2	026 - 235 - 7421
岐　阜	岐阜県教育委員会	500 - 8570	岐阜市薮田南2 - 1 - 1	058 - 272 - 8727
静　岡	静岡県教育委員会	420 - 8601	静岡市葵区追手町9 - 6	054 - 221 - 3675
愛　知	愛知県教育委員会	460 - 8501	名古屋市中区三の丸3 - 1 - 2	052 - 961 - 2111
三　重	三重県教育委員会	514 - 8570	津市広明町13	059 - 224 - 3173
滋　賀	滋賀県教育委員会	520 - 8577	大津市京町4 - 1 - 1	077 - 528 - 4511
京　都	京都府教育委員会	600 - 8533	京都市下京区中堂寺命婦町1 - 10	075 - 414 - 5751
大　阪	大阪府教育委員会	540 - 8571	大阪市中央区大手前3 - 2 - 12	06 - 6944 - 6050

兵　庫	兵庫県教育委員会	650 - 8567	神戸市中央区下山手通5 - 10 - 1	078 - 341 - 7711
奈　良	奈良県教育委員会	630 - 8501	奈良市登大路町30	0742 - 22 - 1101
和歌山	和歌山県教育委員会	640 - 8585	和歌山市小松原通1 - 1	073 - 441 - 3640
鳥　取	鳥取県教育委員会	680 - 8570	鳥取市東町1 - 271	0857 - 26 - 7914
島　根	島根県教育委員会	690 - 8502	松江市殿町1	0852 - 22 - 5403
岡　山	岡山県教育委員会	700 - 8570	岡山市内山下2 - 4 - 6	086 - 226 - 7569
広　島	広島県教育委員会	730 - 8514	広島市中区基町9 - 42	082 - 513 - 4911
山　口	山口県教育委員会	753 - 8501	山口市滝町1 - 1	083 - 922 - 3111
徳　島	徳島県教育委員会	770 - 8570	徳島市万代町1 - 1	088 - 621 - 3115
香　川	香川県教育委員会	760 - 8582	高松市天神前6 - 1	087 - 832 - 3733
愛　媛	愛媛県教育委員会	790 - 8570	松山市一番町4 - 4 - 2	089 - 912 - 2920
高　知	高知県教育委員会	780 - 0850	高知市丸ノ内1 - 7 - 52	088 - 821 - 4902
福　岡	福岡県教育委員会	812 - 8577	福岡市博多区東公園7 - 7	092 - 651 - 1111
佐　賀	佐賀県教育委員会	840 - 8570	佐賀市城内1 - 1 - 59	0952 - 25 - 7398
長　崎	長崎県教育委員会	850 - 8570	長崎市尾上町3 - 1	095 - 894 - 3314
熊　本	熊本県教育委員会	862 - 8609	熊本市中央区水前寺6 - 18 - 1	096 - 383 - 1111
大　分	大分県教育委員会	870 - 8503	大分市府内町3 - 10 - 1	097 - 536 - 1111
宮　崎	宮崎県教育委員会	880 - 8501	宮崎市橘通東2 - 10 - 1	0985 - 26 - 7233
鹿児島	鹿児島県教育委員会	890 - 8577	鹿児島市鴨池新町10 - 1	099 - 286 - 2111
沖　縄	沖縄県教育委員会	900 - 8570	那覇市泉崎1 - 2 - 2	098 - 866 - 2705

障害に関する相談機関

＊下表以外にも多くの相談機関があります。詳細は各地方公共団体、各機関にお問い合わせください。

(2020年7月1日現在)

都道府県名	名　称	〒	住　所	電話番号
北海道	道立心身障害者総合相談所	064 - 0944	札幌市中央区円山西町2 - 1 - 1	011 - 613 - 5401
	道立子ども総合医療・療育センター	006 - 0041	札幌市手稲区金山1条1 - 240 - 6	011 - 691 - 5696
	道立旭川肢体不自由児総合療育センター	071 - 8142	旭川市春光台2条1 - 1 - 43	0166 - 51 - 2126

	札幌市発達医療センター	060 - 0007	札幌市中央区北7条西26 - 1 - 1	011 - 622 - 8640
	札幌市身体障害者 福祉センター	063 - 0802	札幌市西区二十四軒2条6	011 - 641 - 8853
青　森	県身体障害者福祉センター ねむのき会館	030 - 0122	青森市野尻今田52 - 4	017 - 738 - 5033
	青森市総合福祉センター	030 - 0822	青森市中央3 - 16 - 1	017 - 722 - 4517
岩　手	いわてリハビリテーション センター	020 - 0503	岩手郡雫石町七ツ森16 - 243	019 - 692 - 5800
	盛岡市身体障害者 福祉センター	020 - 0886	盛岡市若園町2 - 18	019 - 625 - 1151
宮　城	県障害者福祉センター	983 - 0836	仙台市宮城野区幸町4 - 6 - 2	022 - 291 - 1585
秋　田	県身体障害者 更生訓練センター	010 - 1602	秋田市新屋下川原町2 - 3	018 - 863 - 4471
	県立医療療育センター	010 - 1409	秋田市南ヶ丘1 - 1 - 2	018 - 826 - 2401
	県立リハビリテーショ ン・精神医療センター	019 - 2492	大仙市協和上淀川五百刈田352	018 - 892 - 3751
山　形	県立こども医療療育センター	999 - 3145	上山市河崎3 - 7 - 1	023 - 673 - 3366
	山形市身体障害者福祉 センター希望の家	990 - 0021	山形市小白川町2 - 3 - 47	023 - 642 - 5181
福　島	県養護教育センター	963 - 8041	郡山市富田町上ノ台4 - 1	024 - 951 - 5598
	県総合療育センター	963 - 8041	郡山市富田町上ノ台4 - 1	024 - 951 - 0250
	県障がい者総合 福祉センター	960 - 8670	福島市杉妻町2 - 16	024 - 521 - 2824
茨　城	茨城福祉医療センター	310 - 0836	水戸市元吉田町1872 - 1	029 - 353 - 7171
栃　木	県立リハビリテーション センター	320 - 8503	宇都宮市駒生町3337 - 1	028 - 623 - 6101
群　馬	県心身障害者福祉センター	371 - 0843	前橋市新前橋町13 - 12	027 - 254 - 1010
	県立身体障害者リハビ リテーションセンター	372 - 0001	伊勢崎市波志江町3030 - 1	0270 - 24 - 2678
埼　玉	国立身体障害者リハビ リテーションセンター	359 - 8555	所沢市並木4 - 1	04 - 2995 - 3100
	県総合リハビリテーション センター	362 - 8567	上尾市西貝塚148 - 1	048 - 781 - 2222
	県立小児医療センター	330 - 8777	さいたま市中央区新都心1 - 2	048 - 601 - 2200
	さいたま市総合療育セ ンターひまわり学園	331 - 0052	さいたま市西区三橋6 - 1587	048 - 622 - 1211

千 葉	中央障害者相談センター	260－0844	千葉市緑区誉田町1－45－2	043－291－6872
	千葉リハビリテーションセンター	266－0005	千葉市緑区誉田町1－45－2	043－291－1831
	千葉市療育センター	261－0003	千葉市美浜区高浜4－8－3	043－216－2401
東 京	国立精神・神経医療研究センター　精神保健研究所	187－8551	小平市小川東町4－1－1	042－341－2711
	全国療育相談センター	170－0005	豊島区南大塚3－43－11	03－5927－1280
	東京都心身障害者福祉センター	162－0823	新宿区神楽河岸1－1	03－3235－2946
	心身障害児総合医療療育センター	173－0037	板橋区小茂根1－1－10	03－3974－2146
	都立北療育医療センター	114－0033	北区十条台1－2－3	03－3908－3001
	都立府中療育センター	183－8553	府中市武蔵台2－9－2	042－323－5115
	都立東大和療育センター	207－0022	東大和市桜が丘3－44－10	042－567－0222
	東京小児療育病院	208－0011	武蔵村山市学園4－10－1	042－561－2521
	中央区立福祉センター	104－0044	中央区明石町12－1	03－3545－9311
	港区立障害保健福祉センター	105－0014	港区芝1－8－23	03－5439－2511
	新宿区立障害者福祉センター	162－0052	新宿区戸山1－22－2	03－3232－3711
	文京総合福祉センター	112－0006	文京区小日向2－16－15	03－5940－2903
	すみだ福祉保健センター	131－0033	墨田区向島3－36－7	03－5608－3711
	江東区障害者福祉センター	135－0011	江東区扇橋3－7－2	03－3699－0316
	品川区心身障害者福祉会館	142－0064	品川区旗の台5－2－2	03－3785－3322
	大田区立こども発達センターわかばの家	146－0083	大田区千鳥3－7－5	03－3757－7761
	世田谷区立保健医療福祉プラザ	156－0043	世田谷区松原6－37－10	03－6379－4301
	中野区立療育センターアポロ園	165－0022	中野区江古田4－43－25	03－3389－3700
	杉並区立こども発達センター	168－0072	杉並区高井戸東1－18－5	03－5317－5661
	豊島区立心身障害者福祉センター	171－0031	豊島区目白5－18－8	03－3953－2811
	北区立障害者福祉センター	114－0032	北区中十条1－2－18	03－3905－7111
	荒川区立心身障害者福祉センター	116－0002	荒川区荒川1－53－20	03－3891－6824

	板橋区立障害者福祉センター	175 - 0082	板橋区高島平9 - 25 - 12	03 - 3550 - 3401
	練馬区立心身障害者福祉センター	176 - 0021	練馬区貫井1 - 9 - 1	03 - 3926 - 7211
	足立区障がい福祉センターあしすと	121 - 0816	足立区梅島3 - 31 - 19	03 - 5681 - 0132
	葛飾区地域福祉・障害者センター	124 - 0006	葛飾区堀切3 - 34 - 1	03 - 5698 - 1301
神奈川	国立特別支援教育総合研究所	239 - 8585	横須賀市野比5 - 1 - 1	046 - 839 - 6803
	県立総合療育相談センター	252 - 0813	藤沢市亀井野3119	0466 - 84 - 5700
	小児療育相談センター	221 - 0822	横浜市神奈川区西神奈川1 - 9 - 1	045 - 321 - 1721
	横浜市総合リハビリテーションセンター	222 - 0035	横浜市港北区鳥山町1770	045 - 473 - 0666
	川崎市北部地域療育センター	215 - 0023	川崎市麻生区片平5 - 26 - 1	044 - 988 - 3144
新　潟	県立精神医療センター	940 - 0015	長岡市寿2 - 4 - 1	0258 - 24 - 3930
富　山	県リハビリテーション病院・こども支援センター	931 - 8517	富山市下飯野36	076 - 438 - 2233
石　川	県リハビリテーションセンター	920 - 0353	金沢市赤土町二13 - 1	076 - 266 - 2860
	石川療育センター	920 - 1146	金沢市小坂町西137　　　　　　　　　上中町イ67 - 2	076 - 229 - 3033
福　井	県こども療育センター	910 - 0846	福井市四ツ井2 - 8 - 1	0776 - 53 - 6570
山　梨	県障害者相談所	400 - 0005	甲府市北新1 - 2 - 12	055 - 254 - 8671
長　野	県社会福祉総合センター	380 - 0928	長野市若里7 - 1 - 7	026 - 227 - 5201
	県立総合リハビリテーションセンター	381 - 8577	長野市下駒沢618 - 1	026 - 296 - 3953
	長野市身体障害者福祉センター	380 - 0904	長野市鶴賀276 - 10	026 - 226 - 4884
静　岡	身体障害者福祉センター	420 - 0856	静岡市葵区駿府町1 - 70	054 - 252 - 7829
愛　知	県心身障害者コロニー中央病院	480 - 0392	春日井市神屋町713 - 8	0568 - 88 - 0811
三　重	県身体障害者総合福祉センター	514 - 0113	津市一身田大古曽670 - 2	059 - 231 - 0155
滋　賀	県立小児保健医療センター	524 - 0022	守山市守山5 - 7 - 30	077 - 582 - 6200
京　都	府立心身障害者福祉センター	610 - 0113	城陽市中芦原61	0774 - 54 - 1400
	京都総合福祉協会	606 - 0846	京都市左京区下鴨北野々神町26	075 - 702 - 3730

	京都市身体障害者リハビリテーションセンター	604 - 8854	京都市中京区壬生仙念町30	075 - 823 - 1650
大 阪	大阪精神医療センター	573 - 0022	枚方市宮之阪3 - 16 - 21	072 - 847 - 3261
	大阪母子医療センター	594 - 1101	和泉市室堂町840	0725 - 56 - 1220
	大阪府肢体不自由者協会	540 - 0006	大阪市中央区法円坂1 - 1 - 35	06 - 6940 - 4181
	大阪市立総合医療センター	534 - 0021	大阪市都島区都島本通2 - 13 - 22	06 - 6929 - 1221
	子供の城療育センター	532 - 0011	大阪市淀川区西中島5 - 6 - 6	06 - 6304 - 5661
兵 庫	県立こども発達支援センター	674 - 0074	明石市魚住町清水2744	078 - 949 - 0902
	県立特別支援教育センター	651 - 0062	神戸市中央区坂口通2 - 1 - 1	078 - 222 - 3604
奈 良	県総合リハビリテーションセンター	636 - 0393	磯城郡田原本町多722	0744 - 32 - 0200
	奈良市総合福祉センター	631 - 0801	奈良市左京5 - 3 - 1	0742 - 71 - 0770
和歌山	県子ども・女性・障害者相談センター	641 - 0014	和歌山市毛見1437 - 218	073 - 445 - 5311
鳥 取	県立総合療育センター	683 - 0004	米子市上福原7 - 13 - 3	0859 - 38 - 2155
島 根	東部島根医療福祉センター	690 - 0864	松江市東生馬町15 - 1	0852 - 36 - 8011
	西部島根医療福祉センター	695 - 0001	江津市渡津町1926	0855 - 52 - 2442
岡 山	県福祉相談センター	700 - 0807	岡山市北区南方2 - 13 - 1	086 - 235 - 4577
広 島	県立身体障害者リハビリテーションセンター	739 - 0036	東広島市西条町田口295 - 3	082 - 425 - 1455
	広島市こども療育センター	732 - 0052	広島市東区光町2 - 15 - 55	082 - 263 - 0683
	広島市心身障害者福祉センター	732 - 0052	広島市東区光町2 - 1 - 5	082 - 261 - 2333
山 口	県身体障害者福祉センター	753 - 0092	山口市八幡馬場36 - 1	083 - 925 - 2345
徳 島	県障がい者相談支援センター	770 - 0005	徳島市南矢三2 - 1 - 59	088 - 631 - 8711
香 川	かがわ総合リハビリテーション福祉センター	761 - 8057	高松市田村町1114	087 - 867 - 7686
愛 媛	県身体障がい者福祉センター	790 - 0843	松山市道後町2 - 12 - 11	089 - 924 - 2101
福 岡	県身体障がい者リハビリテーションセンター	811 - 3113	古賀市千鳥3 - 1 - 1	092 - 944 - 1041
	福岡市発達教育センター	810 - 0065	福岡市中央区地行浜2 - 1 - 6	092 - 845 - 0015
	福岡市立心身障がい福祉センター（あいあいセンター）	810 - 0072	福岡市中央区長浜1 - 2 - 8	092 - 721 - 1611

		〒		
	北九州市立総合療育センター	802 - 0803	北九州市小倉南区春ヶ丘10 - 4	093 - 922 - 5596
佐　賀	県総合福祉センター	840 - 0851	佐賀市天祐1 - 8 - 5	0952 - 26 - 1212
長　崎	県立こども医療福祉センター	854 - 0071	諫早市永昌東町24 - 3	0957 - 22 - 1300
	長崎市障害福祉センター	852 - 8104	長崎市茂里町2 - 41	095 - 842 - 2525
熊　本	県こども総合療育センター	869 - 0524	宇城市松橋町豊福2900	0964 - 32 - 1143
大　分	県身体障害者福祉センター	870 - 0907	大分市大津町2 - 1 - 41	097 - 558 - 4849
鹿児島	鹿児島市心身障害者 　　総合福祉センター	890 - 0067	鹿児島市真砂本町58 - 30	099 - 252 - 7900
沖　縄	那覇市療育センター	901 - 0151	那覇市鏡原町10 - 40	098 - 858 - 5206
	那覇市障害者福祉センター	902 - 0061	那覇市古島2 - 14 - 4	098 - 885 - 9444

発達障害者支援センター

＊発達障害情報・支援センターのサイトで、全国一覧のほか、発達障害に関する様々な情報を見ることができます。

【URL】http : // www.rehab.go.jp/ddis/　　　　　　　　　　　（2020年4月現在）

都道府 県　名	名　　称	〒	住　　所	電話番号
北海道	北海道発達障害者支援センター「あおいそら」	041 - 0802	函館市石川町90 - 7　2階	0138 - 46 - 0851
	北海道発達障害者支援道東地域センター「きら星」	080 - 2475	帯広市西25条南4 - 9　地域交流ホーム「虹」内	0155 - 38 - 8751
	北海道発達障害者支援道北地域センター「きたのまち」	078 - 8391	旭川市宮前1条3 - 3 - 7 　　　　　　おぴった内	0166 - 38 - 1001
	札幌市自閉症・発達障がい支援センター「おがる」	007 - 0032	札幌市東区東雁来12条4 - 1 - 5	011 - 790 - 1616
青　森	青森県発達障害者支援センター「ステップ」	030 - 0822	青森市中央3 - 20 - 30 　　　　県民福祉プラザ3階	017 - 777 - 8201
	青森県発達障害者支援センター「わかば」 （津軽地域）	037 - 0036	五所川原市中央4 - 99	0173 - 26 - 5254

	青森県発達障害者支援センター「Doors」(ドアーズ)(県南地域)	031 - 0814	八戸市類家1 - 1 - 16	0178 - 51 - 6181
岩 手	岩手県発達障がい者支援センター「ウィズ」	028 - 3602	紫波郡矢巾町藤沢第2地割29 - 1 岩手県立療育センター相談支援部内	019 - 601 - 3203
宮 城	宮城県発達障害者支援センター「えくぼ」	981 - 3213	仙台市泉区南中山5 - 2 - 1	022 - 376 - 5306
	宮城県発達障害者支援センター	981 - 1217	名取市美田園2 - 1 - 4	022 - 748 - 5660
	仙台市北部発達相談支援センター「北部アーチル」	981 - 3133	仙台市泉区泉中央2 - 24 - 1	022 - 375 - 0110
	仙台市南部発達相談支援センター「南部アーチル」	982 - 0012	仙台市太白区長町南3 - 1 - 30	022 - 247 - 3801
秋 田	秋田県発達障害者支援センター「ふきのとう秋田」	010 - 1409	秋田市南ヶ丘1 - 1 - 2 秋田県立医療療育センター内	018 - 826 - 8030
山 形	山形県発達障がい者支援センター	999 - 3145	上山市河崎3 - 7 - 1 山形県立こども医療療育センター内	023 - 673 - 3314
福 島	福島県発達障がい者支援センター	963 - 8041	郡山市富田町字上ノ台4 - 1 福島県総合療育センター南棟2階	024 - 951 - 0352
茨 城	茨城県発達障害者支援センター「あい」	311 - 3157	東茨城郡茨城町小幡北山2766 - 37 社会福祉法人梅の里内	029 - 219 - 1222
	茨城県発達障害者支援センター「COLORS つくば」	300 - 1245	つくば市高崎802 - 1 つくば同仁会子どもセンター内	029 - 875 - 3485
栃 木	栃木県発達障害者支援センター「ふぉーゆう」	320 - 8503	宇都宮市駒生町3337 - 1 栃木県障害者総合相談所	028 - 623 - 6111
群 馬	群馬県発達障害者支援センター	371 - 0843	前橋市新前橋町13 - 12 群馬県社会福祉総合センター7階	027 - 254 - 5380
埼 玉	埼玉県発達障害者支援センター「まほろば」	350 - 0813	川越市平塚新田東河原201 - 2	049 - 239 - 3553
	埼玉県発達障害総合支援センター	330 - 0081	さいたま市中央区新都心1 - 2	048 - 601 - 5551
	さいたま市発達障害者支援センター	338 - 0013	さいたま市中央区鈴谷7 - 5 - 7 さいたま市障害者総合支援センター内1階	048 - 859 - 7422
千 葉	千葉県発達障害者支援センター「CAS(きゃす)」	260 - 0856	千葉市中央区亥鼻2 - 9 - 3	043 - 227 - 8557

	千葉県発達障害者支援センター「CAS（きゃす）東葛飾」	270 - 1151	我孫子市本町3 - 1 - 2　けやきプラザ4階	04 - 7165 - 2515
	千葉市発達障害者支援センター	261 - 0003	千葉市美浜区高浜4 - 8 - 3　千葉市療育センター内	043 - 303 - 6088
東　京	東京都発達障害者支援センター「TOSCA（トスカ）」	156 - 0055	世田谷区船橋1 - 30 - 9	03 - 3426 - 2318
神奈川	神奈川県発達障害支援センター「かながわA（エース）」	259 - 0157	足柄上郡中井町境218	0465 - 81 - 3717
	横浜市発達障害者支援センター	231 - 0047	横浜市中区羽衣町2 - 4 - 4　エバーズ第8関内ビル5階	045 - 334 - 8611
	横浜市学齢後期発達相談室くらす	233 - 0002	横浜市港南区上大岡西2 - 8 - 18　ジャパンビル3階	045 - 349 - 4531
	川崎市発達相談支援センター	231 - 0047	川崎市川崎区砂子1 - 7 - 5　タカシゲビル3階	044 - 246 - 0939
	相模原市発達障害支援センター	252 - 0226	相模原市中央区陽光台3 - 19 - 2　相模原市立療育センター陽光園内	042 - 756 - 8410
山　梨	山梨県立こころの発達総合支援センター	400 - 0005	甲府市北新1 - 2 - 12　山梨県福祉プラザ4階	055 - 254 - 8631
長　野	長野県発達障がい者支援センター	380 - 0928	長野市若里7 - 1 - 7　長野県社会福祉総合センター2階　長野県精神保健福祉センター内	026 - 227 - 1810
岐　阜	岐阜県発達障害支援センター「のぞみ」	502 - 0854	岐阜市鷺山向井2563 - 18　岐阜県障がい者総合相談センター2階	058 - 233 - 5106
静　岡	静岡県東部発達障害者支援センター（アスタ）	410 - 0802	沼津市上土町3	055 - 957 - 9090
	静岡県中西部発達障害者支援センター（COCO）	427 - 0023	島田市大川町10 - 1	0547 - 39 - 3604
	静岡市発達障害者支援センター「きらり」	422 - 8006	静岡市駿河区曲金5 - 3 - 30	054 - 285 - 1124
	浜松市発達相談支援センター「ルピロ」	430 - 0933	浜松市中区鍛治町100 - 1	053 - 459 - 2721
愛　知	あいち発達障害者支援センター	480 - 0392	春日井市神屋町713 - 8　愛知県医療療育総合センター	0568 - 88 - 0811（内8109）

	名古屋市発達障害者支援センター「りんくす名古屋」	466 - 0858	名古屋市昭和区折戸町4 - 16　児童福祉センター内	052 - 757 - 6140
三　重	三重県自閉症・発達障害支援センター「あさけ」	510 - 1326	三重郡菰野町杉谷1573	059 - 394 - 3412
	三重県自閉症・発達障害支援センター「れんげ」	519 - 2703	度会郡大紀町滝原1195 - 1	0598 - 86 - 3911
新　潟	新潟県発達障がい者支援センター「RISE（ライズ）」	951 - 8121	新潟市中央区水道町1 - 5932　新潟県はまぐみ小児療育センター2階	025 - 266 - 7033
	新潟市発達障がい支援センター「JOIN（ジョイン）」	951 - 8121	新潟市中央区水道町1 - 5932 - 621	025 - 234 - 5340
富　山	富山県発達障害者支援センター「ほっぷ」	931 - 8517	富山市下飯野36	076 - 438 - 8415
石　川	石川県発達障害支援センター	920 - 8201	金沢市鞍月東2 - 6　石川県こころの健康センター内	076 - 238 - 5557
	発達障害者支援センター「パース」	920 - 3123	金沢市福久東1 - 56	076 - 257 - 5551
福　井	福井県発達障害児者支援センター「スクラム福井」	914 - 0821	敦賀市櫛川41 - 2 - 3	嶺南（敦賀）0770 - 21 - 2346
	福井県発達障害児者支援センター「スクラム福井」	910 - 0026	福井市光陽2 - 3 - 36　福井県総合福祉相談所内	福井 0776 - 22 - 0370
	福井県発達障害児者支援センター「スクラム福井」	912 - 0061	大野市篠座79 - 53　希望園内	奥越（大野）0779 - 66 - 1133
滋　賀	滋賀県発達障害者支援センター「南部センター」	525 - 0072	草津市笠山8 - 5 - 130	077 - 561 - 2522
	滋賀県発達障害者支援センター「北部センター」	522 - 0047	彦根市日夏町堀溝3703 - 1	0749 - 28 - 7055
京　都	京都府発達障害者支援センター「はばたき」	612 - 8416	京都市伏見区竹田流池町120	075 - 644 - 6565
	京都市発達障害者支援センター「かがやき」	602 - 8144	京都市上京区丸太町通黒門東入藁屋町536 - 1	075 - 841 - 0375
大　阪	大阪府発達障がい者支援センター「アクトおおさか」	540 - 0026	大阪市中央区内本町1 - 2 - 13　谷四ばんらいビル10階 A	06 - 6966 - 1313
	大阪市発達障がい者支援センター「エルムおおさか」	547 - 0026	大阪市平野区喜連西6 - 2 - 55　大阪市立心身障がい者リハビリテーションセンター2階	06 - 6797 - 6931

	堺市発達障害者支援セン ター「アプリコット堺」	590 - 0808	堺市堺区旭ケ丘中町4 - 3 - 1 　　　堺市立健康福祉プラザ3階	072 - 275 - 8506
兵　庫	ひょうご発達障害者支援 センター「クローバー」	671 - 0122	高砂市北浜町北脇519	0792 - 54 - 3601
	加西ブランチ	675 - 2321	加西市北条町東高室959 - 1	0790 - 48 - 4561
	芦屋ブランチ	659 - 0015	芦屋市楠町16 - 5	0797 - 22 - 5025
	豊岡ブランチ	668 - 0065	豊岡市戸牧1029 - 11	0796 - 37 - 8006
	宝塚ブランチ	665 - 0035	宝塚市逆瀬川1 - 2 - 1　アピア1　4階	0797 - 71 - 4300
	上郡ブランチ	678 - 1262	赤穂郡上郡町岩木甲701 - 42 地域障害者多目的作業所　フレ ンズ内	0791 - 56 - 6380
	神戸市保健福祉局発達 障害者支援センター	650 - 0016	神戸市中央区橘通3 - 4 - 1 　　神戸市立総合福祉センター3階	078 - 382 - 2760
奈　良	奈良県発達障害支援セ ンター「でぃあ～」	636 - 0345	磯城郡田原本町大字多722	0744 - 32 - 8760
和歌山	和歌山県発達障害者支 援センター「ポラリス」	640 - 8273	和歌山市葵町3 - 25	073 - 413 - 3200
鳥　取	『エール』鳥取県発達 障がい者支援センター	682 - 0854	倉吉市みどり町3564 - 1 　　　　　鳥取県立皆成学園内	0858 - 22 - 7208
島　根	島根県東部発達障害者支 援センター「ウィッシュ」	699 - 0822	出雲市神西沖町2534 - 2	050 - 3387 - 8699
	島根県西部発達障害者支 援センター「ウィンド」	697 - 0005	浜田市上府町イ2589 　　　　　　「こくぶ学園」内	0855 - 28 - 0208
岡　山	おかやま発達障害者 支援センター	703 - 8555	岡山市北区祇園866	086 - 275 - 9277
	おかやま発達障害者支 援センター　県北支所	708 - 8516	津山市山下53 　　　　美作県民局第1庁舎内	0868 - 22 - 1717
	岡山市発達障害者 支援センター	700 - 0905	岡山市北区春日町5 - 6 　　岡山市勤労者福祉センター1階	086 - 236 - 0051
広　島	広島県発達障害者 支援センター	739 - 0001	東広島市西条町西条414 - 31 　　サポートオフィス QUEST2階	082 - 490 - 3455
	広島市発達障害者 支援センター	732 - 0052	広島市東区光町2 - 15 - 55 　　広島市こども療育センター内	082 - 568 - 7328
山　口	山口県発達障害者支援 センター「まっぷ」	753 - 0814	山口市吉敷下東4 - 17 - 1	083 - 902 - 2680
徳　島	徳島県発達障がい者総合支 援センター「ハナミズキ」	773 - 0015	小松島市中田町新開2 - 2	0885 - 34 - 9001

香 川	香川県発達障害者支援セ ンター「アルプスかがわ」	761 - 8057	高松市田村町1114　かがわ総合 リハビリテーションセンター内	087 - 866 - 6001
愛 媛	愛媛県発達障害者支援 センター「あい・ゆう」	791 - 0212	東温市田窪2135 愛媛県立子ども療育センター1階	089 - 955 - 5532
高 知	高知県立療育福祉セン ター発達障害者支援セ ンター	780 - 8081	高知市若草町10 - 5	088 - 844 - 1247
福 岡	福岡県発達障がい者支援 センター「ゆう・もあ」	825 - 0004	田川市夏吉4205 - 7	0947 - 46 - 9505
	福岡県発達障がい者支 援センター「あおぞら」	834 - 0122	八女郡広川町一條1361 - 2	0942 - 52 - 3455
	福岡県発達障がい者 （児）支援センター （福岡地域）「Life」	816 - 0804	春日市原町3 - 1 - 7 　　クローバープラザ1階東棟	092 - 558 - 1741
	北九州市発達障害者支 援センター「つばさ」	802 - 0803	北九州市小倉南区春ヶ丘10 - 2 北九州市立総合療育センター内	093 - 922 - 5523
	福岡市発達障がい者支 援センター 「ゆうゆうセンター」	810 - 0065	福岡市中央区地行浜2 - 1 - 6 　　福岡市発達教育センター内	092 - 845 - 0040
佐 賀	佐賀県東部発達障害者 支援センター「結」	841 - 0073	鳥栖市江島町字西谷3300 - 1	0942 - 81 - 5728
	佐賀県西部発達障害者支援 センター「蒼空」～SORA～	846 - 0002	多久市北多久町大字小侍40 - 2 多久市児童センターあじさい内	0952 - 37 - 1251
長 崎	長崎県発達障害者支援セ ンター「しおさい(潮彩)」	854 - 0071	諫早市永昌東町24 - 3 長崎県こども医療福祉センター内	0957 - 22 - 1802
熊 本	熊本県北部発達障がい 者支援センター「わっ ふる」	869 - 1235	菊池郡大津町室213 - 6	096 - 293 - 8189
	熊本県南部発達障がい者 支援センター「わるつ」	866 - 0811	八代市西片町1660 　　熊本県八代総合庁舎2階	0965 - 62 - 8839
	熊本市発達障がい者支 援センター「みなわ」	862 - 0971	熊本市中央区大江5 - 1 - 1 　　ウェルパルくまもと2階	096 - 366 - 1919
大 分	大分県発達障がい者支 援センター「イコール」	870 - 0047	大分市中島西1 - 4 - 14 　　　市民の権利ビル202	097 - 513 - 1880
宮 崎	宮崎県中央発達障害者 支援センター	889 - 1601	宮崎市清武町木原4257 - 7 　　ひまわり学園内	0985 - 85 - 7660
	宮崎県延岡発達障害者 支援センター	889 - 0514	延岡市櫛津町3427 - 4 　　ひかり学園内	0982 - 23 - 8560

	宮崎県都城発達障害者支援センター	885 - 0094	都城市都原町7171 高千穂学園内	0986 - 22 - 2633
鹿児島	鹿児島県発達障害者支援センター	891 - 0175	鹿児島市桜ヶ丘6 - 12 鹿児島県こども総合療育センター内	099 - 264 - 3720
沖　縄	沖縄県発達障害者支援センター「がじゅま～る」	904 - 2173	沖縄市比屋根5 - 2 - 17 沖縄中部療育医療センター内	098 - 982 - 2113

一般社団法人　日本自閉症協会

【事務局】〒104 - 0044　東京都中央区明石町6 - 22　築地ニッコンビル6階
　　　　　TEL 03-3545-3380　FAX 03-3545-3381
【相談電話】03-3545-3382
【URL】http://www.autism.or.jp
＊全国各支部の連絡先については、上記協会事務局までお問い合わせください。

子ども専門の病院

＊一般社団法人日本小児総合医療施設協議会の会員施設を掲載しています。
＊紹介状や予約が必要な場合もありますので、お近くの病院へお問い合わせください。

（2019年度現在）

都道府県名	機関名	〒	住　　所	電話番号
北海道	北海道立子ども総合医療・療育センター	006 - 0041	札幌市手稲区金山1条 - 240 - 6	011 - 691 - 5696
宮　城	宮城県立こども病院	989 - 3126	仙台市青葉区落合4 - 3 - 17	022 - 391 - 5111
	東北大学病院小児医療センター	980 - 8574	仙台市青葉区星稜町1 - 1	022 - 717 - 7007
茨　城	茨城県立こども病院	311 - 4145	水戸市双葉台3 - 3 - 1	029 - 254 - 1151
栃　木	獨協医科大学　とちぎ子ども医療センター	321 - 0293	下都賀郡壬生町北小林880	0282 - 86 - 1111

	自治医科大学　とちぎ子ども医療センター	329－0498	下野市薬師寺3311－1	0285－44－2111
群　馬	群馬県立小児医療センター	377－8577	渋川市北橘町下箱田779	0279－52－3551
埼　玉	埼玉医科大学総合医療センター　小児医療センター	350－8550	川越市鴨田1981	049－228－3403
	埼玉県立小児医療センター	330－8777	さいたま市中央区新都心1－2	048－601－2200
千　葉	東京女子医科大学附属八千代医療センター	276－8524	八千代市大和田新田477－96	047－450－6000
	千葉県こども病院	266－0007	千葉市緑区辺田町579－1	043－292－2111
東　京	国立成育医療研究センター	157－8535	世田谷区大蔵2－10－1	03－3416－0181
	都立小児総合医療センター	183－8561	府中市武蔵台2－8－29	042－300－5111
	東京大学医学部附属病院小児医療センター	113－8655	文京区本郷7－3－1	03－5800－8659
	慶應義塾大学医学部周産期・小児医療センター	160－8582	新宿区信濃町35	03－3353－1211
神奈川	神奈川県立こども医療センター	232－8555	横浜市南区六ッ川2－138－4	045－711－2351
	横浜市立大学附属病院	236－0004	横浜市金沢区福浦3－9	045－787－2669
静　岡	静岡県立こども病院	420－8660	静岡市葵区漆山860	054－247－6251
長　野	長野県立こども病院	399－8288	安曇野市豊科3100	0263－73－6700
岐　阜	岐阜県総合医療センター小児医療センター	500－8717	岐阜市野一色4－6－1	058－246－1111
愛　知	愛知県医療療育総合センター中央病院	480－0392	春日井市神屋町713－8	0568－88－0811
	名古屋第一赤十字病院小児医療センター	453－8511	名古屋市中村区道下町3－35	052－481－5111
	あいち小児保健医療総合センター	474－8710	大府市森岡町7－426	0562－43－0500
滋　賀	滋賀県立小児保健医療センター	524－0022	守山市守山5－7－30	077－582－6200
三　重	独立行政法人国立病院機構　三重病院	514－0125	津市大里窪田町357	059－232－2531
京　都	京都府立医科大学小児医療センター	602－8566	京都市上京区河原町通り広小路上る梶井町465	075－251－5111
大　阪	大阪府立病院機構大阪母子医療センター	594－1101	大阪府和泉市室堂町840	0725－56－1220
	大阪市立総合医療センター	534－0021	大阪市都島区都島本通2－13－22	06－6929－1221

	名称	〒	住所	電話番号
	大阪大学医学部附属病院小児医療センター	565 - 0871	吹田市山田丘2 - 15	06 - 6879 - 5111
	高槻病院	569 - 1192	高槻市古曽部町1 - 3 - 13	072 - 681 - 3801
兵　庫	兵庫県立こども病院	654 - 0081	神戸市須磨区高倉台1 - 1 - 1	078 - 732 - 6961
岡　山	独立行政法人国立病院機構　岡山医療センター	701 - 1192	岡山市田益1711 - 1	086 - 294 - 9911
香　川	独立行政法人国立病院機構　四国こどもとおとなの医療センター	765 - 8507	善通寺市仙遊町2 - 1 - 1	0877 - 62 - 1000
福　岡	福岡市立こども病院	813 - 0017	福岡市東区香椎照葉5 - 1 - 1	092 - 682 - 7000
	聖マリア病院　総合周産期母子医療センター	830 - 8543	久留米市津福本町422	0942 - 35 - 3322
沖　縄	沖縄県立南部医療センター・こども医療センター	901 - 1193	島尻郡南風原町字新川118 - 1	098 - 888 - 0123

教 職 員 専 門 の 病 院

＊公立学校共済組合の直営病院等の一覧です。　　　　　　　　　（2020年6月19日現在）

都道府県名	名　称	〒	住　所	電話番号
山　形	公立学校共済組合東北中央病院	990 - 8510	山形市和合町3 - 2 - 5	023 - 623 - 5111
東　京	公立学校共済組合関東中央病院	158 - 8531	世田谷区上用賀6 - 25 - 1	03 - 3429 - 1171
	東京都教職員互助会三楽病院	101 - 8326	千代田区神田駿河台2 - 5	03 - 3292 - 3981
富　山	公立学校共済組合北陸中央病院	932 - 8503	小矢部市野寺123	0766 - 67 - 1150
岐　阜	公立学校共済組合東海中央病院	504 - 8601	各務原市蘇原東島町4 - 6 - 2	058 - 382 - 3101
兵　庫	公立学校共済組合近畿中央病院	664 - 8533	伊丹市車塚3 - 1	072 - 781 - 3712
広　島	公立学校共済組合中国中央病院	720 - 0001	福山市御幸町上岩成148 - 13	084 - 970 - 2121
愛　媛	公立学校共済組合四国中央病院	799 - 0193	四国中央市川之江町2233	0896 - 58 - 3515

福　岡	公立学校共済組合 九州中央病院	815 - 8588	福岡市南区塩原3 - 23 - 1	092 - 541 - 4936

子育て世代包括支援センター

* 子育て世代包括支援センターは、母子保健法改正により平成29年度から法定化され（法律上の名称は「母子健康包括支援センター」）、「市町村は設置をするよう努めるものとする」とされました。国は令和2度末までに全国展開をめざしています。
* 地域の特性に応じた「妊娠期から子育て期にわたる切れ目のない支援」を提供することを目的とし、妊娠・出産・子育てに関する各種の相談に応じ、情報提供・助言・保健指導などを行います。
* 住んでいる地域によって窓口が異なりますので、各市町村の福祉・保健担当課へお問い合わせください。

虐待に関する相談機関

★社会福祉法人子どもの虐待防止センター

「電話相談」03-6909-0999

【電話受付時間】平日；10：00〜17：00、土曜；10：00〜15：00（日曜、祝日は休み）

【URL】http://www.ccap.or.jp/

★NPO 法人児童虐待防止協会「子どもの虐待ホットライン」

「電話相談」06-6646-0088

【電話受付時間】月〜金；11：00〜17：00（土・日曜、祝日、年末年始、8/13・14は休み）

【URL】http://www.apca.jp/

★NPO 法人 CAPNA（子どもの虐待防止ネットワーク・あいち）

「電話相談」052-232-0624

【電話受付時間】月〜土；11：00〜14：00（日曜、祝日は休み）

【URL】http://capna.jp/

※各地にこうした有志の団体があります。

そ　の　他

★勤労青少年ホーム

　勤労青少年に対して余暇活動の援助を行うとともに、様々な相談に応じています。詳しくはお住まいの地域の役所にお問い合わせください。

★薬物乱用に関する相談

・各精神保健福祉センター

・各県警本部

・各麻薬取締官事務所「『麻薬・覚せい剤・中毒』相談電話」

　　北海道地区 011-726-1000／ 東 北 地 区 022-227-5700／ 関東信越地区 03-3512-8690

　　横 浜 分 室 045-201-0770／ 東海北陸地区 052-961-7000／ 近 畿 地 区 06-6949-3779

　　神 戸 分 室 078-391-0487／ 中 国 地 区 082-228-8974／ 四 国 地 区 087-823-8800

　　九 州 地 区 092-431-0999／ 小 倉 分 室 093-591-3561／ 沖 縄 支 所 098-854-0999

★化学物質中毒（農薬・たばこ・医薬品等による急性中毒）に関する相談

　　・（公財）日本中毒情報センター

　　　　「大阪中毒110番」　　072-727-2499〔受付時間 24時間〕

　　　　「つくば中毒110番」　029-852-9999〔受付時間9：00〜21：00〕

　　　※慢性中毒（薬物依存・薬物乱用など）についての相談は受け付けていませんので
　　　ご注意ください。

★教育関係の相談

　　・中 学 校 卒 業 程 度 認 定 試 験……文部科学省総合教育政策局生涯学習推進課
　　　　　　　　　　　　　　　　　　　　03-5253-4111（代）

　　・高 等 学 校 卒 業 程 度 認 定 試 験……文部科学省総合教育政策局生涯学習推進課
　　　　　　　　　　　　　　　　　　　　03-5253-4111（代）
　　　　　　　　　　　　　　　　　　　　（旧大学入学資格検定。平成17年度より名
　　　　　　　　　　　　　　　　　　　　称変更）

　　・海外出国、帰国後の子どもの教育相談……（公財）海外子女教育振興財団
　　　　　　　　　　　　　　　　　　　　03-4330-1352（東京事務所）
　　　　　　　　　　　　　　　　　　　　06-6344-4318（関西分室）

★地域子育て支援センター

　　地域における子育て支援の拠点として、平成30年度現在で全国約7,400か所で実施され
ています。地域の子育て家庭（特に在宅で育児を行う親）をサポートすることを目的とし、
保育士や保健師など専門の職員を配置し、育児不安などへの相談・指導、交流の場の提供、
子育てサークル活動への支援、預かり保育等の事業を実施しています。

　　乳幼児保育の専門性と人材・施設を活かすかたちで既存の保育所が実施場所となるケー
スが多くなっています。詳細は、各センターか、お住まいの市区町村担当課（子育て支援
課、児童家庭課、子ども課、保育課など名称は様々です）までお問い合わせください。

★ファミリー・サポート・センター

　　育児に関して、援助を受けたい人（依頼会員）と援助を行いたい人（提供会員）が助け
合う組織です。会員は登録制で、事前に説明・講習会に参加するだけで特別な資格は必要
ありません（援助を受けることと行うことの両方を希望する場合には、「両方会員」にな
ることもできます）。

　　親の急用・病気・買い物等の場合の子どもの預かり、保育施設への子どもの送迎、放課
後の学童の預かりなどで援助が行われています。援助依頼の受付・提供会員の紹介はセン
ターが行い、援助終了後に依頼会員が提供会員へ直接料金を支払う仕組みになっています
（センターによって1時間あたりの料金が定められています）。

　運営は、市区町村が直接実施するか、または社会福祉法人やNPO法人等へ委託するかたちで実施されています。詳細は、各センターか、お住まいの市区町村の担当課までお問い合わせください。

★学校問題解決サポートセンター（東京都）

　学校だけでは解決が困難な問題に対して、公平・中立な立場でその解決に資するため、平成21年度、東京都教育相談センター内に「学校問題解決サポートセンター」が設置されました。

　学校・区市町村教育委員会・保護者等からの電話相談に対し、校長経験者や指導主事などが助言を行っています。専門家（弁護士、精神科医、臨床心理士、警察OB、行政書士、民生・児童委員、保護者代表など）の助言が必要な場合は、相談案件をサポートセンターと専門家の間で協議したうえで、相談者に回答をします。

　それでも解決にいたらない場合は、当事者の合意のもと、サポートセンターが第三者的機関として、両者の意見聴取と解決策協議を行い、解決策を提示します。

　詳細については、下記サイト等から最新の情報をご確認ください。

「相談受付電話番号」03-3360-4195

【電話受付時間】平日；9：00～17：00（土・日曜、祝日、年末年始は休み）

【URL】http://www.e-sodan.metro.tokyo.lg.jp/　（東京都教育相談センター）

★行政書士ADRセンター

　ADR（裁判外紛争解決手続）とは、「訴訟手続によらず民事上の紛争の解決をしようとする紛争の当事者のため、公正な第三者が関与して、その解決を図る手続き」（「裁判外紛争解決手続の利用の促進に関する法律」第1条）のことです。

　各地の行政書士会が設置するADRセンターでは、愛護動物に関する紛争、自転車事故に関する紛争などのほかに、「学校に在籍する外国人を一方又は双方の当事者とする宗教、慣習その他の文化的価値観の相違に起因して生じた教育環境に関する紛争」の和解仲介を取り扱っています。仲介手続は、中立で公正な立場で当事者の間に入り、双方の言い分を十分に聴いたうえで、双方が納得できる解決策を一緒に考え、解決に必要となる合意を形成する手続です。裁判のように法律を適用し解決するということよりも、当事者の対話を促し、実情に応じた解決を図るということに力点が置かれます。

　各行政書士会によって、取り扱う紛争の種類が異なります。日本行政書士会連合会のサイト（URL下掲）で、各地の行政書士会を探すことできます。お近くの行政書士会にお問い合わせください。

【URL】http://www.gyosei.or.jp/

★感染症（新型コロナウイルス感染症）

「厚生労働省の電話相談窓口」

　　　　フリーダイヤル　0120−565653

　　　　受付時間　　　　　9：00〜21：00（土日・祝日も実施）

「帰国者・接触者相談センター」（各都道府県設置）

＊新型コロナウイルス感染症が疑われる方は、各都道府県が設置している「帰国者・接触者相談センター」へご相談ください。

＊「帰国者・接触者センター」では、新型コロナウイルス感染症が疑われる方の相談を受け付けています。

＊同センターでは、相談内容から同感染症の疑いがあると判断した場合、その方へ適切な診察を行う「帰国者・接触者外来」への受診調整を行っております。

＊ご相談される際は、各都道府県が開設している帰国者・接触者相談センター一覧（下記URL）等を参考に、最寄りのセンターへご連絡ください。

　　【URL】厚生労働省

　　　　　　https://www.mhlw.go.jp/stf/seisakunitsuite/bunya/kenkou_iryou/covid19-kikokusyasessyokusya.html

　　【URL】首相官邸

　　　　　　https://www.kantei.go.jp/jp/pages/corona_news.html

索 引

*項目・キーワードとして掲げている箇所については太字で表示しています。

す

せ

【編者プロフィール】

小林正幸（こばやし　まさゆき）

　東京学芸大学特別支援教育・教育臨床サポートセンター教授。専門分野は教育臨床心理学。1957年群馬県生まれ。筑波大学大学院修士課程教育研究科修了後、東京都立教育研究所相談部研究主事、東京都立多摩教育研究所研究主事、東京学芸大学教育学部助教授等を経て、現職。編著書は、『教師のための学校カウンセリング』（有斐閣）、『ソーシャルスキル教育で子どもが変わる』（図書文化）、『学級再生』（講談社）、『不登校児の理解と援助』（金剛出版）、『学校でしかできない不登校支援と未然防止』（東洋館出版）など。

嶋﨑政男（しまざき　まさお）

　神田外語大学客員教授。公立中学校教諭・教頭・校長、東京都立教育研究所指導主事、福生市教育委員会指導室長・参事を経て神田外語大学教授。日本学校教育相談学会名誉会長、千葉県青少年問題協議会委員、千葉県いじめ対策調査会会長、9県市でいじめ対策委員長等を務める。主な著書に『学校崩壊と理不尽クレーム』（集英社）、『脱いじめへの処方箋』（ぎょうせい）、『いじめの解明』（第一法規）、『ほめる・しかる55の原則』（教育開発研究所）等。

四訂版　もうひとりで悩まないで！
教師・親のための**子ども相談機関利用ガイド**

令和2年8月20日　第1刷発行
令和6年4月25日　第3刷発行

編　者　小林正幸・嶋﨑政男
発行所　株式会社ぎょうせい
　　　　〒136-8575　東京都江東区新木場1-18-11
　　　　URL：https://gyosei.jp

　　　　フリーコール　0120-953-431
　　　　ぎょうせい　お問い合わせ　検索　https://gyosei.jp/inquiry/
＜検印省略＞

印刷　ぎょうせいデジタル㈱
乱丁・落丁本は、送料小社負担にてお取り替えいたします。
©2020　Printed in Japan.　禁無断転載・複製

ISBN978-4-324-10836-9 (5108619-00-000)[略号：相談機関ガイド(四訂)]

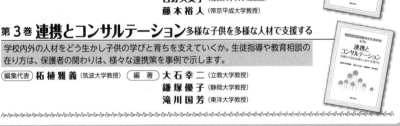